Fale Tudo em Francês!

NANCY ALVES

Projeto e coordenação editorial: José Roberto A. Igreja

Fale Tudo em Francês!

Tudo o que você precisa para se comunicar no dia a dia, em viagens, reuniões de negócios, eventos sociais, entrevistas, recepção de estrangeiros e muitas outras situações.

2ª reimpressão

DISAL EDITORA

Projeto e coordenação editorial
José Roberto A. Igreja

Preparação de texto
Adriana Moretto/Verba Editorial

Revisão
Cristina Moerbeck Casadei Pietraróia

Capa e projeto gráfico
Paula Astiz

Editoração eletrônica
Laura Lotufo/Paula Astiz Design

Ilustrações
Carlos Cunha

Assistente de produção
Noelza Patrícia Martins

Locutores do CD
Alain Mouzat, Gala Ligia Dahlet, Luciano Eduardo da Silva e Nancy Alves

Dados Internacionais de Catalogação na Publicação (CIP)
(Câmara Brasileira do Livro, SP, Brasil)

Alves, Nancy Aparecida

Fale tudo em francês!: tudo o que você precisa para se comunicar no dia a dia, em viagens, reuniões de negócios, eventos sociais, entrevistas, recepção de estrangeiros e muitas outras situações / Nancy Aparecida Alves; projeto e coordenação editorial José Roberto A. Igreja. - Barueri, SP: DISAL, 2010.

ISBN 978-85-7844-053-4

1. Francês - Vocabulários e manuais de conversação - Português
2. Português - Vocabulários e manuais de conversação - Francês I. Igreja, José Roberto A. II. Título.

10-05420 CDD-443.69

Índices para catálogo sistemático:
1. Francês: Guia de conversação: Linguística 443.69
2. Guia de conversação: Francês: Linguística 443.69

DISAL EDITORA

Alameda Mamoré 911 - cj. 107
Alphaville - BARUERI - SP
CEP: 06454-040
Tel./Fax: (11) 4195-2811
Visite nosso site: www.disaleditora.com.br
Televendas: (11) 3226-3111

Fax gratuito: 0800 7707 105/106
e-mail para pedidos: comercialdisal@disal.com.br

SUMÁRIO

APRESENTAÇÃO

Bem-vindo a Fale tudo em francês! - Guia de conversação, um livro abrangente de apoio e referência a todos que estudam ou já estudaram francês, cuidadosamente planejado para auxiliar na utilização desse idioma em várias situações.

Fale tudo em francês! - Guia de conversação é um livro prático e objetivo que reúne frases e diálogos essenciais e frequentes da conversação cotidiana, sendo altamente recomendado para todos que desejam:

» revisar e consolidar conceitos já estudados;
» preparar-se para uma viagem a um país de língua francesa;
» preparar-se para reuniões, apresentações e entrevistas em francês, como é o caso das entrevistas de emprego;
» receber visitantes estrangeiros na empresa;
» relembrar frases e vocabulário de base; tirar dúvidas;
» praticar e melhorar a compreensão auditiva sobre assuntos variados (o livro traz um CD com 61 diálogos);
» compreender e responder e-mails em francês com mais facilidade e de forma mais adequada;
» preparar-se para exames de proficiência do idioma francês (principalmente o TCF, o DELF e o DALF).

O conjunto de todas a seções do livro (veja abaixo o item "As seções do livro") o tornam uma ferramenta útil e indispensável a todos que necessitam se comunicar, oralmente ou por escrito, em francês, seja qual for a situação. Dessa forma, Fale tudo em francês! - Guia de conversação é um livro ideal para se ter em casa, no escritório e levar em viagens, uma vez que auxilia você a se preparar para as situações de conversação que poderá vivenciar.

AS SEÇÕES DO LIVRO

Diálogos situacionais (Dialogues situationnels)

Fale tudo em francês! - Guia de conversação reúne 61 diálogos situacionais que abrangem os principais tópicos da conversação cotidiana. As situações abordadas nos diálogos incluem, entre outros temas:

» Conhecer alguém
» Fazer reserva em um hotel
» Alugar um carro
» Sair para se divertir
» Comprar roupas
» Fazer o check-in no aeroporto
» Pegar um táxi do aeroporto para o hotel

» Fazer uma entrevista de emprego
» Fazer ligações telefônicas
» Frequentar um restaurante
» Pedir desculpas
» Aconselhar e pedir conselhos
» Usar computadores

Uma das principais preocupações na criação dos diálogos foi a de retratar de modo natural e fidedigno a realidade linguística dos falantes de língua francesa. Dessa forma, o CD que acompanha o livro, com a gravação dos diálogos situacionais em francês, é um excelente material para você praticar e melhorar a compreensão auditiva desse idioma em contextos diversificados e se preparar para o que certamente vai ouvir ao entrar em contato com seus falantes, seja em reuniões de negócios, em situações informais ou em viagens ao exterior. (Veja também o item "Como tirar melhor proveito de Fale tudo em francês! - Guia de conversação".)

A versão em português dos diálogos foi propositalmente inserida no final do livro para que você procure, em um primeiro momento, compreender esses diálogos em francês sem o auxílio ou a interferência do português, prática que se revela bastante interessante em qualquer nível da aprendizagem de um idioma.

Frases-chave (Phrases clés)

Fale tudo em francês! - Guia de conversação apresenta todas as frases e perguntas-chave utilizadas nos mais variados contextos de conversação e com a respectiva tradução em português. Assim, você poderá facilmente visualizar, nessa seção bilíngue, o que precisa dizer, por exemplo, pedir desculpas, dar conselhos, emitir opinião, convidar alguém para fazer algo, descrever as características físicas e os traços de personalidade de alguém, falar com o atendente de check-in no aeroporto, pedir informações, falar de sua rotina diária, entre outros temas.

Um dos destaques da seção "Phrases clés" é que não se trata de uma mera tradução de frases. É sabido que cada idioma possui características e formas próprias e que, muitas vezes, não é possível fazer uma tradução literal do português para o francês mantendo o mesmo significado da frase original. Fale tudo em francês! - Guia de conversação apresenta frases-chave para diversas situações da maneira como são expressas pelos falantes de francês.

Vocabulário ativo (Vocabulaire Actif)

Para se falar um idioma com fluência é preciso saber empregar o vocabulário da forma mais natural e adequada possível. A seção "Vocabulário ativo" apresenta uma seleção de palavras fundamentais pertencentes a diversos contextos de conversação, todas elas apresentadas em frases que caracterizam tais contextos e retratando, de forma realista, o uso do vocabulário no francês corrente. Veja alguns dos tópicos abordados nessa seção:

» viagem aérea;
» pegar um táxi;
» manter-se em forma;
» afazeres domésticos;

» trabalho e carreira;
» uma reunião de negócios;
» ligações telefônicas;
» namoro;
» romance e sexo.

Um dos destaques é o tópico "Usando computadores", com o vocabulário atualizado de termos usados no mundo da informática.

Notas Culturais (Notes Culturelles)

Língua e cultura são inseparáveis e há momentos em que é praticamente impossível comunicar-se ou compreender com clareza uma língua sem o prévio conhecimento de seus dados culturais. Fale tudo em francês! – Guia de conversação apresenta 34 notas culturais relevantes ou curiosas, referentes a contextos variados, como por exemplo:

» como se deslocar na cidade de Paris;
» quais as principais datas comemorativas e/ou feriados na França;
» quais os principais aspectos da gastronomia francesa;
» como funciona o sistema educacional francês.

Vocabulário (Vocabulaire)

Essa seção foi organizada para você localizar rapidamente o vocabulário que precisa empregar em diversas situações de conversação. Ela complementa e interage com todas as outras seções do livro, em especial com a seção "Frases-chave", já que frequentemente uma frase-chave pode ser alterada com a variação do vocabulário. Dessa forma, o "Vocabulário" potencializa e expande o horizonte linguístico contido na seção "Frases-chave". Entre os assuntos apresentados você encontrará:

» relações familiares;
» profissões;
» vocabulário comercial;
» artigos de drogaria;
» o automóvel;
» o corpo humano;
» esportes;
» comida;
» ditados e provérbios.

Guia de referência gramatical (Guide de référence grammaticale)

Esta seção foi cuidadosamente preparada para você revisar de forma rápida, fácil e objetiva conceitos gramaticais fundamentais do idioma. Esses conceitos podem estar um pouco "esquecidos" para muitos que já concluíram um curso de francês e também para um grande número de pessoas que iniciaram um curso e o interromperam. Ao relembrar conceitos importantes do funcionamento da estrutura do idioma francês, você vai perceber que a compreensão e a aplicação de todas as frases do livro se tornarão mais fáceis. Lembre-se de que a estrutura gramatical de qualquer língua é o esqueleto que dá sustentação a todas as frases e diálogos no idioma.

COMO TIRAR MELHOR PROVEITO DE *FALE TUDO EM FRANCÊS! - GUIA DE CONVERSAÇÃO*

Fale tudo em francês! - Guia de conversação foi planejado para ser utilizado por pessoas de diferentes níveis de conhecimento do francês. Se o seu conhecimento atual do idioma for de nível pós-intermediário em diante (equivalente aos níveis B2, C1 e C2 do Quadro Europeu Comum de Referência para as Línguas, União Européia, Estrasburgo, 2001), uma excelente maneira de explorar esse material é ouvir primeiramente o CD, tentando compreender as várias situações apresentadas nos diálogos. É possível que em alguns momentos haja palavras ou frases que você não consiga captar com clareza. Nesse caso, ouça o CD pela segunda vez, tentando avançar na compreensão. Se após mais algumas audições você ainda não conseguir compreender tudo o que é falado, poderá recorrer ao diálogo em francês contido no livro e indicado no "Guia do CD: Faixas e Páginas". O conteúdo de todas as seções do livro servirá de apoio e referência para os momentos em que você precisar tirar dúvidas ou se preparar para situações de conversação, por exemplo, viagens ao exterior, reuniões, apresentações, entrevistas etc.

Para as pessoas que possuem um nível básico de conhecimento do idioma (equivalente aos níveis A1 e A2 do Quadro Europeu Comum de Referência para as Línguas, União Européia, Estrasburgo, 2001), uma boa forma de explorar o material é iniciar com a leitura da seção "Guia de referência gramatical" a fim de revisar a estrutura do idioma. Essa seção é apresentada de forma progressiva: à medida em que você avançar até o item 16, poderá ter uma visão geral dos principais itens que compõem a estrutura do idioma francês. Você poderá então consultar as seções de "Frases-chave" para se familiarizar com as perguntas e frases usuais em vários contextos de conversação, aprender novas palavras nas seções de "Vocabulário ativo" e ouvir os diálogos acompanhando o texto no livro. Com seu aprofundamento no estudo do idioma, você notará que todas as seções do livro se complementam e facilitam a aprendizagem e o aperfeiçoamento da língua francesa.

I. DIÁLOGOS SITUACIONAIS E FRASES-CHAVE
DIALOGUES SITUATIONNELS ET PHRASES CLÉS

1. QUEBRANDO O GELO - ROMPRE LA GLACE

1.1 Quebrando o gelo (Diálogo) - Rompre la glace (Dialogue)

Faixa 1

Alain: Qu'est-ce qu'il fait froid aujourd'hui!
Emilie: Oui, effectivement! Je ne suis pas habituée à ce genre de climat!
Alain: Vous n'êtes pas d'ici, je suppose.
Emilie: Non, pas du tout. Je suis de Guadeloupe. Là-bas, il fait beaucoup plus chaud qu'à Paris, je peux vous le dire!
Alain: Excusez-moi, je ne me suis pas présenté. Je m'appelle Alain Lamournier.
Emilie: Enchantée. Moi, je suis Emilie Dumont. Alors, vous êtes de Paris?
Alain: Non, en fait j'habite à Paris, mais je suis né à Clermont-Ferrand. Ma famille est venue vivre à Paris quand j'étais adolescent.
Emilie: Quelle chance! Paris est une ville vraiment splendide!
Alain: C'est vrai... Je n'ai pas à me plaindre.
Emilie: Et qu'est-ce que vous faites?
Alain: Je suis agent de voyages! À votre service!! (rires)
» Veja a tradução desse diálogo na p. 299.

1.2 Quebrando o gelo (Frases-chave) - Rompre la glace (phrases clés)

QUEBRANDO O GELO (A) - ROMPRE LA GLACE (A)

Belle vue, non? - Bela vista, não?
Pas mal, hein? - Nada mal, hein?
Alors, ça vous dit, la fête?/le concert/la conférence? - Está gostando da festa/do show/da palestra?
Vous aimez la fête/le concert/la conférence? - Está gostando da festa/do show/da palestra?

C'est une super fête, non/concert/conférence? - Que festa/show/palestra ótima(o), não é mesmo?
Ça fait longtemps que je ne me suis pas autant amusé! - Faz tempo que não me divertia tanto!
Vous semblez vous amuser. - Você parece estar se divertindo.
Vous avez l'air content/triste/sérieux/en forme/bien. - Você parece contente/triste/sério/estar em forma/estar bem
Je peux m'asseoir ici? - Posso me sentar aqui?
Cette place/chaise est occupée? - Este(a) lugar/cadeira está ocupado(a)?

QUEBRANDO O GELO (B) - ROMPRE LA GLACE (B)

Vous m'êtes familier/vous me semblez être familier. - Você me é/parece familiar.
Vous me semblez familier. - O senhor me parece familiar.
Je crois que je vous connais. - Acho que conheço o senhor. Acho que o conheço.
Je crois que je te connais. - Acho que o (te) conheço.
On se connaît déjà? - A gente já se conhece?
Nous nous connaissons déjà? - Nós já nos conhecemos?
Qu'est-ce que vous faites dans la vie? - O que você faz (da vida)?
» Veja Vocabulário 1: Profissões p. 179
Vous êtes d'ici? - Você é daqui?
Vous habitez à Paris/à New York/à Rome? - Você mora em Paris/Nova York/Roma?
Vous venez souvent/fréquemment ici? - Você vem aqui com frequência?
» embora exista o equivalente fréquemment, o advérbio souvent é mais empregado no cotidiano.
» O verbo habiter admite duas regências: com a preposição à (J'habite à Nice) ou sem nenhuma preposição (J'habite Nice).

PREPOSIÇÕES

à = cidades
au = países masculinos
aux = países femininos ou masculinos no plural
en = países femininos
en = países que comecem por vogal

QUEBRANDO O GELO (C) - ROMPRE LA GLACE (C)

Il fait vraiment chaud/froid aujourd'hui! - Está quente/frio mesmo hoje.
» Veja Falando sobre o clima - Frases-chave: Como está o tempo (B) p. 27
Il fait chaud/ froid ici. - Está quente/frio aqui. Está fazendo calor/frio aqui.
Le temps est super! - O tempo está ótimo!
J'adore les jours ensoleillés. - Eu adoro (os) dias ensolarados.

Pardon, vous avez/auriez une cigarette?/une clope? - Com licença, você tem/teria um cigarro?
Vous avez du feu? Vous n'auriez pas du feu? - Você tem fogo? O senhor (não) teria fogo?
Pardon, je ne fume pas. - Desculpe-me, não fumo.
Ça vous dérange, la cigarette? - O cigarro o incomoda?
Est-ce que je peux fumer? - Posso fumar?

FALANDO SOBRE O CLIMA PARA QUEBRAR O GELO: ALGUMAS EXPRESSÕES

Qu'est-ce qu'il fait froid! - Como está frio!
Il fait chaud, non? - Tá quente, né?
Il fait beau aujourd'hui! - O tempo está lindo hoje!
Il fait mauvais. - O tempo está ruim.
Ça caille! - Que frio!
Qu'est-ce que ça étouffe! - Como está abafado!
Il va pleuvoir! -Vai chover!
Je crois qu'il va pleuvoir. - Acho que vai chover.
Il tombe de l'eau! - Tá caindo água!
Il pleut! - Está chovendo!
Il neige! - Está nevando!
Encore une journée de neige! - Mais um dia de neve!
Quel temps! - Que tempo!
Quel temps magnifique! - Que tempo magnífico!
Quel sale temps! - Que tempo horrível!
Il fait un temps épouvantable! - Está fazendo um tempo horroroso/assustador!
Le jour est ensoleillé! - O dia está ensolarado!
Le jour est splendide! - O dia está lindo/esplêndido!
Le temps est couvert. - O tempo está encoberto.
Le ciel est nuageux. - O céu está nublado.
Il y a des éclaircies. - Está parcialmente nublado.
Il y a des averses. - Chove forte.
Il gèle. - Está geando.

Observação: Para indicar o tempo, como fenômeno metereológico (clima), emprega-se o verbo faire precedido do pronome il, que, neste caso é impessoal, de valor neutro. Ex: Il fait froid. (Está fazendo frio).

Pleuvoir, neiger, faire beau, faire froid também são impessoais: il pleut, il neige, il fait beau...

Devemos notar ainda que o Presente do Indicativo tem o valor de gerúndio. Consultar o Guia Gramatical, p. 245.

NOTA CULTURAL 1: O PAÍS - NOTE CULTURELLE 1: LE PAYS

A França possui 550.000 Km^2 de superfície e 60 milhões de habitantes. É formada por uma parte continental (o hexágono) situada na Europa e por Departamentos e Territórios Ultramarinos (Dom-Tom), distribuídos em diversas partes do globo. São eles: Guiana Francesa, Martinica, Guadalupe, Ilha da Reunião, Nova Caledônia, Polinésia Francesa, Mayotte, Saint-Pierre-et-Miquelon, Wallis e Futuna, além das Terras Austrais e Antárticas Francesas. A parte continental, situada em zona de clima temperado, caracteriza-se por temperaturas baixas. Porém, as médias anuais, amenas, variam de 10 a 15 graus Celsius, havendo ainda temperaturas extremas que podem oscilar de -30 graus Celsius, durante o inverno na Alsácia (nordeste da França), a 40 graus Celsius em Toulouse (sudoeste da França), no verão.

1.3 Acho que você não conhece minha amiga (Diálogo) - Je crois que tu ne connais pas mon amie. (Dialogue)

Faixa 2

Antoine: Salut, Paul, ça fait lontemps, hein?

Paul: Antoine! Comment vas-tu, mon vieux? Je suis bien content de te revoir! Alors, quoi de neuf?

Antoine: Rien de spécial. Dis-donc, je crois que tu ne[1] connais pas encore Liz, une super copine à moi.

Paul: Non, effectivement. Bonjour, Liz, enchanté!

Liz: Enchantée, Paul.

Paul: Vous faites[2] vos études ici, à la Sorbonne?

1. A negação em francês é formada por NE + VERBO + PAS. No entanto, na linguagem coloquial, o primeiro termo da negação **NE** pode ser omitido da frase. Essa omissão é frequente na linguagem oral, mas deve ser evitada na linguagem escrita.
2. Em muitos casos, o presente do indicativo em francês tem valor de gerúndio em português. Ex.: **Paul arrive!** Paul está chegando!

Liz: Moi? Ben, non. En fait, je ne fais que[3] visiter l'Université. Je suis de Marseille. Mais, tu peux me tutoyer!

Paul: D'accord. J'ai une tante qui habite à Marseille. Pour te dire franchement, je n'y suis allé qu'une seule fois.

Liz: C'est vrai? J'espère que tu l'as aimée au moins!

Paul: Tout à fait. Marseille est une très belle ville.

Antoine: Écoutez, je ne veux pas vous interrompre, mais, il faut y aller, Liz. Le métro ferme dans une demi-heure.

Paul: Bien sûr, Antoine. Moi aussi, je dois partir. Je n'ai pas mal de choses à faire encore ce soir. On[4] se parle.

Liz: J'ai été ravie de te connaître, Paul.

Paul: Ça m'a fait très plaisir aussi, Liz. À un de ces jours. Soyez sages vous deux, hein?

» Veja a tradução desse diálogo na p. 299

NOTA CULTURAL 2: FORMAS DE TRATAMENTO
NOTE CULTURELLE 2: FORMES DE TRAITEMENT

Você deve ter percebido que as formas de tratamento em francês variaram. O "tu" (2ª pessoa do singular) é usado em situações informais, com amigos, familiares ou crianças, sendo equivalente ao "tu" ou "você" em português do Brasil. Já o pronome "vous" pode indicar uma ou mais pessoas, tendo assim, como equivalente, "tu", "você(s)", "o(s) senhor(es)", "a(s) senhora(s)". Neste livro, utilizaremos, em cada tradução, um desses pronomes ou formas, escolhidos em função do contexto. Vale lembrar que, por ser mais formal, o "vous" deve ser empregado quando conhecemos alguém e até que nosso interlocutor autorize o emprego do "tu", sugerindo: **Tu peux me tutoyer!** ("Você pode me tratar por **você**). Portanto, começar a tratar alguém imediatamente por "tu", dependendo da circunstância, pode ser uma gafe! É sempre bom esperar que, em um país de língua francesa, o interlocutor inicie a "quebra de gelo".

Observação: **ami/amie = copain/copine** (amigo/amiga). Em geral, estes termos se equivalem. No entanto, quando empregamos o vocábulo **copain/copine** (amigo/amiga) com o pronome possessivo - **mon copain/ma copine** - passa a significar meu namorado/minha namorada. Isso se deve ao fato de que antigamente, para designarmos namorado/namorada, usávamos comumente as expressões **mon petit copain/mon petit ami, ma petite copine/ma petite amie**. O uso acabou consagrando o substantivo **copain/copine** quando empregado ao lado

3. A frase **je ne fais que visiter**, embora tenha elementos da negação, é uma restrição; neste caso, **ne... que** significa não... senão, que vem a ser traduzido por **apenas, somente**. Eu estou apenas visitando.

4. O pronome **On**, de 3ª pessoa do singular, pode ter diferentes significados: "a gente", "nós", "se" (partícula de indeterminação).

Ex.: **On se parle!** - A gente se fala!

On va au théâtre aujourd'hui? - Nós vamos ao teatro hoje?

On mange bien en France. - Come-se bem na França.

do possessivo. Assim, para fazermos a distinção entre as duas formas, usamos: **un copain à moi/une copine à moi** para um amigo meu/uma amiga minha e **mon copain/ma copine** para meu namorado/minha namorada. Consultar os adjetivos e pronomes possessivos no Guia Gramatical, p. 238, 240.

NOTA CULTURAL 3: O TRANSPORTE EM PARIS

NOTE CULTURELLE 3: LES TRANSPORTS À PARIS

Há várias opções de transporte em Paris. As mais comuns são o **metrô** e suas múltiplas conexões **(correspondances)**, o **RER (Réseau Express Régional)**, trem que cruza a cidade em poucos minutos e possui ligações com determinadas estações de metrô, indo até as cidades do entorno parisiense; o ônibus, que costuma obedecer a horários rigorosos e absolutamente pontuais, e os táxis. O metrô circula de 5h30 da manhã até 1h15 durante a semana; sextas, sábados e vésperas de feriado, de 5h30 a 2h15. Fora dos horários de funcionamento do metrô, restam os ônibus (raros durante a madrugada) e os táxis, mais caros. O metrô parisiense é ágil, prático e de preço acessível, cobrindo toda a cidade de Paris bem como algumas estações da **banlieue** (periferia), fora do perímetro urbano da cidade; por esse motivo é dividido em zonas e, quanto mais distante for a zona escolhida, mais caro será o bilhete. Os tickets são vendidos em todas as estações e são válidos apenas para um único trajeto. Mesmo que haja uma ou mais conexões, o usuário permanece dentro das estações. É possível comprar tickets unitários ou carnês de dez, e há pacotes turísticos para um número ilimitado de viagens (um dia, uma semana, um mês). Crianças com menos de dez anos pagam 50% do preço da tarifa e, para as crianças com menos de quatro, o trajeto é gratuito. O mesmo ticket de metrô é válido para o ônibus. Ao viajar de metrô, **RER** ou ônibus tenha sempre à mão o seu ticket de transporte, que não deve ser jogado fora, mesmo após a passagem pela catraca, já que os agentes de controle costumam ser rigorosos com quem supostamente tenha cometido uma fraude. Para os turistas, há um pacote especial de transporte, denominado **Paris Visite**; ao adquiri-lo, o passageiro terá acesso a um número ilimitado de viagens - principalmente de metrô, **RER**, ônibus ou VLT (veículo leve de transporte, tramway) - durante um, dois, três, cinco ou mais dias, além de poder se beneficiar com descontos em mercadorias de algumas lojas conhecidas.

1.4 Cumprimentos (Frases-chave) - Les salutations (phrases clés)

CUMPRIMENTOS/CUMPRIMENTAR ALGUÉM (A) - LES SALUTATIONS/SALUER QUELQU'UN

Salut - Oi, olá!
Bonjour - Bom dia, olá (também serve para cumprimentar, saudar)
Comment ça va? - Como está? Como vai?
Comment vas-tu? - Como vai você? (tratamento informal)
Comment allez-vous? - Como vai o senhor? (tratamento formal)
Ça va bien, merci. Et toi? - Tudo bem, obrigado (a). E você?

Je vais bien, merci. Et vous? - Vou bem, obrigado (a). E o senhor?
Bien, merci. Et toi? Et vous? - Bem, obrigado. E você? E o senhor?

CUMPRIMENTOS (B) - LES SALUTATIONS (B)

Bonjour! - Bom dia!
Bonjour! (não há expressão específica) - Boa tarde!
Bonsoir! - Boa noite!
Bonne Nuit![5] - Boa noite!
Bonne journée! - Tenha um bom dia!

CUMPRIMENTOS: TRATAMENTO INFORMAL (C) - LES SALUTATIONS: TRAITEMENT INFORMEL (C)

Comment ça va? - Como está?/Como vai?
Comment ça marche?/Comment vont les choses? - Como vão as coisas?
Comment ça marche, le travail? - Como vai o trabalho?
Qu'est-ce que tu me racontes? - O que você me conta?
Et alors? - E aí?
Quoi de neuf? - O que há de novo?
Quelles sont les nouvelles? - Quais são as novidades?
Et les nouvelles? - E as novidades?
Qu'est-ce qu'il y a de nouveau? O que há de novo?
Ça fait longtemps qu'on ne s'est pas vu- Faz tempo que a gente não se vê!
Eh! - Oi!

1.5 Despedindo-se (frases-chave) - Prendre congé (phrases clés)

DESPEDINDO-SE (A) - PRENDRE CONGÉ (A)

Salut![6] - Tchau!
Au revoir! - Até logo!
À bientôt! - Até breve!
À plus tard! - Até mais tarde!
À plus! - Até mais!
À tout à l'heure! - Até daqui a pouco!
À la prochaine! - Até a próxima!
À demain! - Até amanhã!
À lundi/à mardi/à mercredi! - Até segunda/até terça/até quarta!
À la semaine prochaine! - Até a semana que vem!
On se voit - A gente se vê!
On se parle plus tard, salut! - A gente se fala mais tarde, tchau!

5. Usado ao se retirar ou antes de ir dormir.
6. Usado tanto para cumprimentar como para se despedir.

DESPEDINDO-SE (B) - PRENDRE CONGÉ (B)

Soyez sage! - Cuide-se! Comporte-se! Juízo! Cuidem-se! Comportem-se!
On se voit demain, salut - A gente se vê amanhã, tchau!
D'ac/d'accord/Alors, à plus tard! - OK/Está bem/ Então até mais tarde!
Bonne journée! - Tenha um bom dia!
Bon courage![7] - Bom trabalho!
Bonne chance! - Boa sorte!
Bon cours! - Boa aula!
Bonne réunion/rencontre/fête. - Tenha uma boa/reunião/encontro/festa.
Bonnes vacances! - Boas férias!
Bonne nuit! - Boa noite! (quando nos retiramos para ir dormir)
Fais de beaux rêves! - Bons sonhos!/Tenha bons sonhos! (tu)
Faites de beaux rêves! - Bons sonhos!/Tenha bons sonhos! (vous)

1.6 Quando conhecemos alguém (Frases-chave) - Faire connaissance (phrases clés)

Enchanté(e)! - Muito prazer!
Enchanté(e) de vous connaître! - Prazer em conhecê-lo! (tratamento formal)
Enchanté(e) de faire votre connaisance! - Muito prazer em conhecê-lo! (tratamento formal)
Ravi (e) de vous connaître - Prazer em conhecê-lo (a).
Heureux/heureuse de faire votre connaissance! - Prazer em conhecê-lo! (tratamento formal)
Enchanté(e) de te connaître! - Prazer em conhecê-lo! (tratamento informal)
Salut, bonjour! - Olá! (tratamento informal)
Moi aussi! - O prazer é meu!
Enchanté(e) de vous connaître, moi aussi! - O prazer é meu!

1.7 Apresentando-se ou apresentando alguém (Frases-chave) - Se présenter ou présenter quelqu'un (phrases clés)

Je m'appelle... - Meu nome é...
Je suis... - Eu sou...
Mon nom c'est... - Meu nome é...
Mon nom c'est... - Meu sobrenome é...
Je crois qu'on ne se connaît pas encore. Je m'appelle... - Acho que ainda não nos conhecemos. Eu me chamo...
Je crois qu'on ne s'est pas encore présentés. - Acho que ainda não nos apresentamos.
On se connaît? - A gente se conhece?

7. Expressão coloquial que significa "Força!".

Laissez-moi me présenter, je suis... - Deixe me apresentar, eu sou...
Je voudrais me présenter, je suis... - Gostaria de me apresentar, eu sou...
Je voudrais vous présenter un ami. - Gostaria de apresentar-lhe um amigo.
Je voudrais te présenter un ami. - Gostaria de te apresentar um amigo.
Je pense/Je crois que tu ne connais pas mon ami. - Acho que você não conhece meu amigo.
C'est mon ami (e)/mon frère/ma soeur - É meu amigo/irmão/irmã.
» Veja Vocabulário 5: Relações familiares p. 187

1.8 Quando pedimos informações pessoais (Frases-chave) - Demander des informations personnelles (phrases clés)

QUANDO PEDIMOS INFORMAÇÕES PESSOAIS (A) - DEMANDER DES INFORMATIONS PERSONNELLES (A)

Quel est votre prénom? - Qual é o seu nome?
Quel est votre nom? - Qual é o seu sobrenome? (nome completo)
Vous vous appelez comment?/Tu t'appelles comment? - Como o(a) senhor(a)se chama?/ Como você se chama?
Quel est votre nom de famille? - Qual é o seu sobrenome?
Quel est votre nom de jeune fille? - Qual é o seu nome de solteira?
Qu'est-ce que vous faites (dans la vie)? - O que você/o senhor faz?/Qual a sua profissão?
Quelle est votre profession/Quel est votre métier? - Qual é a sua profissão?
D'où est-ce que vous êtes?/D'où êtes-vous?/Vous êtes d'où? - De onde o senhor é?/O senhor é de onde?
D'où est-ce que tu es? D'où es-tu?/Tu es d'où? - De onde você é?/Você é de onde?
Quelle est votre nationalité? - Qual é a sua nacionalidade?
» Veja Vocabulário 2: Países e nacionalidades p. 182
Où est-ce que vous êtes nées? Où êtes-vous nées? - Onde as senhoras nasceram?
Où est-ce que tu es né(e)? - Où es-tu né(e)? - Onde você nasceu?
Vous êtes né(e) où? - O(a) senhor(a) nasceu onde?
Tu es né(e) où? - Você nasceu onde?
Où est-ce que vous habitez? - Onde o senhor mora?
Vous habitez où? - Vocês moram onde?
Où est-ce que tu habites? - Onde você mora?
Tu habites où? - Você mora onde?
Vous avez quel âge? - O senhor tem que idade?/Qual a sua idade?/Quantos anos o senhor tem?
Tu as quel âge? - Qual a sua idade? Quantos anos você tem?
Où est-ce que vous avez fait le lycée/le second degré? - Onde o senhor fez o colegial?/o segundo grau?
Où est-ce que tu as fait le lycée/le second degré? - Onde você fez o colegial?/o segundo grau?

Où est-ce que vous avez fait l'université/la faculté? - Onde o senhor fez a universidade/a faculdade?
Où est-ce que tu as fait l'université/la faculté? - Onde você fez a universidade/a faculdade?

NOTA CULTURAL 4: SR. DUPONT - NOTE CULTURELLE 4: M. DUPONT
Em francês, nos tratamentos formais, usam-se os termos **monsieur/ madame/mademoiselle** (senhor/senhora/senhorita) seguidos do sobrenome **(M. Marivaux, Mme Gobineau, Mlle Cardi)** e jamais do nome **(M. Pierre, Mme Isabelle, Mlle Véronique)**.

» Sobre as diferentes formas de interrogação, ver Guia Gramatical, p. 251

QUANDO PEDIMOS INFORMAÇÕES PESSOAIS (B) - DEMANDER DES INFORMATIONS PERSONNELLES (B)

Qu'est-ce que vouz aimez faire? - O que o senhor/ você gosta de fazer?
Qu'est-ce que vous faites pour vous amuser? - O que faz para se divertir?
» Veja Saindo para se divertir - Frases-chave: O que as pessoas fazem para se divertir (B) p. 71, e Vocabulário 10: Esportes p. 192
Vous avez un passe-temps favori?/Vous avez un hobby? - Tem um passatempo?/um hobby?
Quel est votre chanteur/chanteuse/acteur/actrice préféré (e)/favori (te) - Qual é o seu cantor(a) /ator/atriz/preferido(a)/favorito(a)?
Quel est votre signe? - Qual é o seu signo?
Vous êtes marié(e) - Você é casado(a)?
Quel est votre état civil? - Qual é o seu estado civil?
Quelle est votre situation de famille? - Qual é o seu estado civil?
Vous avez des enfants - Vocês têm filhos?
Avez-vous des enfants - Vocês têm filhos?
Vous avez un petit copain?/une petite copine? - Você tem namorado/namorada?
Avec qui est-ce que vous habitez? - Com quem você mora?

No plural usa-se "enfants" (crianças) para designar "filhos" de forma geral (meninos e meninas).

O filho = **le fils**	Os filhos = **les fils** (apenas do sexo masculino)
A filha = **la fille**	As filhas = **les filles** (apenas do sexo feminino)
	Os filhos (as crianças) = **les enfants**

1.9 Falando de si mesmo (Frases-chave) - Parler de soi (phrases clés)

QUANDO PEDIMOS INFORMAÇÕES PESSOAIS (B) - DEMANDER DES INFORMATIONS PERSONNELLES (B)

Mon nom, c'est... - Meu sobrenome é...
Je suis professeur/avocat/médecin - Eu sou professor/advogado/médico/etc.
» Veja Vocabulário 1: Profissões p. 179

Je suis comptable chez[8]... (+ nom de la société) - Sou contador na empresa... (+ nome da empresa)
Je m'occupe de... (secteur) chez. - Eu cuido de... (setor) na empresa.
Je suis chargé de/Je suis responsable de... - Sou encarregado de/Sou responsável por
Je suis responsable marketing chez... - Sou gerente de marketing na empresa...
Je suis dans... la Mode/ la Gastronomie/la Publicité/l'Assurance/l'Industrie Automobile - Trabalho com Moda/Gastronomia/Publicidade/Seguros/Indústria Automobilística
Je suis du Brésil/Je viens du Brésil - Eu sou do Brasil/Venho do Brasil etc.
» Veja Vocabulário 2: Países e nacionalidades p. 182
Je suis Brésilien/Brésilienne etc. - Eu sou brasileiro(a) etc.
Je suis né(e) - Eu nasci... (para as preposições consultar a Parte Gramatical)
J'ai été élevé(e) au Canadá - Fui criado(a) no Canadá.
» Veja Vocabulário 2: Países e nacionalidades p. 182
J'ai grandi au Brésil - Eu cresci no Brasil.
J'habite à... - Eu moro em... (para cidades)
J'habite au... - Eu moro no (para países masculinos/à + le = au)
J'habite en - Eu moro na/no (para países femininos ou que comecem por vogais)
J'habite en Chine/J'habite en Uruguay - Eu moro na China/Eu moro no Uruguai.
J'ai trente et un ans... - Tenho trinta e um anos de idade...
» Veja Vocabulário 3: Números ordinais e cardinais p. 184
J'ai fait mon lycée au/à la - Eu fiz o colegial no/na...
J'ai fait la Faculté de... au/à la... - Eu fiz a faculdade de... no/na...
J'ai fait mes études de... au/à la... - Fiz meus estudos de... no/na...

FALANDO DE SI MESMO (B) - PARLER DE SOI (B)

J'aime... - Eu gosto de...
» Veja Saindo para se divertir - Frases-chave: O que as pessoas fazem para se divertir (B) p. 71 e Esportes p. 192
J'adore ça... - Eu adoro isso...
Je collectionne des timbres/des pièces/etc. - Eu coleciono selos/moedas antigas/etc.
Mon chanteur/acteur/écrivain préféré c'est... - Meu cantor/ator/autor/etc. preferido é...
Ma chanteuse/actrice/journaliste préférée/favorite c'est... - Minha cantora/atriz/jornalista preferida/favorita é...
Je suis Sagittaire/Vierge/Verseau/Poissons/Balance/Lion/Bélier/Scorpion/Taureau - Sou Sagitário/Virgem/Aquário/Peixes/Libra/Leão/Áries/Escorpião/Touro.
Je suis Capricornien/Virginien. - Sou capricorniano/virginiano.
Je suis marié(e) - Sou casado(a).
Je suis célibataire - Sou solteiro(a).

8. Observação: A preposição **chez**, em francês, é utilizada diante de nomes (de pessoas ou de empresas) e de profissões significando "na casa de, no local de trabalho de". Ex.: **Je vais chez lui.** Vou para a casa dele. **Nous allons chez le dentiste.** Nós vamos ao dentista (neste caso, é um erro grave dizer **Nous allons au dentiste**). **Il travaille chez Dior.** Ele trabalha na (empresa) Dior.

Je suis divorcé(e) - Sou divorciado(a).
Je suis séparé(e) - Sou separado(a).
Je suis fiancé (e)/engagé(e) - Sou noivo(a)/comprometido(a)
Je suis veuf - Sou viúvo.
Je suis veuve - Sou viúva.
J'ai deux enfants - Tenho dois filhos.
» Veja Vocabulário 5: Relações familiares p. 187
J'ai un garçon/un fils et une fille - Tenho um filho e uma filha.
J'ai un copain/un petit copain/un petit ami - Tenho um namorado.
J'ai une copine/une petite copine/une petite amie - Tenho uma namorada.
Je vis avec mes parents - Eu moro (vivo) com os meus pais
» Veja Vocabulário 5: Relações familiares p. 187
Je vis avec ma femme/mon épouse et mes enfants - Moro com minha mulher/esposa e meus filhos.
Je vis seul (e) - Eu moro sozinho(a).
Pardon, mais ça c'est personnel! - Desculpe, mas isso é pessoal!

OS SIGNOS DO ZODÍACO - LES SIGNES DU ZODIAQUE

Bélier - Áries
Taureau - Touro
Gémeaux - Gêmeos
Cancer - Câncer
Lion - Leão
Vierge - Virgem
Balance - Libra
Scorpion - Escorpião
Sagittaire - Sagitário
Capricorne - Capricórnio
Verseau - Aquário
Poissons - Peixes

1.10 Falando sobre a família (Frases-chave) - Parler de la famille (phrases clés)

FALANDO SOBRE A FAMÍLIA (A) - PARLER DE LA FAMILLE (A)

» Veja Vocabulário 5: Relações familiares p. 187
J'ai une grande/petite famille - Eu tenho uma família grande/pequena.
J'ai deux frères et une soeur - Tenho dois irmãos e uma irmã.
J'ai une soeur plus jeune et un frère plus âgé. - Eu tenho uma irmã mais nova e um irmão mais velho.
L'enfant aîné s'appelle... - O filho mais velho se chama...
L'enfant cadet s'appelle... - O filho mais novo/caçula se chama...
J'ai un frère jumeau - Tenho um irmão gêmeo.
J'ai une soeur jumelle - Tenho uma irmã gêmea.
Je suis fils/ fille unique - Sou filho(a) único(a).
Mon père est... - Meu pai é...

» Veja Vocabulário 1: Profissões p. 179
Mon père/ma mère est retraité(e) - Meu pai/minha mãe é aposentado(a).
Ma mère est... avocat/maîtresse de maison - Minha mãe é advogada/dona de casa.
Mes parents habitent à... - Meus pais moram em...
Mes parents sont divorcés - Meus pais são divorciados.
Mon parrain et ma marraine - Meu padrinho e minha madrinha.
Mon filleul/ma filleule - Meu afilhado/minha afilhada.

FALANDO SOBRE A FAMÍLIA (B) - PARLER DE LA FAMILLE (B)

Mon épouse/ma femme est... - Minha esposa/minha mulher é...
» Veja Vocabulário 1: Profissões p. 179
Mon mari est... - Meu marido é...
Ma soeur est extrovertie/décontractée. - Minha irmã é extrovertida/descontraída.
» Veja Descrevendo traços de personalidade - Frases-chave p. 139
Mon frère plus jeune est drôle. - Meu irmão mais novo é engraçado.
Mon père est sérieux. - Meu pai é sério.
Mes parents sont ouverts/chaleureux/amicaux/sympathiques. - Meus pais são abertos/calorosos/amigáveis/simpáticos.
Quel est le lien de parenté que vous avez avec...? - Qual o grau de parentesco que você tem com...? Ce sont mes familliers. - São meus parentes.
Nous ne sommes pas de la même famille - Nós não somos da mesma família.
Nous ne sommes pas proches parents. - Não somos parentes próximos.
Nous n'avons pas de liens de parenté. - Não temos laços de família.
» Veja Vocabulário 5: Relações familiares p. 187

Familial/familiale = relativo à família (relation familiale = relação familiar)
Familier/familière = algo que é familiar (muito conhecido)
Familier = parente
Proche parent = parente próximo

1.11 Ruídos e problemas na comunicação (Frases-chave) - Bruits et problèmes dans la communication (phrases clés)

RUÍDOS E PROBLEMAS NA COMUNICAÇÃO(A) - BRUITS ET PROBLÈMES DANS LA COMMUNICATION (A)

Pardon? - Como? (pedindo para repetir)
Pardon, vous pouvez répéter s'il vous plaît? - Desculpe, o senhor pode repetir, por favor?
Je vous entends mal! - Estou ouvindo mal!
Vous pouvez parler plus doucement, s'il vous plaît? - Você poderia, por favor, falar mais devagar?
Vous pouvez patienter un instant, s'il vous plaît? - O senhor/você pode aguardar um instante, por favor?

Pardon, je n'ai pas compris - Desculpe, não entendi.
Vous pourriez m'expliquer encore une fois? - Poderia me explicar novamente?

RUÍDOS E PROBLEMAS NA COMUNICAÇÃO (B) - BRUITS ET PROBLÈMES DANS LA COMMUNICATION (B)

Vous pouvez répéter encore une fois, s'il vous plaît? - O senhor pode repetir novamente, por favor?
Vous pouvez dire encore une fois, s'il vous plaît? - A senhora pode dizer de novo, por favor?
Comment on épelle? - Como se soletra...?
Comment ça se dit? - Como se diz isso?
Comment ça s'écrit? - Como se escreve isso?
Comment on dit ça en français? (en montrant quelque chose) - Como se diz isso em francês? (mostrando algo)
Quel est ton prénom déjà? - Qual é mesmo o seu nome?
Je n'ai pas très bien compris ce que vous avez dit. - Não entendi direito/muito bem o que você disse.
Pardon, mais je ne sais vraiment pas de quoi vous parlez. - Desculpe, mas realmente eu não sei do que vocês estão falando.
Pardon, mais je n'ai la moindre idée de quoi vous parlez. - Desculpe, não tenho a menor ideia do que você/o senhor está falando.

1.12 Falando sobre o clima (Diálogo) - Parler du temps qu'il fait (Dialogue)

Faixa 3

Rachel: Tu as[9] écouté la météo pour ce week-end?
Patricia: Oui, le présentateur nous a promis un samedi ensoleillé, alors, je pense qu'il fera beau! Mais, par contre, il annonce déjà qu'il pleuvra et qu'il neigera dimanche matin. Ce n'est pas génial...

Rachel: Ah, non, je déteste la pluie. Je me sens toujours un peu déprimée, quoi.
Patricia: Je sais ce que tu veux dire. Tu préfères carrement l'été, non?
Rachel: Ah oui, pour moi, c'est la saison parfaite. Tu sais, j'aime la vie en plein air.
Patricia: En parlant de vie en plein air, dis-moi, qu'est-ce que tu vas faire ce week-end? Tu as l'intention de te balader?
Rachel: Ben, je comptais aller à la plage, mais avec ce temps, je ne sais plus.
» Veja a tradução desse diálogo na p. 300

1.13 Falando sobre o clima (Frases-chave) - Parler du temps qu'il fait (phrases clés)

COMO ESTÁ O TEMPO? - COMMENT EST LE TEMPS? (A)

Comment est le temps aujourd'hui?/Comment est le climat? - Como está o tempo hoje?
Comment sera le temps ce week-end? - Como será o tempo no fim de semana?
Et pour la météo? - E a meteorologia?
Qu'est-ce que la météo prévoit pour aujourd'hui? - O que a meteorologia está prevendo para hoje?
Qu'est-ce que la météo a prévu? - O que a meteorologia previu?
Il fait chaud/froid. - Está quente/frio. Está fazendo calor/está fazendo frio.
Il y a du soleil. - Tem sol./Faz sol./Está fazendo sol.
Il y aura du soleil. - Haverá sol.
Il fait beau! - O tempo está muito bonito e faz sol.
Il fera beau. - O tempo será bonito e fará sol.
Le jour est ensoleillé. - O dia está ensolarado.
Il fait très chaud. - Está muito quente.
Ça étouffe! - Está muito abafado!
Le temps est nuageux. - O tempo está nublado.
Il pleut. - Está chovendo.
Il pleuvra/Il va pleuvoir - Choverá/Vai chover.
Le temps est pluvieux. - O tempo está chuvoso.
Il y aura des orages en fin d'après-midi. - Haverá fortes chuvas no final da tarde.
Il y aura des orages. - Haverá chuva forte.
Il y a du vent. - Está ventando.
Le vent du nord-ouest souffle. - O vento noroeste está soprando.
Le vent du nord-ouest soufflera. - O vento noroeste soprará.
Il neige. - Está nevando.
Il neigera/Il va neiger. - Nevará/Vai nevar.
Il y a des éclaircies. - Está parcialmente nublado.

9. No oral, ocorrem aglutinações ("tu as" é pronunciado "t'as") e supressões ("Je ne sais pas" é pronunciado "Je sais pas"). Na parte escrita deste livro, mantivemos sempre as formas completas, já no CD, as formas reduzidas são escutadas com frequência.

Il y aura des éclaicies. - Será parcialmente nublado.
Le ciel est couvert. - O céu está encoberto.
Le ciel sera couvert. - O céu ficará encoberto.
Il est un peu pluvieux. - Está um pouco chuvoso.
Il fait un peu froid. - Está um pouco frio. Está friozinho.
Il fait froid. - Está fazendo frio.
Il/Ça caille! - Está um gelo!
Il fait doux. - Está fresco, ameno (com temperatura agradável).
Le ciel restera chargé. - O céu permanecerá carregado.
Il y a du brouillard sur les principales autoroutes. - Há neblina nas principais estradas.
Il y aura du brouillard. - Haverá neblina.

Como foi dito anteriormente, para indicação do tempo (clima) em francês, utiliza-se o verbo fazer (faire) em sua forma impessoal, na 3ª pessoa do singular: Il fait, ou ainda, o verbo haver (y avoir), também em sua forma impessoal: il y a. Os demais verbos são igualmente impessoais, sendo usados com o pronome il, como no caso do verbo nevar (neiger): Il neige (está nevando) etc.

COMO ESTÁ O TEMPO? (B) - COMMENT EST LE TEMPS? (B)

Il fait vingt cinq degrés. - Está fazendo vinte e cinco graus.[10]
Il fait vingt degrés. - Está fazendo vinte graus (celsius).
Il fait moins cinq degrés. - Está menos cinco graus (celsius)./Está cinco graus abaixo de zero.
Il fait moins deux (degrés). - Está dois graus abaixo de zero./Está fazendo dois graus negativos.
Il paraît qu'il va pleuvoir. - Parece que vai chover.
J'ai l'impression qu'il va pleuvoir. - Tenho a impressão de que vai chover.
Il pleut. - Está chovendo.
Il tombe de l'eau! - Está caindo um pé d'água!
Il y a des averses. -Há chuvas fortes e repentinas./Está chovendo forte.
Il/Ça caille! - Está um gelo!

E A METEREOLOGIA? - ET LA MÉTÉO?

Quelle est la prévision de la météo pour aujourd'hui?/pour ce week-end? - Qual é a previsão do tempo para hoje/para este fim de semana?
Qu'est-ce que la météo prévoit pour aujourd'hui? - O que a meteorologia prevê/está prevendo para hoje?
Qu'est-ce que la météo annonce pour aujourd'hui? - O que a meteorologia está anunciando para hoje?
Il fera chaud toute la journée. - Fará calor calor o dia todo.
Il va faire[11] chaud toute la journée. - Vai fazer calor o dia todo.

10. No Brasil, assim como na França, não se usa a temperatura medida em graus **Fahrenheit**, mas em graus **Celsius** (medida atual) ou **Centígrados** (mais antiga).

Il pleuvra l'après-midi. - Vai chover à tarde./Choverá à tarde.
Il va pleuvoir. - Vai chover.
Il paraît que nous aurons une journée ensoleillée/pluvieuse. - Parece que teremos um dia ensolarado/chuvoso.
Le week-end sera ensoleillé/nuageux - O fim de semana será ensolarado/nublado.
Ça va être un week-end ensoileillé. - Vai ser um fim de semana ensolarado.
Le présentateur de la météo dit que le week-end sera ensoleillé/pluvieux. - O homem do tempo diz que vai fazer um fim de semana ensolarado/chuvoso.
La température monte. - A temperatura está subindo.
La température va monter/va descendre. - A temperatura vai subir/vai cair.

A TEMPERATURA IDEAL - LA TEMPÉRATURE IDÉALE

Votre climat/température préféré(e). - Seu tipo preferido de clima/Sua temperatura preferida.
Quel est votre type de clima/temps préféré? - Qual o seu tipo preferido de tempo?
J'aime le temps chaud. - Gosto do tempo quente.
J'apprécie le temps froid. - Eu aprecio o tempo frio.
Je préfère les jours ensoleillés. - Prefiro dias ensolarados.
J'aime mieux les jours ensoleillés. - Eu gosto mais de dias ensolarados./Prefiro dias ensolarados.
Je n'aime pas les jours pluvieux. - Não gosto de dias chuvosos.
Je déteste la pluie/le temps pluvieux. - Detesto chuva/tempo chuvoso.
Quelle est votre saison préférée/favorite? - Qual sua estação do ano preferida?
Je préfère l'été/l'hiver/l'automne/le printemps. - Prefiro o verão/o inverno/o outono/a primavera.
J'aime mieux l'été/l'hiver/l'automne/le printemps. - Prefiro o verão/o inverno/o outono/a primavera.

FALANDO SOBRE O CLIMA NO SEU PAÍS - PARLER DU CLIMAT DE SON PAYS.

Comment est le climat dans votre pays? - Como é o clima no seu país?
Comment est le climat où vous habitez? - Como é o o clima onde você vive?
Je vis dans un pays tropical, alors normalement il fait chaud. - Eu vivo em um país tropical, então geralmente faz calor.
Il y a du soleil la plupart du temps. - Faz sol a maior parte do tempo.
Il fait beau la plupart/la majorité du temps. - Faz sol a maior parte do tempo.
La températute est autour de... - A temperatura fica em torno de...
La température est de... environ. - A temperatura é de... aproximadamente.
La température est agréable. - A temperatura é amena.
Est-ce qu'il pleut beaucoup ici? - Chove muito por aqui?
Il ne pleut pas depuis longtemps. - Não chove há muito tempo.
Il ne pleut pas depuis des mois/quelques mois. - Não chove há meses/alguns meses.

11. Podemos usar tanto o verbo no futuro simples, **Il fera**, quanto no futuro imediato (futur proche), **il va faire**, ou ainda no Presente, **il fait**, dependendo do contexto ou daquilo que queremos expressar.

Vous croyez que ces vêtements sont appropriés/adéquats pour le temps qu'il fait ici? - Você acha que estas roupas são apropriadas/adequadas para o tempo que faz aqui?
Il fait très froid en hiver! - Faz muito frio no inverno!
Il neige en hiver. - Neva no inverno.
Il neige en hiver? - Neva no inverno?
Il fait vraiment chaud en été. - Faz realmente muito calor no verão.

ESTÁ QUENTE/FRIO DEMAIS PARA... - IL FAIT TROP CHAUD POUR/IL FAIT TROP FROID POUR...

Vous pensez qu'il fait assez chaud pour aller à plage/pour nager à la piscine/pour aller à la piscine? - Você acha que está quente o bastante/o suficiente para ir à praia/nadar na piscina/ ir à piscina?
Il fait trop froid pour aller nager. - Está frio demais para ir nadar./Está fazendo frio demais para nadar.
Il fait trop froid pour sortir aujourd'hui - Está frio demais para sair hoje.
Il y a trop de vent pour aller au parc en ce moment/maintenant/aujourd'hui - Está ventando demais para ir ao parque neste momento/agora/hoje.

O TEMPO: COMO A GENTE SE SENTE - LE TEMPS: COMMENT ON SE SENT

J'ai froid. - Estou com frio./Estou sentindo frio.
Je meurs de froid. - Estou morrendo de frio.
J'ai chaud. - Estou com calor./Estou sentindo calor.
Je coule. - Estou derretendo.
Je transpire beaucoup/trop. - Estou suando muito/demais.

NOTA CULTURAL 5: A LÍNGUA FRANCESA NO MUNDO
NOTE CULTURELLE 5: LA LANGUE FRANÇAISE DANS LE MONDE

A língua francesa é falada em 55 países nos cinco continentes e possui aproximadamente 264 milhões de falantes em todo o mundo; desses, 118 milhões o empregam diariamente, 63 milhões, ocasionalmente, e 83 milhões o aprendem para se comunicar com outros povos estrangeiros. O francês é a língua materna em Luxemburgo, Mônaco, Andorra, uma parte da Bélgica, da Suíça e do Canadá (Quebec), e é falado oficialmente em 31 países da África. O conceito de francofonia abrange toda essa comunidade linguística. Do ponto de vista diplomático, o francês, juntamente com o inglês, é língua oficial do FMI (Fundo Monetário Internacional), da OMC (Organização Mundial do Comércio), da OMS (Organização Mundial da Saúde), do COI (Comitê Olímpico Internacional) e da FIFA (Federação Internacional de Futebol Associado).

2. VIAGEM PARA O EXTERIOR (PARTE 1) - VOYAGE À L'ÉTRANGER (1ère PARTIE)

2.1 A reserva do hotel (Diálogo) - La réservation de l'hôtel (Dialogue)

Faixa 4

À la réception

La réceptionniste: Hôtel Concorde Champs-Élysées[1], bonjour! Qu'est-ce que je peux faire pour vous?

Benoît: Bonjour, madame. J'aimerais savoir si vous avez des chambres libres pour la semaine prochaine, car, ma femme et moi, nous voudrions faire une réservation.

La réceptionniste: Oui, monsieur, à partir de quelle date, plus précisement?

Benoît: A partir du quinze mars.

La réceptionniste: Un instant, s'il vous plaît. Laissez-moi vérifier les réservations... Voyons... Oui, monsieur, nous avons quelques chambres disponibles pour la date que vous désirez. Pour combien de nuits?

Benoît: Pour 7 nuits, une semaine. Et quels sont les tarifs?

La réceptionniste: Ça dépend. Avec douche ou salle de bains[2]?

Benoît: Avec salle de bains. Et nous souhaitons aussi une chambre double, avec un grand lit.

La réceptionniste: D'accord, monsieur, vous venez pour le congrès de pédiatrie? Il y a des tarifs promotionnels.

Benoît: Non, en fait non.

La réceptionniste: Très bien, monsieur. Laissez-moi remplir le formulaire: alors, je récapitule votre réservation: une chambre double avec un grand lit et salle de bains à partir du quinze mars; vous restez une semaine. C'est ça?

Benoît: C'est ça. Le petit déjeuner est compris?

1. Trata-se de um nome fictício muito próximo dos nomes de hotéis existentes em Paris.
2. **Avec salle de bains:** banheiro completo, com banheira e vaso sanitário; avec douche: muitas vezes, apenas um chuveiro no quarto, sem vaso sanitário. Neste caso, o hóspede tem que usar os WCs que ficam nos corredores de cada andar.

La réceptionniste: Oui, monsieur, le petit déjeuner est inclus dans le prix de la chambre.
Benoît: Et quels sont les services que vous proposez?
La réceptionniste: Toutes nos chambres sont équipées d'un frigobar, téléphone, télévision et, si vous demandez à l'avance, vous pouvez disposer aussi d'une Connexion Internet dans la chambre. Ça vous convient?
Benoît: Tout à fait.
La réceptionniste: À quel nom dois-je faire la réservation?
Benoît: Au nom de Marcet, Benoît Marcet. Vous pouvez me dire si les taxes de séjour sont incluses?
La récetionniste: Non, monsieur, je regrette, mais les taxes de séjour, normalement de 10% du montant, sont à part.
Benoît: D'accord.
La réceptionniste: Quelle est votre adresse? Et votre numéro de téléphone? Vous avez une adresse électronique?
Benoît: J'habite 15, rue Marc-Antoine Legrand, à Lyon. Mon numéro de téléphone est le 04.82.51.93.28 et mon adresse électronique c'est bmarcet@wanadoo.fr
La réceptionniste: Très bien. C'est noté, monsieur. Votre réservation est faite.
Benoît: Est-ce que je dois la confirmer?
La réceptionniste: Ce n'est pas nécessaire, monsieur. Merci. Au revoir.
Benoît: Merci à vous. Au revoir.
» Veja a tradução desse diálogo na p. 300

2.2 A reserva do hotel (Frases chave) – La réservation de l'hôtel (phrases clés)

A RESERVA DO HOTEL (A) – LA RÉSERVATION (PHRASES CLÉ)

Je voudrais faire la réservation d'une chambre pour une semaine de... à... – Gostaria de fazer a reserva de/reservar um quarto para uma semana, de... a...
Je voudrais réserver une chambre simple pour la semaine du 15 mars (date) – Gostaria de reservar um quarto individual para a semana do dia 15 de março. (data)
J'aimerais réserver une chambre double pour trois jours/pour trois nuits – Gostaria de reservar um quarto duplo por três dias/três noites.
Vous avez des chambres disponibles pour la deuxième semaine de juillet? – O senhor tem quartos disponíveis para a segunda semana de julho?
Combien côute la chambre double? – Quanto custa o quarto de casal/o quarto duplo?
Quel est le prix par jour d'une chambre simple?/d'une chambre individuelle? – Qual é o preço da diária de um quarto simples/individual?
Quel est le tarif d'une chambre simple? – Qual a diária de um quarto simples?
Le petit déjeuner est compris/inclus? – O café da manhã está incluso?
Vous acceptez toutes les cartes de crédit? – Vocês aceitam todos cartões de crédito?
Est-ce que vous pouvez nous recommander un autre hôtel dans le coin/dans le quartier?/dans

la région?/près d'ici? - O senhor pode (nos) recomendar algum outro hotel nas redondezas/no bairro/na região/por perto/perto daqui?
Est-ce que vous savez s'il y a une auberge de jeunesse dans la ville? - Você sabe se há um albergue da juventude na cidade?
Il y a des foyers dans la ville? - Há albergues na cidade?

A RESERVA DO HOTEL (B) - LA RÉSERVATION DEL'HÔTEL (B)

Qu'est-ce que je peux faire pour vous?/Que puis-je faire pour vous? - Em que posso ajudar?
Pardon, mais nous sommes complets. - Desculpe, estamos completos/lotados.
Excusez-moi, monsieur, mais l'hôtel est complet - Desculpe-nos, senhor, mas o hotel está lotado.
Vous avez demandé une Connexion Internet haut débit dans la chambre? - O senhor solicitou uma conexão de internet banda larga no quarto?
Le tarif d'une chambre double/individuelle... - A diária de um quarto duplo/individual...
Le petit déjeuner est compris dans le prix. - O café da manhã está incluído no preço/na diária.
Nous travaillons avec les cartes Amex, Visa et Mastercard - Trabalhamos com os cartões Amex, Visa e Mastercard.
Nous acceptons Amex, Visa et Mastercard - Aceitamos Amex, Visa e Mastercard.

2.3 Fazendo o check-in no aeroporto (Diálogo) - L'enregistrement à l'aéroport (Dialogue)

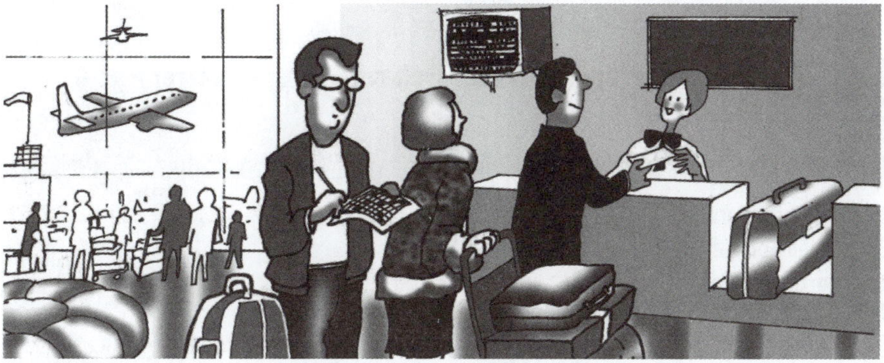

Faixa 5

L'employé[3]: Est-ce que je peux vous aider? Madame? Monsieur? Puis-je vous aider?
Passager: Oui, s'il vous plaît (le passager donne son billet d'avion et son passeport à l'employé de la compagnie)
L'employé: Vous voulez un siège coin fenêtre ou couloir?
Passager: Couloir, s'il vous plaît. J'ai toujours besoin de mobilité pour allonger les jambes et rester un peu debout dans l'avion. Et en plus, c'est un vol assez long, non?

3. **L'employé:** o atendente do balcão da companhia também pode ser denominado **agent de comptoir**.

L'employé: C'est vrai. Alors, un couloir.
Passager: Vous avez un siège non fumeur?
L'employé: Ça fait longtemps qu'il est interdit de fumer dans les vols. Ne vous faites pas de soucis, car il n'y a plus de sièges fumeurs, c'est une norme internationale.
Passager: Je suis bien content d'écouter cette information.
L'employé: Vous pouvez mettre vos bagages sur la balance?
Passager: Bien sûr. Je mets aussi mon attaché-case ou est-ce que je peux le porter comme bagage à main?
L'employé: Tout à fait, monsieur. Vous pouvez le mettre dans le coffre à bagages au-dessus de votre siège. Voilà votre carte d'embarquement. Embarquement immédiat satellite numéro 12.
Passager: D'accord. Merci beaucoup. Au revoir.
» Veja a tradução desse diálogo na p. 301

NOTA CULTURAL 6: O VISTO PARA ESTUDANTES ESTRANGEIROS
NOTE CULTURELLE 6: LE VISA POUR LES ÉTUDIANTS ÉTRANGERS

A França não exige visto de turista para os brasileiros. Porém, aqueles que pretendem estudar no país necessitam de um visto de longa duração **(visa de long séjour)**, fornecido pelos serviços consulares instalados praticamente em todas as capitais do país. Para dar início a esta documentação, é necessário receber primeiramente um e-mail ou carta de aceitação da instituição (faculdade/universidade) onde se quer estudar.

2.4 O check-in no aeroporto (Frases-chave) - L'enregistrement à l'aéroport (phrases clé)

FRASES DO ATENDENTE DE CHECK-IN - PHRASES DE L'AGENT DE COMPTOIR

Est-ce que je peux voir votre passeport et votre billet d'avion? - Posso ver seu passaporte e passagem, por favor?
Vous portez combien de valises? - Quantas malas a senhora está carregando/levando?
Vous avez combien de valises? - Quantas malas o senhor tem?
Combien de valises avez-vous?/Vous passez combien de valises? - Quantas malas vocês têm?/estão levando?/estão passando?
Vous pouvez mettre votre valise sur la balance, s'il vous plaît? - O(a) senhor(a) pode colocar a mala na balança, por favor?
Vous avez des bagages à main? - O senhor tem bagagem de mão?
Est-ce que vous portez de bagages à main? - Você está levando/carregando bagagem de mão?
Excusez-moi, mais je crois que vous devez payer pour l'excès de bagage. - Sinto muito, mas creio que o(a) senhor(a) terá de pagar pelo excesso de bagagem.
Voulez-vous vous asseoir près de la fenêtre ou du couloir? - Você gostaria de se sentar perto da janela ou do corredor?
Voici votre carte d'embarquement. - Aqui está o seu cartão de embarque.

Embarquement immédiat, satellite 12. - Embarque imediato pelo portão 12.
L'embarquement commence à neuf heures. - O embarque tem início/começa às 9 horas.
Je regrette, mais le vol est en retard. - Sinto muito, mas o voo está atrasado.
Je m'excuse, mais votre vol a été annulé. - Sinto muito, mas o seu voo foi cancelado.
Merci beaucoup/Bon voyage. - Muito obrigado./Boa viagem./Tenha um bom voo!

FRASES DO PASSAGEIRO - LES PHRASES DE PASSAGERS

Vous pourriez me mettre sur un siège côté fenêtre/couloir? - Você poderia me colocar em um assento perto da janela/do corredor?
Est-ce que je peux porter cette valise comme bagage à main? - Posso levar esta mala como bagagem de mão?
Quel est le taux à payer pour l'excès de bagage? - Quanto é a taxa a pagar por excesso de bagagem?
À quelle heure est-ce que nous embarquons? - A que horas embarcamos?
À quelle heure est-ce qu'on commence à embarquer? - A que horas começamos a embarcar?
Quel est le numéro du satellite? - Qual é número do portão?
Où est le satellite...? - Onde fica o portão...?
Est-ce qu'il y aura du retard? - Haverá atraso?

2.5 No avião (Diálogo) - Dans l'avion

Faixa 6

Au début du voyage:

"Mesdames et messieurs, bonsoir. Le commandant Rochet est très heureux de vous accueillir à bord. Nous allons décoller dans quelques instants. Nous vous prions de redresser vos sièges, et de maintenir vos ceintures attachées. Nous vous rappelons qu'il est absolument interdit de fumer. Cet avion dispose de quatre portes latérales; en cas d'urgence, vous pourrez vous servir du manuel d'instructions qui se trouve dans la pochette juste devant vous. Le commandant et son équipage vous souhaitent un excellent voyage. Dans une demi-heure, nous commencerons à servir le dîner. Le personnel de bord est à votre disposition. Merci."

Nancy: Tout ce que je veux c'est vraiment atterrir...
Victor: Vous avez peur de voler?
Nancy: Bon, disons que, pour moi, prendre l'avion ce n'est pas mon activité favorite.
Victor: Vous êtes d'où?
Nancy: De Strasbourg, c'est une ville au Nord-est de la France. Et vous?
Victor: Du Brésil.
Nancy: Ah bon? J'ai toujours voulu y aller - surtout à Rio - pour le Carnaval. Et les plages? Elles sont vraiment jolies, non?
Victor: C'est vrai. Les plages, la nature de manière générale, l'amabilité des gens, c'est super pour les touristes, mais il faut toujours être attentif. Vous venez à Paris pour des affaires?
Nancy: Oh, non. Pas vraiment. Mon frère habite ici, et je suis venue le voir.

À la fin du voyage:
"Mesdames et messieurs, bonjour. Ici le commandant Rochet: nous allons atterrir dans quelques instants à l'aéroport Roissy-Charles de Gaule. Il est dix heures, heure locale. Il fait beau et la température extérieure est de 20 degrés. Veuillez maintenir vos ceintures attachées jusqu'à l'extinction du signal lumineux. Nous vous demandons de redresser votre faiteuil et de ranger votre tablette. Nous espérons que ce vol vous a été agréable et que nous aurons le plaisir de vous acueillir prochainement sur les lignes de notre compagnie. Merci et bon séjour à Paris".
» Veja a tradução desse diálogo na p. 301

INSTRUCTIONS DISPONIBLES SUR LE MANUEL D'UNE COMPAGNIE AÉRIENNE

1. Votre bébé pourra être installé en cours de route dans un berceau ou un hamac. Mais lors du décollage et de l'atterrissage, vous devrez reprendre l'enfant sur vos genoux. Si vous le désirez, l'hôtesse pourra réchauffer un biberon, proposer des aliments pour bébés et enfants et mettre à disposition des plus grands des jeux, des bandes dessinés, des cartes, des bonbons etc.
2. Pour rendre ce voyage agréable à tous les passagers, nous vous demandons de bien vouloir respecter attentivement les signaux lumineux. Vous trouverez dans la pochette du fauteuil devant vous les consignes de sécurité et un petit sac en papier (pour l'éventuel mal de l'air). Dans le cas où le vol comporte des escales, nous vous prions de conserver la même place jusqu'à la fin du trajet, car les sièges laissés vacants pourront être occupés par d'autres voyageurs, en cours de vol.

2.6 No avião (Frases-chave) - Dans l'avion (phrases clés)

AS FRASES DA TRIPULAÇÃO - LES PHRASES DE L'ÉQUIPAGE

Mesdames et Messieurs, notre équipage vous souhaite la bienvenue à bord. - Senhoras e senhores, a (nossa) tripulação lhes deseja boas vindas a bordo.
Nous allons décoller bientôt. - Vamos decolar em breve.

Veuillez attacher vos ceintures, s'il vous plaît. - Queira(m) apertar os cintos, por favor.
Veuillez relever votre tablette, s'il vous plaît. - Queira subir a mesinha, por favor.
Veuillez éteindre vos cigarettes, s'il vous plaît - Queiram apagar os cigarros, por favor.
Éteignez vos (les) cigarettes, s'il vous plaît. - Por favor, apague (m) o cigarro.[4]
Vous pourriez mettre votre bagage (valise) dans le compartiment supérieur/d'en haut/d'au-dessus? - Por favor, o senhor poderia colocar sua bagagem no compartimento/armário superior?
Vos bagages à main peuvent être placés dans le coffre à bagages. - Sua bagagem de mão pode ser colocada no compartimento superior.
S'il vous plaît, pouvez-vous éteindre votre téléphone portable? - Por gentileza, o senhor pode desligar o celular?
Pour le décollage/l'aterrissage nous vous prions de redresser votre dossier de siège et votre tablette - Para a decolagem/aterrissagem, solicitamos que endireitem os assentos e as bandejas.
Veuillez rester (assis) sur vos sièges - Por favor, queiram permanecer sentados em suas poltronas.
Vous pouvez redresser votre tablette, s'il vous plaît? - Você pode, por favor, fechar sua mesinha?
Veuillez redresser vos sièges à la position verticale - Por favor, voltem os assentos para a posição vertical.
Attention l'équipage, préparez-vous pour le décollage/l'atterrissage - Atenção, tripulação, preparar para decolagem/para a aterrissagem.
Que désirez-vous boire?/Du café ou du thé? - O que deseja beber?/Café ou chá?
Votre siège se trouve à l'avant de l'avion - Seu assento é na parte dianteira/da frente do avion.

PEDIDOS DO PASSAGEIRO - DEMANDES DES PASSAGERS/DES VOYAGEURS

S'il vous plaît, madamoiselle, je ne trouve pas mon siège - Por favor, senhorita, não estou encontrando meu assento.
Voilà ma carte d'embarquement. - Aqui está a minha ficha de embarque.
Vous pouvez m'apporter un verre d'eau, s'il vous plaît? - Pode me trazer um copo d'água, por favor?
Est-ce que **je peux avoir un** verre d'eau minérale[5], s'il vous plaît? - Pode me trazer um copo d'água, por favor?/ Posso obter um copo d'água, por favor?
Vous pouvez m'apporter (encore) un autre oreiller/une autre couverture, s'il vous plaît? - Você pode me trazer mais um cobertor/travesseiro?/um outro cobertor?/um outro travesseiro?
Vous pouvez m'apporter du mouchoir en papier/du kleenex? - Você pode me trazer um lenço de papel por favor?
Est-ce que **je peux avoir un** mouchoir en papier, s'il vous plaît?- Você pode me trazer um lenço de papel por favor?
Il fait trop froid ici - Está frio demais aqui.
Vous pouvez diminuer l'air conditionné/la climatisation? - Você pode diminuir o ar condicionado?

4. As duas últimas frases estão em desuso.
5. Construção que não encontra paralelismo exato no português. Uma tradução aproximada (muito pouco usual) poderia ser: **Posso obter/conseguir/ ter um copo d'água mineral?**

Il fait trop chaud ici - Está quente demais aqui.
Vous pouvez augmenter l'air conditionné/la climatisation? - Você pode aumentar o ar condicionado?
Mes écouteurs/mes phones ne marchent[6] **pas** - Meus fones de ouvido não estão funcionando.

SENTINDO-SE MAL - SE SENTIR MAL

» Veja Sentindo-se doente (A), (B) e (C) p. 94
Je ne me sens pas bien. - Não estou me sentindo bem.
J'ai mal à la tête. - Estou com dor de cabeça.
J'ai le mal de l'air - Estou com enjoo.
J'ai la tête qui tourne/J'ai des vertiges. - Estou me sentindo um pouco tonto(a)./Estou com vertigem.
Vous pouvez me donner/m'apporter um médicament pour/contre...? - Você pode me trazer um remédio para/contra...?
Est-ce que je peux avoir une aspirine? - Posso obter/Você teria uma aspirina?
Vous pouvez m'apporter une aspirine, s'il vous plaît? - Pode me trazer uma aspirina?
J'ai envie de vomir - Estou com vontade de vomitar.
Vous pouvez m'apporter un sac en papier pour le mal de coeur? - Você pode me trazer um saquinho para enjoo?

Em geral, usa-se o presente, e não o gerúndio, para as indicações de dor e de mal estar, que são construídas com o verbo **avoir** (ter) e a expressão **avoir mal à...**
J'ai des vertiges. - Estou com vertigem, me sentindo tonto.
J'ai la tête qui tourne. - Estou com a cabeça rodando.
J'ai mal au dos. - Estou com dor nas costas.

Preste atenção: **Avoir mal au coeur/ avoir le mal de l'air/ avoir le mal de mer** - Estar com enjoo.

HORA DA REFEIÇÃO - L'HEURE DU REPAS

» Veja No restaurante - Frases-chave: O pedido (B) p. 81; Pedindo bebidas p. 83 e Outros pedidos e comentários p. 83
Dans un instant, un service apéritifs et repas chaud vous sera proposé - Dentro de instantes, um serviço de aperitivos e de pratos quentes estará à sua disposição (lhes será proposto)
Que voulez-vous manger: du boeuf ou du poulet? O que quer comer: carne ou frango?
Du poulet ou de la viande de boeuf? - Frango ou carne?
Vous désirez du poulet ou de la viande? - O senhor quer frango ou carne?
Vous préférez le poulet ou la viande de boeuf? - O senhor prefere frango ou carne?
Vous voudriez du poulet ou de la viande de boeuf? - O senhor gostaria de (comer) frango ou carne?

6. O verbo **marcher**, além de sua accepção mais comum, **andar**, também significa **funcionar**. Assim, um aparelho eletrodoméstico **peut marcher** (pode funcionar) ou **ne pas marcher** (não funcionar).

Du poulet/de la viande, s'il vous plaît - Frango/carne, por favor.
Monsieur/madame, qu'est-ce que vous buvez/prenez comme boisson? - Senhor(a), o que vai beber?/O que vai tomar de bebida?
Et comme boisson, qu'est-ce que vous voudriez boire? - E para beber, o que o(a) senhor(a) gostaria?
Pour moi, un jus d'orange, s'il vous plaît. - Para mim, um suco de laranja, por favor.
Un coca, naturel, s'il vous plaît. - Uma coca, sem gelo, por favor.
Est-ce que je peux avoir du whisky? Je voudrais un whisky, s'il vous plaît - Eu gostaria de beber um uísque, por favor.
Un café-crème/un café au lait, avec du sucre s'il vous plaît. - Um café com creme/Um café com leite, com açúcar, por favor.

PEDINDO INFORMAÇÕES À AEROMOÇA OU AO COMISSÁRIO - DEMANDER DES INFORMATIONS À L'HÔTESSE OU AU STEWARD

À quelle heure est le départ?/l'embarquement? - A que horas é a partida?/o embarque?
Combien de temps dure ce vol? - Quanto tempo dura este voo?
Quelle est la durée du voyage? - Qual é o tempo da viagem?/Qual é a duração da viagem?
Combien de temps est-ce qu'on met pour y arriver? - Quanto tempo leva/levamos para chegar?
À quelle heure est-ce qu'on arrive à Athènes?/Milan/Strasbourg/ Nice? - A que horas vamos chegar em Atenas/Milão/Estrasburgo/Nice?
Comment est le temps à Paris/à New York en ce moment? - Como está o tempo em Paris/em Nova York agora?
» Veja Falando sobre o clima - Frases-chave p. 27
Quel est le décalage horaire entre São Paulo et Londres/entre São Paulo et Paris? - Qual a diferença de fuso horário entre São Paulo e Londres/entre São Paulo e Paris?
À quelle heure est-ce qu'on doit atterrir? - A que horas devemos aterrissar?
Est-ce que je dois remplir le formulaire/la fiche de la douane? - Preciso preencher o formulário/a ficha de alfândega?
On a besoin de passer par la douane?/On doit passer par la douane? - Precisamos passar pela alfândega?/ Temos que passar pela alfândega?

NOTA CULTURAL 7: O TURISMO NA FRANÇA
NOTE CULTURELLE 7: LE TOURISME EN FRANCE

A França, com suas regiões (22 no continente e 4 nos departamentos ultramarinos) e suas 36.588 cidades e vilarejos, é o país mais visitado do mundo. Qualquer que seja o destino (os castelos do Rio Loire, os vinhedos de Bordeaux, a maravilhosa Côte d'Azur) todos possuem charme, encanto e diversidade. São aproximadamente 75 milhões de turistas por ano que visitam não apenas a capital parisiense, como também outras paisagens do interior, atraídos pela cultura, moda, arquitetura, gastronomia, enfim, pelo **savoir-faire** e elegância tão característicos deste povo.

2.7 Passando pela alfândega (Frases-chave) - Passer (par) la douane (phrases clés)

AS PRINCIPAIS PERGUNTAS DO FUNCIONÁRIO DA ALFÂNDEGA - LES PRINCIPALES QUESTIONS DU DOUANIER

Quelle est la raison de votre séjour à Nice? - Qual a razão de sua estada/estadia em Nice?
Quel est le motif de votre voyage/votre visite? - Qual o motivo de sua viagem/visita?
Qu'est-ce que vous faites (dans la vie)? - O que você faz?
Quelle est votre profession/Quel est votre métier? - Qual é a sua profissão?
C'est la première fois que vous venez à Paris? - Esta é a primeira vez que o senhor vem a Paris?
Passeport, s'il vous plaît! Votre passeport, s'il vous plaît! - Passaporte, por favor!
Papiers, s'ils plaît! Vos papiers, s'il vous plaît! - Documentos, por favor!
Est-ce que je peux voir votre passeport et votre billet d'avion, s'il vous plaît? - Posso ver seu passaporte e sua passagem aérea, por favor?
Est-ce que vous voyagez seul(e)? - O(a) senhor(a) está viajando sozinho(a)?
Combien de temps avez-vous l'intention de rester à Paris? Quanto tempo o senhor pretende permanecer em Paris?
Combien de temps comptez-vous rester? - Quanto tempo pretende ficar?
Où allez-vous rester? - Onde o(a) senhor(a) vai ficar?
Avez-vous une carte de séjour? - O senhor tem carteira de permanência temporária?
Merci. Bon séjour à Paris! - Obrigado. Tenha uma boa estadia em Paris!

AS RESPOSTAS DO VISITANTE - LES RÉPONSES DU VISITEUR

Je suis ici en voyage d'affaires - Estou aqui a trabalho. Estou aqui em viagem de negócios.
Je suis ici pour un congrès/une conférence/un séminaire/une communication/pour une intervention - Estou aqui para um congresso/uma conferência/um seminário/uma comunicação/uma palestra.
Je suis venu (e) participer à une réunion/à une présention/à une exposition - Eu vim para participar de uma reunião/apresentação/exposição.
Je suis médecin/ingénieur/avocat/étudiant. - Eu sou médico(a)/engenheiro(a)/advogado(a)/estudante.
» Veja Vocabulário 1: Profissões p. 179
On est ici en vacances - A gente está aqui de férias.
On est venu(e)s pour étudier/pour les études. - Viemos para estudar/por razões de estudo.
Je suis venu(e) rendre visite à un(e) ami(e). - Vim visitar um(a) amigo(a).
Je suis venu(e) voir un(e) ami(e). - Vim ver um(a) amigo(a).
Je suis venu(e) rendre visite à mes parents. - Vim visitar meus pais.
Je suis venu (e) voir un familier/une personne de ma famille. - Vim visitar um parente/uma pessoa da minha família.
» Veja Vocabulário 5: Relações familiares p. 187
Je vais rester deux semaines. - Vou ficar duas semanas.

J'espère/compte rester dix jours. – Espero ficar/permanecer dez dias. Estou contando ficar dez dias.
Je voyage avec mon/ma... – Estou viajando com meu/minha...
» Veja Vocabulário 5: Relações familiares p. 187
Je vais rester à l'hôtel (nom de l'hôtel). – Vou ficar no hotel (nome do hotel).

2.8 De táxi do aeroporto para o hotel (Diálogo) – En taxi de l'aéroport à l'hôtel (Dialogue)

Faixa 7

Bertrand: Taxi!
Le chauffeur de taxi: Bonjour! Laissez-moi mettre votre bagage dans le coffre[7]. Où allez-vous, monsieur?
Bertrand: À l'Hôtel Concorde Champs-Elysées.
Le chauffeur de taxi: D'accord.
Bertrand: Quelle est la distance d'ici?
Le chauffeur de taxi: Si le trafic est normal, on met 50 minutes environ pour y arriver. À l'heure de pointe, la circulation est vraiment pénible.
Bertrand: Bien.
Le chauffeur: Vous êtes à Paris en voyages d'affaires?
Bertrand: En fait, je suis venu pour une convention, mais j'ai l'intention de prendre quelques jours de congé, au moins.
Le chauffeur de taxi: Vous avez raison, monsieur. Il y a beaucoup de choses à faire ici.
Bertrand: Combien est-ce que je vous dois?
Le chauffeur de taxi: 80 euros.
Bertrand: Ok. Voilà, monsieur. Gardez la monnaie.

7. **Coffre:** porta-malas; **porte-bagages:** bagageiro.

Le chauffeur de taxi: Je prends vos valises derrière. Les voilà. Allez, bon séjour à Paris et bonne journée! Au revoir!
Bertrand: Au revoir, monsieur et merci bien!
» Veja a tradução do diálogo na p. 302

2.9 De táxi do aeroporto para o hotel (Frases-chave) - En taxi de l'aéroport à l'hôtel

À la Place de la Concorde, s'il vous plaît - Até a Praça da Concordia, por favor.
Je voudrais aller à La Défense, s'il vous plaît - Gostaria de ir até La Défense, por favor.
Pouvez-vous m'amener à la Bastille?/au Marais?/à l'avenue des Champs-Elysées? - Você pode me levar até a Bastilha?/ao bairro do Marais?/à avenida dos Champs-Elysées?
Pourriez-vous me déposer proche de l'Arc du Triomphe? - O senhor poderia me deixar próximo ao Arco do Triunfo?
Combien de temps est-ce qu'on met pour y arriver? - Quanto tempo levamos/a gente leva para chegar?
Combien de temps dure la course si on part d'ici? - Quanto tempo leva a corrida partindo daqui?
Quelle est la distance... - Qual a distância até...?
Combien de temps est-ce qu'on met pour aller d'ici à...? - Quanto tempo leva para ir daqui até...?
Est-ce que vous connaissez un raccourci d'ici? - Você conhece algum atalho daqui?
Quel est le prix de la course jusqu'à...? - Qual é o preço da corrida até...?
Ça fait combien jusqu'à...? - Quanto é (uma corrida) até...?
La circulation est mauvaise à cette heure-ci-? - O trânsito é ruim neste horário?
Le trafic est mauvais à cette heure-ci-? O tráfego é ruim neste horário?
Vous pouvez vous arrêter ici, s'il vous plaît? - O senhor pode parar aqui, por favor?
Vous pouvez arrêter la voiture ici, s'il vous plaît? - O senhor pode parar o carro aqui, por favor?
Vous pouvez m'attendre ici, s'il vous plaît? - O senhor pode me esperar aqui, por favor?
Vous pouvez garder la monnaie - O senhor pode ficar com o troco.
Gardez la monnaie - Fique com o troco.

NOTA CULTURAL 8: PARIS - NOTE CULTURELLE 8: PARIS

A cidade de Paris, capital da França, é cortada pelo rio Sena, que a divide em duas margens: a **Rive Droite** (margem direita), onde se situam, por exemplo, o Museu do Louvre, o Arco do Triunfo, a Opéra de Paris, a igreja do Sacré-Coeur; e a **Rive Gauche** (margem esquerda), onde estão o Hotel dos Inválidos, a Sorbonne, o Jardim de Luxemburgo. Administrativamente, Paris é dividida em 20 distritos, chamados de **arrondissements**, que formam uma espécie de caracol. O primeiro **arrondissement** se inicia no centro e se expande em direção à periferia.

2.10 Vocabulário ativo: Pegando um táxi - Vocabulaire actif: Prendre un taxi

TAXI: TÁXI

Allons prendre un taxi jusqu'au centre-ville.
Vamos pegar um táxi até o centro.

Vous pouvez m'appelez un taxi, s'il vous plaît?
O senhor pode me chamar um táxi por favor?

FEU/FEU ROUGE: SEMÁFORO

Il y a trop de feux rouges dans cette ville! Il y a trop de feux dans cette ville!
Esta cidade tem semáforos demais!

L'HEURE DE POINTE: HORA DO RUSH

Il vaut mieux partir deux heures avant à prendre des embouteillages à l' heure de pointe.
É melhor sairmos duas horas antes do que termos de pegar engarrafamentos na hora do rush.

EMBOUTEILLAGES, BOUCHONS (FAMILIAR): ENGARRAFAMENTO, CONGESTIONAMENTO.

J'ai été bloqué car il y avait des embouteillages partout ce matin.
J'ai été bloqué car il y avait des bouchons partout ce matin.
Fiquei preso porque havia congestionamentos/engarrafamentos por todo lado hoje de manhã.

RACCOURCI: ATALHO

La circulation était encombrée dans l'avenue principale, alors on a décidé de prendre un raccourci.
O trânsito estava carregado na avenida principal, então a gente decidiu pegar um atalho.

PLEIN(E): CHEIO(A), LOTADO(A); BOURRÉ(E) - (FAMILIAR)

On a pris une rue derrière car la principale était pleine de voitures.
Pegamos uma das ruas de trás pois a principal estava cheia de carros.

Le métro était tellement plein/bourré qu'on a dû y aller à pied.
O metrô estava tão cheio, que tivemos que ir à pé.

La plage était pleine de touristes à cause du férié/congé.
A praia estava cheia de turistas por causa do feriado.

UN PETIT ACCIDENT: UM PEQUENO ACIDENTE, UMA PEQUENA BATIDA.

Un petit accident a provoqué un énorme bouchon ce matin.
Uma batidinha (um pequeno acidente) provocou um congestionamento enorme esta manhã.

UN ACCROCHAGE: **UMA BATIDA**

À 5 heures du matin, il y a eu un accrochage suivi d'un cambriolage.
Às 5 horas da manhã, houve uma batida seguida de um engavetamento.

2.11 O check-in no hotel (Diálogo) - L'enregistrement à l'hôtel (Dialogue)

Faixa 8

L'agent d'accueil: Oui, monsieur?
M. Garcia: J'ai une réservation au nom de Garcia, Fabio Garcia.
L'agent d'accueil: Un moment, monsieur... Effectivement, Monsieur Garcia, vous figurez sur la liste de réservation. Vous allez rester six nuits, c'est ça?
M. Garcia: Exactement.
L'agent d'accueil: Pouvez-vous remplir cette fiche, s'il vous plaît?
M. Garcia: Bien sûr.
L'agent d'accueil: Vous avez la chambre 201, monsieur. Le porteur vous montera les valises à la chambre tout de suite.
M. Garcia: Merci. À propos, avez-vous un service réveil?
L'agent d'accueil: Naturellement. À quelle heure est-ce que vous voulez être réveillé?
M. Garcia: À 7 heures et demie.
L'agent d'accueil: C'est automatique, monsieur. Vous faites le 22, et ensuite, vous composez l'heure que vous désirez.
M. Garcia: Encore une question. À quelle heure expire mon délai?
L'agent d'accueil: À midi, monsieur.
M. Garcia: D'accord, merci beaucoup, madame.
L'agent d'accueil: Je vous en prie, monsieur.
» Veja a tradução desse diálogo na p. 303

2.12 No hotel (Frases-chave) - À l'hôtel (phrases clés)

CONHECENDO MELHOR O HOTEL - MIEUX CONNAÎTRE L'HÔTEL

Quant est-ce que nous devons vous verser les arrhes? - Quando é que temos que depositar o adiantamento (da reserva)?
Quel type de chambre avez-vous? - Qual tipo de acomodação/de quarto vocês têm?
Quel service proposez-vous? - Que serviço vocês propõem/têm?
Quels sont les services que vous avez/proposez/offrez? - Quais são os serviços que vocês têm/propõem/oferecem?
Vous avez une piscine/un sauna/une salle de gym? - Vocês têm piscina/sauna/sala de ginástica?
Est-ce qu'il y a une jaccuzzi/une salle de gym? - Tem hidromassagem/sala de ginástica?
Où est la piscine? - Onde fica/é a piscina?
La piscine est au dixième étage/au quinzième étage - A piscina é/fica no décimo/décimo quinto andar.
Il y a une connexion Internet dans la chambre? - Tem internet no quarto?
Est-ce qu'il y a un frigobar dans la chambre? - Tem frigobar no quarto?
Les chambres ont le câble? - Os quartos têm TV a cabo?
Il y a un coffre dans la chambre? - Tem cofre no quarto?
Vous avez un coffre/Avez-vous un coffre dans la chambre? - Vocês têm cofre no quarto?
Est-ce qu'il y a un fer à repasser dans la chambre? - Tem ferro de passar roupa no quarto?
Avez-vous un fer à repasser? - O senhor tem ferro de passar?
Avez-vous une chambre à un lit king-size? - Você tem um quarto com cama king-size?
Avez-vous une chambre double à lits jumeaux? - Vocês têm um quarto duplo com camas conjugadas?
À quelle heure devons-nous laisser la chambre? A que horas precisamos deixar o quarto?
À quelle heure est le règlement/**check-out**? - A que horas é o pagamento/check-out?
Nous devons régler à quelle heure? - Temos que pagar a que horas?
À quelle heure expire notre délai? - A que horas termina o nosso prazo?
Et pour le **check-out**, comment doit-on fait? - E para o check-out, como devemos fazer?

Há três modos diferentes de interrogação:
a. através da entonação crescente: Vous avez une chambre?
b. com Est-ce que...: Est-ce que vous avez une chambre?
c. com a inversão do pronome sujeito (que passa a vir antes do verbo):
Avez-vous une chambre?
» Para este assunto, consultar o guia gramatical, p. 251

SERVIÇO DE QUARTO - SERVICE DE CHAMBRE

J'ai besoin d'un autre oreiller/d'une autre serviette/d'une autre couverture/d'un autre savon. - Preciso de um outro travesseiro/de uma outra toalha/de um outro cobertor/de um outro sabonete.

» Veja Vocabulário 17: Artigos de farmácia p. 208
J'ai besoin de cintres supplémentaires – Preciso de mais cabides.
J'ai besoin d'un porte-manteau supplémentaire – Preciso de um cabide/um porta-casacos a mais.
Vous avez un service de blanchisserie/blanchissage? – Vocês têm serviço de lavanderia?
Vous avez un service de pressing? – Vocês têm serviço de lavagem a seco?
La télé ne veut pas marcher. – A TV não quer funcionar.
Il paraît qu'il y a un problème avec le télécommande. – Parece que há algum problema com o controle remoto.
L'air conditionné ne marche pas/est cassé.– O ar-condicionado não está funcionando/está quebrado.
La climatisation ne marche pas. – O ar-condicionado não está funcionando.
Le chauffage[8] ne marche pas/est cassé – A calefação não está funcionando/ está quebrada.
Le chauffe-eau[9] ne marche pas – O aquecimento central/o aquecedor não está funcionando.
Le sèche-cheveux/séchoir à cheveux ne marche pas/est cassé – O secador de cabelos não está funcionando/está quebrado.
Le séchoir à linge n'est pas en bon état. – O varal não está em bom estado.
La machine à laver est en bon état, mais le sèche-linge, vous pouvez l'oublier... – A máquina de lavar está em bom estado, mas a secadora, pode esquecer...
Il n'y a pas de papier hygiénique/papier de toilette dans la salle de bains. – Não há papel higiênico no banheiro.
La chasse d'eau ne marche pas. – A descarga não está funcionando.
Le lavabo est bouché. – O lavatório/a pia está entupido(a).
La bonde est bouchée. – O ralo do banheiro está entupido.
Est-ce que je pourrais changer de chambre? – Eu poderia trocar de quarto?

PEDIDOS E NECESSIDADES – DEMANDES ET BESOINS

Vous avez un service réveil? – Vocês têm serviço de despertar?
Vous pouvez me réveiller à 7 heures, s'il vous plaît? – O senhor pode me acordar às 7 horas, por favor?
Je voudrais /j'aimerais être réveillé(e) à 8 heures, s'il vous plaît. – Gostaria de ser acordado(a) às 8 horas, por favor.
Est-ce qu'il y a un parc près d'ici où je puisse faire du jogging/courir? – Tem algum parque aqui perto onde eu possa correr?
» Veja Nota cultural 20 p. 100
Est-ce qu'il y a un bureau de change près d'ici/dans le quartier/dans le coin? – Tem alguma casa de câmbio/algum escritório de câmbio perto daqui/no bairro/na região?
Quel est le taux de change pour le real? – Qual é a taxa de câmbio para o real?
Quel est le cours/la parité du dollar/de l'euro? – Qual o curso/a paridade do dólar/do euro?

8. **Le chauffage:** calefação (aquecimento dos cômodos).
9. **Le chauffe-eau:** aquecedor de água para chuveiro, banheira e lavatórios.

J'aimerais demander un sandwich/un casse-croûte dans la chambre. - Gostaria de pedir um sanduíche/um lanche no quarto.

» Veja Comidas e bebidas p. 194

Je voudrais faire un appel (téléphonique) pour le Brésil. - Gostaria de fazer uma ligação telefônica para o Brasil.

» Veja Você pode lhe pedir para retornar a ligação? - Frases-chave: Ligações telefônicas p. 130; Nota cultural 9 p. 47 e Vocabulário ativo: Ligações telefônicas p. 131

Comment j'appelle le Brésil? - Como ligo para o Brasil?

Vous pouvez m'appeler un taxi, s'il vous plaît? - Você pode me chamar um táxi?

» Veja De táxi do aeroporto para o hotel (Frases-chave) p. 42 e Vocabulário ativo: Pegando um táxi p. 43

Où est-ce que je peux louer une voiture près d'ici? - Onde posso alugar um carro aqui perto?

» Veja Alugando um carro - Frases-chave p. 58

Où est-ce que je peux trouver un ordinateur dans l'hôtel? - Onde é que eu posso encontrar um computador no hotel?

Vous avez un bureau où je puisse utiliser un ordinateur? - Vocês possuem algum escritório onde eu possa usar um computador?

Est-ce qu'il y a un centre-commercial où je puisse utiliser un ordinateur? - Tem algum centro comercial perto daqui onde eu possa usar um computador?

» Veja Vocabulário 24: O escritório p. 214

Je voudrais faire un appel en PCV[10] - Gostaria de fazer uma ligação a cobrar.

» Veja Você pode lhe pedir para retornar a ligação? - Frases-chave: Ligações telefônicas p. 130, e Vocabulário ativo: Ligações telefônicas p. 131

Vous pouvez vérifier s'il y a un message/une commision pour moi, pour la chambre..., s'il vous plaît? - Você pode checar/verificar se há um recado para mim/para o quarto..., por favor?

NOTA CULTURAL 9: CARTÃO TELEFÔNICO E TELEFONES ÚTEIS

NOTE CULTURELLE 9: CARTE TÉLÉPHONIQUE ET NUMÉROS DE TÉLÉPHONE UTILES

Uma das formas mais econômicas de fazer ligações telefônicas da França a outros países - e também para o Brasil - é utilizar um cartão telefônico, **a télécarte**, que geralmente é vendido em bancas de jornais, hotéis ou tabacarias. Com ele, é possível fazer ligações locais e internacionais de uma cabine telefônica. Usá-lo é simples, basta seguir as explicações passo a passo contidas no próprio cartão. Para fazer uma ligação da França para o Brasil, você deverá digitar 00, o código do Brasil (55) e, em seguida, o código da cidade desejada e o número de seu correspondente.

Telefones úteis na França:
15 - SAMU (Serviço de Auxílio Médico de Urgência)
17 - Polícia
18 - Bombeiros

10. **P.C.V. - Payable chez vous:** embora exista, atualmente esse serviço não é muito comum no país.

Para se fazer uma ligação telefônica para a França, a partir do Brasil, após digitar o número da operadora brasileira de sua escolha, você deverá digitar o código DDI (Discagem Direta Internacional) da França, que é o 33, seguido do código de área e, em seguida, digitar o número de oito dígitos. Internamente, a França possui seis códigos de área, a saber: 01 (Paris e seus arredores); 02 (região oeste); 03 (região norte e nordeste); 04 (região sudeste); 05 (região sudoeste); 06 (telefones celulares).

ATRAÇÕES E DIVERSÕES - ATTRACTIONS ET DIVERSIONS

Est-ce qu'il y a des endroits à visiter près d'ici? - Há lugares para visitar aqui perto?

Est-ce qu'il y a des sites historiques à voir? - Há locais históricos para se ver?

Quels sont les endroits touristiques que vous pouvez me suggérer/recommander? - Quais são os lugares turísticos que o senhor pode me sugerir/recomendar?

Qu'est-ce qu'il y a à voir près d'ici/dans le coin? - O que há para se ver aqui perto/nas redondezas?

On voudrait se promener, vous pouvez nous suggérer/recommander un endroit ou quelque chose à faire? - A gente queria passear, o senhor pode sugerir/recomendar algum lugar ou algo a fazer?

Nous voudrions nous promener, vous pouvez nous suggérer/recommander un endroit? - Gostaríamos de passear, o senhor poderia sugerir/recomendar algum lugar?

Quelle est la distance d'ici au centre-ville? - Qual é a distância daqui até o centro da cidade?

Est-ce qu'il est possible d'y aller à pied? - É possível/ir a pé?

À quelle distance est la plage? - A que distância está a praia?

La plage est à combien de kilomètres d'ici? - A praia fica a quantos quilômetros daqui?

C'est à combien de mètres d'ici? - Fica a quantos metros daqui?

Comment est-ce que je peux aller à - Como posso chegar a...

» Veja Há uma agência do correio aqui perto? - Frases-chave: Pedindo indicação do caminho p. 55, e Indicando o caminho p. 57

Est-ce qu'il y a un bus pour...- Tem um ônibus para...

Est-ce que nous pouvons y aller en bus/en train/en métro? - Podemos chegar lá de ônibus/de trem/de metrô?

Vous pouvez m'appeler/nous appeler un táxi, s'il vous plaît? - Você pode me/nos chamar um táxi, por favor?

Combien coûte une course d'ici à... - Quanto custa uma corrida daqui até...?

» Veja De táxi do aeroporto para o hotel - Frases-chave p. 42 e Vocabulário ativo: Pegando um táxi p. 43

Combien est-ce que je vous dois? - Quanto lhe devo?

Quelle est le prix de la course? - Qual é o preço da corrida?/Quanto é a corrida?

REFEIÇÕES - REPAS

» Veja No restaurante - Frases-chave p. 81 e Vocabulário 12: Comidas e bebidas p. 194

À quelle heure est servi le petit déjeuner? - A que horas é servido o café da manhã?

À quelle heure on sert le petit déjeuner/le déjeuner/le dîner? - A que horas servem o café da manhã/o almoço/o jantar?

Il y a un restaurant ouvert près d'ici? - Tem um restaurante aberto aqui perto?

Vous connaissez un bistrot/un café près d'ici? - Você conhece um bistrô/um café/um bar aqui perto?

Connaissez-vous une bonne brasserie pas très loin? - Vocês conhecem uma boa cervejaria não muito longe?

Est-ce qu'il y a un self service/un fast-food[11] près d'ici? - Tem um restaurante self-service/ um fast-food aqui perto?

Où est-ce que je peux acheter de la nourriture dans le coin? - Onde posso comprar comida aqui perto?

Il y a un traîteur/une rôtisserie proche de l'hôtel? - Tem uma rotisseria perto do hotel?

Est-ce qu'il y a une épicerie près d'ici? - Tem um mercadinho/uma quitanda aqui perto?

Où est le supermarché le plus proche? - Onde é /fica o supermercado mais próximo?

» Veja Vocabulário 12: Comidas e bebidas - O café da manhã p. 194

NOTA CULTURAL 10: A ARTE DE COMER BEM
NOTE CULTURELLE 10: L'ART DE BIEN MANGER

O serviço de restaurante na França costuma obedecer a uma ordem rigorosa: entrada, prato principal (quente), queijo(s) e sobremesa. A maioria dos restaurantes oferece **menus** que, em geral, compõem-se de uma entrada (a escolher, entre duas ou três opções), um prato quente (a escolher, entre duas ou três opções), em geral peixe ou carne, acompanhado de uma guarnição de legumes, um queijo regional **(camembert, brie, reblochon)** e, por fim, uma sobremesa (a escolher, entre duas ou três opções). Ao final, serve-se um digestivo (opcional) e um café. Existe ainda a possibilidade de se comer **à la carte**, ou seja, de se escolher apenas um prato, ou de variar o próprio menu de acordo com as opções do cardápio **(la carte)**. Nesse caso, os preços são mais altos. Normalmente, o serviço (10%) é cobrado na nota **(service compris)**, mas, caso se esteja muito satisfeito com o que foi oferecido, é possível ainda deixar uma gorjeta **(le pourboire)**.

11. Tanto o **self-service** quanto o **fast-food** fazem parte do que os franceses chamam de **restauration rapide**.

3. VIAGEM PARA O EXTERIOR (PARTE 2) - VOYAGE À L'ÉTRANGER (2ème PARTIE)

3.1 Viagem para o exterior (Diálogo) - Voyage à l'étranger (Dialogue)

Faixa 9

Béa: Tu as déjà pas mal voyagé, non? Combien de pays est-ce que tu as déjà visités?
Michel: Dix-sept, environ, je pense. Mais je ne connais pas encore la Scandinavie, par exemple.
Béa: Qu'est-ce que tu aimes faire quand tu arrives à un nouveau pays?
Michel: J'aime voir tous les points touristiques et goûter la cuisine locale.
Béa: C'est intéressant!
» Veja a tradução desse diálogo na p. 303

3.2 Vocabulário ativo: Viagem aérea - Vocabulaire Actif - Voyage en avion

AGENT DE COMPTOIR: ATENDENTE (NO BALCÃO DA COMPANHIA AÉREA)

En ce moment, nous recrutons deux agents de comptoir.
Neste momento, estamos recrutando dois atendentes (de balcão).

STEWARD: COMISSÁRIO DE BORDO

Il y avait huit stewards dans notre vol pour New York.
Havia oito comissários de bordo no nosso voo para Nova York.

ÉQUIPAGE: TRIPULAÇÃO

L' équipage était composé de dix personnes: le commandant, le pilote, le co-pilote, l'ingénieur de vol, le chef de cabine, trois hôtesses et deux stewards.
A tripulação era composta por dez pessoas: o comandante, o piloto, o copiloto, o engenheiro de voo, o chefe dos comissários, três aeromoças e dois comissários de bordo.

HÔTESSE (DE L'AIR): **AEROMOÇA**

Cathie est hôtesse de l'air chez American Airlines.
Cathie é aeromoça na American Airlines.
Cathie travaille comme hôtesse de l'air chez América Airlines.
Cathie trabalha como aeromoça na American Airlines.

CARTE D'EMBARQUEMENT: **FICHA (CARTÃO) DE EMBARQUE**

La carte d'embarquement remplace le billet d'avion après l'enregistrement.
O cartão de embarque substitui a passagem aérea depois do check-in.

DÉCOLLER: **DECOLAR**

Notre avion a décollé à l'heure/à l'horaire prévu.
Nosso avião decolou na hora/no horário previsto.

ATTERRIR: **ATERRISSAR**

Vous pouvez nous confirmer si le vol 9601 a déjà atterri?
Pode nos confirmar se o voo 9601 já aterrissou?

FAIRE UNE ESCALE: **FAZER ESCALA**

On ne pensait pas que le vol allait faire une escale pour son approvisionement.
Não imaginávamos que o avião fosse fazer escala para reabastecimento.

ENREGISTREMENT: **CHECK-IN (TANTO NO AEROPORTO QUANTO NO HOTEL)**

En général, l'enregistrement des bagages commence deux heures avant le départ.
Em geral, o check-in começa duas horas antes da partida (do embarque).

ESCALE: **ESCALA**

Il n'y a pas d' escales dans ce vol pour Milan. C'est un vol direct.
Não há escalas neste voo para Milão. É um voo direto.

FORFAIT: **PACOTE DE VIAGEM (INCLUINDO VÁRIOS SERVIÇOS).**

Normalement le forfait comprend le billet d'avion, les transferts, le séjour dans un hôtel et les tours.
Normalmente o pacote compreende a passagem, os translados, a estadia num hotel e os **city tours.**
Quand je voyage à l'étranger, je vais toujours au free shop/duty free pour acheter du chocolat suisse.
Quando viajo para o exterior, sempre vou ao free shop para comprar chocolate suíço.

DOUANE/LE CONTRÔLE DOUANIER: **ALFÂNDEGA**

On va passer par la douane maintenant. Vous avez quelque chose à déclarer?
Vamos passar pela alfândega agora. Você tem algo a declarar?

CONTRÔLE DE LA POLICE DES FRONTIÈRES: CONTROLE DA POLÍCIA FEDERAL

Au contrôle de la Police des Frontières, vous devez montrer votre passeport ainsi que votre carte d'embarquement.
No controle da Polícia Federal, o senhor deve mostrar seu passaporte assim como seu cartão de embarque.

SUPPLÉMENT/TAUX À PAYER POUR L'EXCÉDENT DE BAGAGES: TAXA POR EXCESSO DE BAGAGEM

Combien est le supplément/le taux à payer si nous excédons le poids?
Quanto é a taxa a pagar se excedermos o peso?

CHARIOT: CARRINHO PARA AS MALAS EM AEROPORTOS

Je vais prendre un chariot pour mettre les bagages, mais pour cela il me faut une pièce d'un euro.
Vou pegar um carrinho para colocar as malas, mas para isso preciso de uma moeda de um euro.

CONSIGNE: ARMÁRIO, GUARDA-VOLUMES

Vous savez si l'aéroport dispose d'une consigne automatique?
Você sabe se o aeroporto tem/dispõe de guarda-volumes automático?

LA LIVRAISON DES BAGAGES/LA RÉCEPTION DES BAGAGES: LOCAL, NO AEROPORTO, ONDE OS PASSAGEIROS RETIRAM SUA BAGAGEM DAS ESTEIRAS

Où est la livraison des bagages?
Onde fica o despacho/a entrega das malas?

TAPIS ROULANT: ESTEIRA ROLANTE

Où est le tapis roulant? Je suis très fatiguée pour marcher à cette heure-ci.
Onde fica a esteira rolante? Estou muito cansada para andar a uma hora dessas.

POINT RENCONTRE/POINT DE RENDEZ-VOUS: PONTO (LOCAL) DE ENCONTRO

Le point de rendez-vous se trouve au rez-de-chaussée de cet aéroport.
O ponto de encontro fica no andar térreo deste aeroporto.

POINT INFORMATION/BUREAU D'INFORMATIONS/BUREAU DE RENSEIGNEMENTS: BALCÃO DE INFORMAÇÕES

Je cherche le bureau de renseignements.
Estou procurando o balcão de informações.

RETARD: ATRASO

Je suis désolé, monsieur, mais nous avons du retard, prévient l'agent de la compagnie aérienne.
"Sinto muito senhor, mas temos um atraso", avisa o funcionário/o agente da companhia aérea.

EN RETARD: ATRASADO(S)

Je suis désolé, mais le vol est en retard, communique l'employé de la compagnie aérienne.
"Sinto muito senhor, mas o voo está atrasado" informa o funcionário da companhia aérea.
Je suis désolé, mais nous sommes en retard, informe l'agent de comptoir de la compagnie aérienne.
"Sinto muito senhor, mas estamos atrasados", informa o atendente da companhia aérea.

ÊTRE COMPLET: ESTAR LOTADO

Excusez-nous, mais ce vol est complet. Il n'y a vraiment plus de places.
Desculpe-nos, mas este voo está lotado. Realmente não há mais lugares.

VISA/VISA D'ENTRÉE: VISTO (DE ENTRADA)

Vous croyez que j'ai besoin d'un visa (d'entrée) pour aller au Canada?
Você acha que preciso de um visto (de entrada) para ir ao Canadá?

RATER LE VOL/RATER L'AVION: PERDER O VOO/PERDER O AVIÃO

Je regrette de vous informer que vous avez raté le vol. Votre avion vient de décoller, a dit l'agent de comptoir.
"Lamento informar que o senhor perdeu o voo. O seu avião acaba de decolar", disse o atendente.

DÉCALAGE HORAIRE: DIFERENÇA DE FUSO HORÁRIO ENTRE UM OU MAIS PAÍSES

Jacques déteste les vols internationaux à cause du décalage horaire.
Jacques detesta voos internacionais por causa da diferença de fuso horário.

TAXE D'AÉROPORT: TAXA DE EMBARQUE

D'habitude, le prix d'un billet d'avion inclut le vol et la taxe d'aéroport.
Geralmente, o preço da passagem inclui o voo e a taxa de embarque.

VOUCHER: BON D'AGENCE; BON D'ÉCHANGE.

Quand vous arriverez à la réception de l'hôtel, il faut présenter le bon d'échange. C'est la garantie de votre réservation et aussi de votre paiement.
Quando o senhor chegar à recepção, precisa apresentar o voucher. É a garantia de sua reserva e também de seu pagamento.

3.3 Há uma agência do correio aqui perto? (Diálogo) - Est-ce qu'il y a une poste près d'ici?

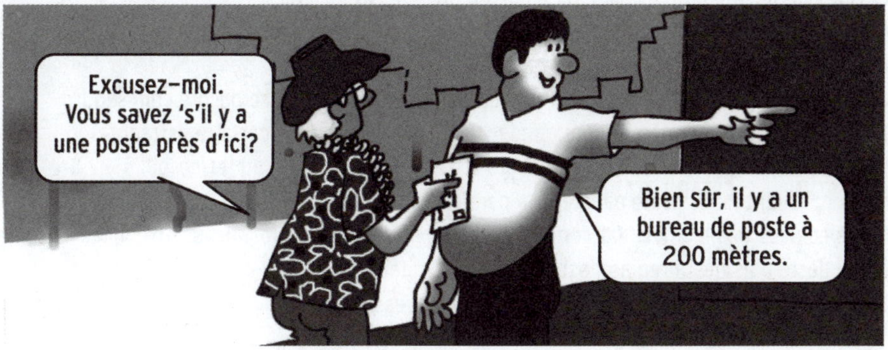

Faixa 10

Touriste: Pardon, monsieur, vous savez s'il y a une poste près d'ici?
Passant: Excusez- moi, mais je ne suis pas du quartier. Pourquoi vous ne demandez pas à ce jeune homme?
Touriste: D'accord, merci.
Touriste: Excusez-moi, monsieur, est-ce qu'il y a une bureau de poste dans le coin?
Passant 2: Bien sûr. Il y en a un pratiquement à côté, à 200 mètres d'ici. Vous suivez tout droit et, ensuite, vous tournez à droite.
Touriste: Merci bien, monsieur. J'ai besoin aussi d'aller à la banque. Est-ce qu'il y a une agence près d'ici?
Passant 2: L'agence la plus proche se trouve dans la grande avenue là-bas. Vous tournez la deuxième rue à gauche et puis vous prenez la première à droite.
Touriste: Merci beaucoup, monsieur, vous êtes très aimable.
Passant 2: Je vous en prie, au revoir.
» Veja a tradução desse diálogo na p. 304

3.4 Há uma agência do correio aqui perto? (Frases-chave) - Est-ce qu'il y a une poste près d'ici? (phrases clés)

Est-ce qu'il y a une poste près d'ici? Tem algum correio perto daqui?
Est-ce qu'il y a un bureau de poste près d'ici? Tem uma agência do correio aqui perto?
Où est-ce que je peux acheter des timbres et des enveloppes? - Onde posso comprar selos e envelopes?
Où est-ce que je peux trouver une boîte postale près d'ici? - Onde é que posso encontrar uma caixa de correio perto daqui?
J'ai besoin de combien de timbres pour envoyer cette lettre/carte postale pour le Brésil? - Eu preciso de quantos selos para mandar esta carta/este cartão postal para o Brasil?

À quelle heure ouvre la poste? - A que horas abre o correio?
J'ai besoin d'envoyer ce paquet/ce colis pour les États-Unis/le Brésil/la France - Eu preciso enviar este pacote para os Estados Unidos/o Brasil/a França etc.
Combien coûte un service de livraison rapide/express/ultra rapide? - Quanto custa a entrega rápida?
J'aimerais envoyer ce paquet assuré. - Eu gostaria de enviar esse pacote com seguro.
C'est un paquet/une lettre recommandé(e). - É um pacote/uma carta registrado(a)
Combien de temps est-ce qu'on met pour faire parvenir ce paquet/ce colis au Brésil/en Chine? - Quantos dias este pacote leva para chegar ao Brasil/à China?
Je ne connais pas le code postal du pays/de la région/de cet endroit/de cette ville. - Não sei o CEP deste país/desta região/deste lugar/desta cidade.
Vous avez des cartes postales? - Vocês têm cartões-postais?

PEDINDO INDICAÇÃO DO CAMINHO - DEMANDER LA DIRECTION

Est-ce qu'il y a une banque/une pharmacie/une poste près d'ici? - Tem um banco/uma farmácia/ uma agência de correios aqui perto?
» Veja Vocabulário 17: Artigos de farmácia p. 208
Vous savez s'il y a un magasin/un supermarché/une pharmacie/un bureau de poste 24 heures sur 24? - Você sabe se tem uma loja de conveniência/um supermercado/uma farmácia/uma agência de correios 24 horas?
Comment je fais pour aller à... d'ici? - Como faço para ir até... daqui?
Vous pouvez m'expliquer comment je vais à... à partir d'ici? Você pode me explicar como eu vou... daqui?
À pied, c'est loin? - É longe para ir a pé?
On peut y aller à pied? - Dá para ir a pé?
Quelle est la distance? - Qual é a distância?
C'est à combien de mètres d'ici? - Fica a quantos metros daqui?
La poste est à trois pâtés de maison/trois blocs d'ici. - O correio fica a três quarteirões daqui.
On peut y aller en métro? - Dá para chegar lá de metrô?
On peut y aller en bus d'ici? - Dá para ir de ônibus daqui?
Est-ce qu'il y a une station de métro près d'ici? - Há uma estação de metrô perto daqui?
Où est l'arrêt d'autobus le plus proche? - Onde é o ponto de ônibus mais próximo?

Les prépositions pour les moyens de transports (As preposições para os meios de transporte)
aller (ir)/venir (vir) en métro/en bus/en train/en tramway/en bateau
à pied/à cheval/à byciclette

NOTA CULTURAL 11: ALGUNS TERMOS EMPRESTADOS DO FRANCÊS

NOTE CULTURELLE 11: QUELQUES TERMOS EMPRUNTÉS AU FRANÇAIS

A título de curiosidade, a língua portuguesa adotou e "aportuguesou" muitos termos provenientes do idioma francês, tais como: **reclame, carnê, cupom, boate, toalete, cachecol, echarpe, chofer, lingerie, edredon,** etc. Sem contar as infinitas influências no campo da Gastronomia, a saber: **garçom, menu, patê, bufê, maionese, mousse, purê, comanda, croissant, brioche, baguete, omelete, consomê, crepe, flambar, à la carte, à dorê** e assim por diante. Também o vocabulário relativo aos correios possui normatização influenciada pela língua francesa. Ex: **colis posteaux, posta restante, expedidor, destinatário, frete** etc.

INDICANDO O CAMINHO - INDIQUER LE CHEMIN

Continuez tout droit jusqu'au feu rouge/jusqu'à la deuxième avenue - Continue reto até o sinal/até a segunda avenida.

Vouz devez tourner à droite dans la première rue. - O senhor tem que virar à direita na próxima rua.

Marchez 100 mètres et tournez à gauche. - Ande uns 100 metros e vire à esquerda.

C'est juste au coin. - Fica logo ali na esquina.

On peut y aller à pied. - Dá para ir a pé.

Vous pouvez y aller à pied. - Você pode ir a pé.

Il est plus facile de prendre le métro/un taxi. - É mais fácil pegar o metrô/um táxi

» Veja De táxi do aeroporto para o hotel - Frases-chave p. 42 e Vocabulário ativo: Pegando um táxi p. 43

À votre place, je prendrais un taxi. - No seu lugar, eu pegaria o ônibus.

Il y a une station de métro près d'ici. - Há uma estação de metrô perto daqui.

Il y a un arrêt de bus/d'autobus près d'ici. - Tem um ponto de ônibus aqui perto.

Vous pouvez prendre le métro à... - O senhor(a) pode pegar o metrô na(o)...

Vous pouvez prendre le bus et descendre à... - Você pode pegar o ônibus e descer na(o)...

Vous pouvez y aller en métro. - Vocês podem ir de metrô.

3.5 Alugando um carro (Diálogo) - Louer une voiture (Dialogue)

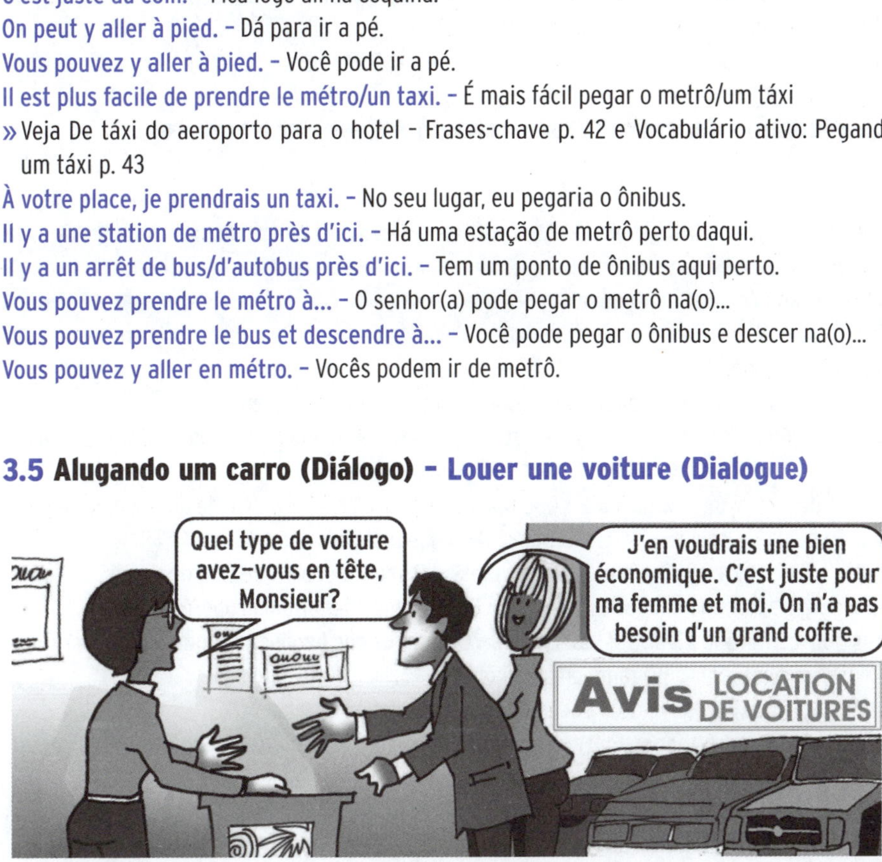

🎧 Faixa 11

Employée: Bonjour. Qu'est-ce que je peux faire pour vous?
Touriste: Je voudrais louer une voiture pour une semaine.
Employée: Bien sûr, monsieur. Vous êtes de quel pays?
Touriste: Du Brésil.
Employée: D'accord. Est-ce que je peux voir votre permis de conduire?
Touriste: Naturellement... le voilà.
Employée: Très bien. Et quel type de voiture avez-vous en tête?
Touriste: Bien, une voiture économique. C'est juste pour ma femme et moi; on n'a pas besoin d'un grand coffre.
Employée: Vous avez une préférence de marque?
Touriste: Non, en fait, ça m'est égal. À propos, est-ce que la voiture est assurée?
Employée: Bien sûr, monsieur, elle est assurée contre plusieurs types de dommages.
Touriste: Lesquels?
Employée: Toutes sortes d'accidents, accrochages, vols, cambriolage. Vous n'avez de quoi vous inquiéter. C'est une couverture complète.
Touriste: Parfait, madame, mais il vaut mieux être bien prudent et ne pas prendre des risques.
» Veja a tradução desse diálogo na p. 304

3.6 Alugando um carro (Frases-chave) - Louer une voiture (phrases clés)

On a besoin d'une voiture avec un grand coffre. - Precisamos de um carro com um porta-mala grande.
» Veja Vocabulário 6: O automóvel p. 188
On a besoin d'une voiture avec un grand porte-bagages - Precisamos de um carro com bagageiro grande.
On voudrait une voiture économique - Gostaríamos de um carro econômico.
Est-ce que mon permis (de conduire) est valable ici? - A minha carteira de motorista é válida aqui?
Il s'agit de quel type d'assurance - Que tipo de seguro é esse? Trata-se de que tipo de seguro?
Qu'est-ce qu'elle couvre, cette assurance? - O que o seguro cobre?
L'assurance couvre quel genre de dommages? - O seguro cobre que tipo de danos?
On aimerait avoir une couverture totale. - Gostaríamos de ter uma cobertura total.
Vous pouvez faire le plein, s'il vous plaît? - O senhor pode encher o tanque, por favor?
Le réservoir est plein? - O tanque está cheio?
Faites le plein, s'il vous plaît. - Encha o tanque, por favor.
Pourriez-vous nous donner/fournir une carte routière/un plan de la ville de Grenoble? - O senhor poderia nos dar/fornecer um mapa rodoviário/um mapa da cidade de Grenoble?
Est-ce qu'on peut laisser/rendre/déposer la voiture à Nice/à Rome?/à Lisbonne? - Podemos deixar/devolver/entregar o carro em Nice/em Roma/em Lisboa?

Quelle est la limite de vitesse sur cette autoroute? - Qual é o limite de velocidade nesta estrada?
Est-ce qu'il y a un péage sur cette autoroute? - Tem pedágio nesta autoestrada?
Si la voiture tombe en panne, qu'est-ce qu'on fait? - Se o carro quebrar, o que a gente faz?
» Veja Problemas com o carro - Frases-chave p. 60
Qu'est-ce qui se passe si la voiture tombe en panne? - O que acontece se o carro quebrar?
Que se passe-t-il si la voiture est volée? - O que acontece se o carro for roubado?
Qu'est-ce qui ce passe si la voiture est endommagée? - O que acontece se o carro for danificado?
Qu'est-ce que nous devons faire si on nous donne une amende/un PV (procès verbal) par excès de vitesse? - O que devemos fazer se formos multados por excesso de velocidade?
Qu'est qui se passe si on a une amende? - O que acontece se a gente tiver/receber uma multa?
Comment doit-on procéder si on a une amende? - Como devemos proceder se formos multados?

3.7 Problemas com o carro (Diálogo) - Des problèmes avec la voiture (Dialogue)

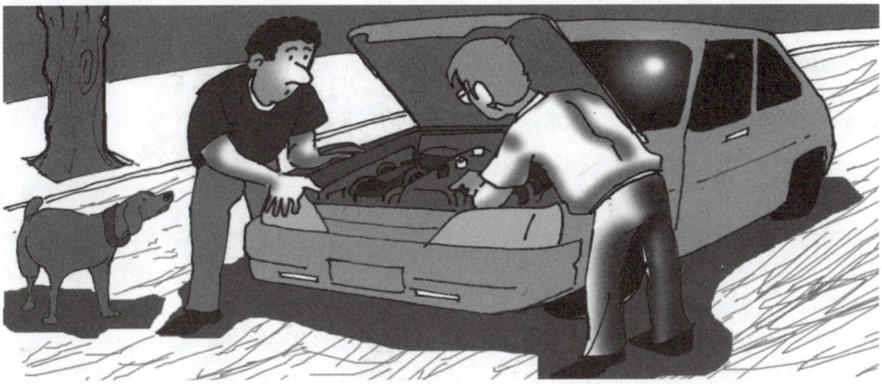

Faixa 12

Antoine: Alors, quel est le problème?
Jean: Ben, pour vous dire franchement, je n'ai aucune idée.
Antoine: Vous voulez que je jette un coup d'oeil là-dessus?
Jean: Bien sûr.
Antoine: Il paraît qu'il y a quelque chose à l'injection électronique. Vous avez eu des problèmes avec ça dernièrement?
Jean: Pas vraiment. Pas que je sache. En fait, tout semblait bien marcher jusqu'à présent.
Antoine: Alors, il vaut mieux appeler le service de dépannage.
» Veja a tradução desse diálogo na p. 304

3.8 Problemas com o carro (Frases-chave) - Des problèmes avec la voiture (phrases clés)

PROBLEMAS COM O CARRO(A) - DES PROBLÈMES AVEC LA VOITTURE (A)

Il paraît que le pneu est crevé. - Parece que o pneu está furado.
Allons prendre le cric et relever/ lever la voiture. - Vamos pegar o macaco e levantar o carro.
Prenons la roue de secours. - Vamos pegar o estepe (pneu sobressalente).
La voiture/bagnole est tombée en panne. - O carro quebrou.
La voiture est en panne. - O carro está quebrado.
La voiture est en panne/ne marche pas. - O carro não está funcionando.
La voiture ne veut pas démarrer. - O carro não quer pegar/dar partida.
La voiture ne démarre pas. - O carro não está dando partida.
Il paraît qu'il y a un problème sur.../dans.../avec... - Parece que há um problema no/na/... com...
» Veja Vocabulário 6: O automóvel p. 188
On va appeler la dépanneuse/le dépanneur/le service de dépannage - Vamos chamar um guincho.
La voiture devra être déposée chez le mécanicien/le garagiste le plus proche d'ici. - O carro vai ter que ser levado para a oficina mais próxima.
J'ai oublié les clés dans la voiture - Esqueci as chaves dentro do carro
J'ai verrouillé la voiture avec les clés dedans - Tranquei o carro com as chaves dentro.

PROBLEMAS COM O CARRO (B) - DES PROBLÈMES AVEC LA VOITTURE (B)

Notre voiture a été endommagée. - Nosso veículo foi danificado.
Nous avons accroché la voiture. - Nós batemos o carro.
La voiture/la moto/le moteur ne veut pas démarrer. - O carro/a moto/o motor não quer pegar.
Ça ne marche pas. - Não está pegando
Ça calle. - Está morrendo.
Ça chauffe. - Está esquentando.
Il paraît que le frein ne marche pas bien. - Parece que o freio não está funcionando direito.
Il faut faire recharger la batterie. - É preciso mandar recarregar a bateria.
La batterie doit être rechargée. - A bateria precisa ser recarregada.
Il faut changer de moteur. - É preciso trocar de motor.
Il faut aller chez le mécanicien. - É necessário ir ao mecânico.
Il paraît qu'il y a un problème dans la boîte à vitesse/le changement de vitesses. - Parece haver um problema com a caixa de câmbio.
» Veja Vocabulário 6: O automóvel p. 188
Il y a une fuite d'huile. - Está vazando óleo.
Est-ce qu'il y a un mécanicien près d'ici? - Tem algum mecânico/alguma oficina aqui perto?
Combien de temps vous allez mettre pour la réparer? - Quanto tempo o senhor vai levar para consertá-lo?

3.9 No posto de gasolina (Frases-chave) - À la station service (phrases clés)

On est presque sans essence. - Estamos ficando sem gasolina.
On va avoir une panne d'essence. - Vamos ficar sem gasolina.
On s'arrête dans une station service. - Vamos parar em um posto de gasolina.
Vous faites le plein, s'il vous plaît? - Pode completar, por favor?
€ 50 euros d'essence ordinaire/super. - 50 euros de gasolina comum.
Vous pouvez vérifiez le niveau d'huile, s'il vous plaît? - Você pode checar o óleo, por favor?
Vous pouvez vérifiez les pneus, s'il vous plaît?- Você pode checar os pneus, por favor?
» Veja Vocabulário 6: O automóvel p. 188
Pourriez-vous faire le plein? - Poderia encher o tanque?
Pourriez-vous vérifier les niveaux? - Você poderia ver a frente?
Pouvez-vous laver le pare-brise, s'il vous plaît? - O senhor pode lavar o para-brisa, por favor?
L'essuie-glace ne marche pas. - O limpador do para-brisa não está funcionando.
Combien est-ce que je vous dois? - Quanto lhe devo?
C'est combien? Ça fait combien? - Quanto é?

3.10 Trânsito difícil! (Diálogo) - Circulation difficile! (Dialogue)

Faixa 13

Nicolas: Je déteste conduire dans un trafic comme ça.
Jean: Je sais. Et c'est toujours pareil aux heures de pointe.
Nicolas: Et si on prenait la rue derrière? J'ai l'impression que la circulation peut être moins bouchée.
Jean: Essaie. Tu ne connais pas un raccourci, par hasard? Ici, tout est encombré.
Nicolas: Je crois que j'en connais un. Voyons... Je vais tourner à droite au prochain feu au lieu de continuer tout droit. Après, on verra bien.
» Veja a tradução desse diálogo na p. 305

3.11 Trânsito difícil! (Frases-chave) - Circulation difficile! (phrases clés)

» Veja Vocabulário ativo: Pegando um táxi p. 43

La circulation dans l'avenue principale est complètement encombrée/bloquée. - O trânsito na avenida principal está completamente congestionado/bloqueado/entupido.

Il y a de gros embouteillages. - Há enormes congestionamentos/engarrafamentos.

La circulation est toujours horrible aux heures de pointe. - O trânsito é sempre horrível no horário do rush.

Le trafic commence à s'arrêter. - O trânsito está começando a parar.

Je m'excuse pour le retard, mais j'ai été bloqué(e) par le trafic. - Desculpe o atraso, fiquei preso no trânsito.

On va sortir plus tôt pour éviter les embouteillages. - Vamos sair mais cedo para evitar os engarrafamentos.

On va éviter les heures de pointe. - A gente vai evitar as horas de rush.

À l'heure de pointe, c'est vraiment compliqué. - Na hora do rush, é realmente complicado.

Vous connaissez un raccourci? - Você conhece algum atalho?

Vous connaissez un autre chemin? - Você conhece um outro caminho?

Un petit accrochage/une petite collision entre deux voitures a fait arrêter la circulation ce matin. - Uma pequena batida/colisão entre dois carros fez o trânsito parar esta manhã.

Un grand/grave accident a bloqué toute la circulation. - Um grande/grave acidente bloqueou todo o trânsito.

Il y a eu un carambolage. - Houve um engavetamento.

3.12 Comprando roupas (Diálogo) - Acheter des vêtements (Dialogue)

🎧 Faixa 14

Vendeuse: Vous désirez, monsieur?
Thomas: Je cherche des T-shirts.[1]
Vendeuse: C'est par là, monsieur. Vous pouvez m'accompagner? (en lui montrant quelques-uns) Alors, ça vous plaît?
Thomas: Peut-être. En fait, je n'en suis pas sûr. Vous avez des polo ou des débardeurs?
Vendeuse: Bien sûr. Je vais vous en montrer quelques modèles. Quelle couleur préférez-vous?
Thomas: J'hésite un peu. Verte ou bleue... Je ne sais pas.
Vendeuse: Qu'est-ce que vous pensez de celui-ci en bleu clair?
Thomas: Pas mal, en fait. Est-ce que je peux l'essayer?
Vendeuse: Oui, bien sûr. Quelle est votre taille?
Thomas: En général, moyenne. Je fais du 42.
Vendeuse:... Le voilà. Il y a une cabine d'essayage là-bas, au fond du couloir à droite.
Thomas: Merci.
(Quelques minutes après...)
Vendeuse: Alors, c'est la bonne taille? Ça vous va?
Thomas: Je pense que celui-ci est un peu serré. Vous n'auriez pas une taille plus grande par hasard?
Vendeuse: Je vais voir. (...) Vous avez de la chance. Il ne m'en reste qu'une.
Thomas: Super!
(le client va vers la cabine d'essayage encore une fois)
Thomas: Celui-là me va mieux. Combien ça coûte?
Vendeuse: 47 euros, mais comme il est en solde maintenant, ça va vous faire 35 euros 50. Ça vous convient?
Thomas: Impeccable! Je le prends.
Vendeuse: D'accord! Vous voulez encore autre chose?
Thomas: Non, merci. Vous acceptez les cartes de crédit?
Vendeuse: Naturellement!
» Veja a tradução desse diálogo na p. 305

3.13 Comprando roupas (Frases-chave) - Acheter des vêtements (phrases clés)

FRASES DO ATENDENTE - PHRASES DU VENDEUR

» Veja Vocabulário 9: Roupas e calçados p. 191
Vous désirez? - O que o(a) senhor(a)deseja?
Je peux vous aider? - Posso ajudá-lo? Em que posso ajudá-lo?
Puis-je vous aider? - Posso ajudá-lo?

1. **T-shirt:** trata-se de um anglicismo. O termo equivalente em francês, **chemisette**, não é usual.

Qu'est-ce que je peux faire pour vous? - O que posso fazer pelo(a) senhor (a)?/Em que posso servi-lo(a)?
Que puis-je faire pour vous?[2] - O que posso fazer pelo(a) senhor(a)?/Em que posso servi-lo(a)?
On s'occupe de vous? - O(a)senhor(a)está sendo atendido(a)?/O(a) senhor(a)já foi atendido(a)?
Quelle est votre taille? - Qual é o (seu) tamanho?
Vous faites quelle taille? - Que tamanho você usa?
Quelle est votre pointure? Qual é o seu número de sapato?
Vous voulez essayer? - Você gostaria de experimentar?
» Veja Vocabulário 9: Roupas e calçados p. 191 e Vocabulário ativo: Roupas e calçados p. 67
Il n'y en a plus/On n'en a plus/Il ne nous en reste plus. - Não há mais/Não temos mais/Não nos resta mais.
On en a vendu les derniers/les dernières. - Vendemos os últimos/as últimas.
Ils/elles ont fini. - Acabaram.
C'est fini - Acabou.
On ne travaille pas avec cet article - Não trabalhamos com este artigo.
Les chaussures féminines sont en solde/en promotion - Os sapatos femininos estão em liquidação/em promoção.
Un moment, s'il vous plaît, je vais le prendre/ le chercher pour vous - Só um momento, vou pegar para você.
La cabine (d'essayage) est là-bas. - O provador fica ali.
La chemise vous va bien/c'est la bonne taille? - A camisa lhe serve/lhe cai bem/é do seu tamanho?
Vous avez besoin d'autre chose? - Precisa de mais alguma coisa?
Et avec ça? Vous voulez autre chose? - E além isso, gostaria de mais alguma coisa?
C'est tout? - É tudo?
Je vous fais un paquet-cadeau? - Faço um pacote para presente?/Posso embrulhar para presente?
Vous voulez que je vous fasse un paquet-cadeau? - Quer que eu embrulhe para presente?
Vou payez comment? En liquide? Par carte de crédit? Par chèque? - O(a) senhor(a)vai pagar como? Com dinheiro? Cartão? Cheque?
» Veja Nota cultural 27 p. 133

PERGUNTAS (OU FRASES) DO CLIENTE - QUESTIONS (OU PHRASES) DU CLIENT

Je cherche des vêtements sportifs/un costume/des cravates. - Estou procurando roupas esportivas/um terno/gravatas.
» Veja Vocabulário 9: Roupas e calçados p. 191 e Vocabulário ativo: Roupas e calçados p. 67
Vous pouvez me montrer les chemises/les pantalons? - Você pode me mostrar as camisas/ as calças?
Est-ce que je peux voir le modèle de la vitrine? - Posso ver o modelo da vitrine?
Vous pouvez me montrer la robe de la vitrine? - Você pode me mostrar o vestido da vitrine?

2. "Que **puis-je** faire pour vous?" interrogação mais formal, menos coloquial do que "Qu'est-ce que **je peux** faire pour...?"

Est-ce que je peux l'essayer? – Posso experimentá-lo(a)?
Est-ce que je peux essayer une taille plus grande/plus petite? – Posso experimentar um tamanho maior/menor?
Vous n'avez pas une taille plus petite/grande? – O senhor não tem um tamanho menor/maior?
Vous n'auriez pas une taille plus petite/grande? – O senhor não teria/tem um tamanho menor/maior?
Vous avez ce pantalon/cette robe/cette chemise/cette pièce en bleu/en vert/en rouge/en noir? – Você tem esta calça/este vestido/esta camisa/esta peça em azul/verde/vermelho/preto etc.?
Vous avez cette robe en rouge? – Você tem este vestido em vermelho?
Où est la cabine d'essayage? – Onde é o provador?
Est-ce qu'il y a un miroir ici? – Tem um espelho aqui?
Vous avez un miroir dans le magasin? – O senhor tem um espelho na loja?
Je cherche la glace. Où est la glace? – Estou procurando o espelho. Onde fica o espelho?
C'est combien cette chemise?/ce T-shirt?/cette robe? – Quanto é esta camisa/esta camiseta/este vestido?
Vous pouvez faire un paquet cadeau? – Pode embrulhar para presente?
Vous avez des chemises à mangues courtes? – Você tem camisas de manga curta?
À quelle heure est-ce que vous fermez? – Que horas vocês fecham?
Vous ouvrez le dimanche[3]? – Vocês abrem aos domingos?
Vous faites des réductions si nous payons comptant? – Vocês dão descontos para pagamento à vista?
Vous pouvez me donner un reçu, s'il vous plaît? – Você pode me dar um recibo, por favor?

COMENTÁRIOS DO CLIENTE – COMENTAIRES DU CLIENT

Je regarde seulement. Merci. – Só estou olhando. Obrigado.
C'est **trop**[4] petit/trop grand/trop court/trop long/trop large/trop serré. – Está pequeno/grande/curto/longo/largo/apertado demais.
C'est **trop** petite/trop grande/trop courte/trop longue/trop large/trop serrée. – Está pequena/grande/curta/longa/larga/apertada demais.
Ça ne va pas. – Não está caindo bem/Não combina.
Ça ne combine pas. – Não combina.
Ça ne me va pas. – Não me serve.
Ces **chaussures**[5] sont serrées. – Estes sapatos estão apertados.
Ces souliers sont serrés. – Estes sapatos estão apertados.

3. le = tous les
   le dimanche = tous les dimanches (aos domingos)
   le lundi = tous les lundi (às segundas)
Quando queremos dizer apenas **segunda-feira**, ou outro dia da semana, não usamos artigo:
Ex: **Dimanche** prochain (sem artigo), je vais à la plage. **No domingo que vem, vou à praia.**
4. **trop** = muito (em exagero); demais; em demasia.
5. **la chaussure** (fém.) = o sapato/o calçado. Ex.: Voilà de belles chaussures!
   le soulier (masc.) = o sapato. Ex.: Mets tes souliers marron pour sortir avec Jeanne!

Cette chemise est trop large/serrée. - Esta camisa está folgada/apertada demais.
Normalement je fais une taille petite/moyenne/grande. - Eu normalmente uso tamanho pequeno/médio/grande.

NOTA CULTURAL 12: HORÁRIO DAS LOJAS
NOTE CULTURELLE 12: HORAIRE DES MAGASINS

A maioria das lojas em Paris costuma funcionar das 9h30 às 19h30. Algumas, porém, permanecem abertas às quintas-feiras até as 22h. Vale lembrar que todo o comércio funciona aos domingos, inclusive o comércio de bairro. O dia de folga, por excelência, é a segunda-feira.

3.14 Em liquidação (Diálogo) - En solde[6] (Dialogue)

Faixa 15

Cathie: Tu sais que les Galeries Lafayette[7] sont en solde en ce moment? Il y a des réductions de 20% sur le prix de presque tous les vêtements.
Danielle: C'est vrai? Alors, il faut y aller! Je ne peux pas rater ça.
Cathie: Je compte y aller mardi prochain. Qu'est-ce que tu en penses? Ça ne va pas durer longtemps.
Danielle: Pour moi, c'est bien. En principe, je suis libre toute la journée. Je pourrais te chercher vers 4 heures. Ça te va?
Cathie: Super! Mais il faut faire gaffe, hein, pour ne pas acheter ce dont on n'a pas besoin.
Danielle: D'accord...
» Veja a tradução desse diálogo na p. 306

6. A expressão **en solde** significa: **liquidação** ou **em liquidação**.
7. Tradicional loja de departamentos em Paris.

3.15 Em liquidação (Frases-chave) - En solde (phrases clés)

Vous avez quelque chose en solde? - Você tem alguma coisa em liquidação?
Vous avez des pantalons/des chemises/des robes en solde? - O senhor tem calças/camisas/vestidos em liquidação?
Est-ce qu'il y a des produits/des articles/des marchandises en solde? - Tem produtos/artigos/mercadorias em liquidação?
Vous en avez en S/M/L/XL? - O senhor tem no tamanho P/M/G/GG?
Avez-vous des pantalons/des chemises en solde, en ce moment? - Vocês têm calças/camisas em liquidação neste momento?
» Veja Vocabulário 9: Roupas e calçados p. 191 e Vocabulário ativo: Roupas e calçados p. 67
Qu'est-ce qu'il y a encore en solde? - O que mais está em liquidação?
Quel est le prix normal de ces baskets? - Qual é o preço normal destes tênis?
Où est-ce que je peux trouver d'autres robes comme celle-ci? - Onde encontro mais vestidos como este?
Vous avez un pull-over/un pull/un tricot à ma taille? - Você tem este suéter no meu tamanho?
Tout est avec 20 % de réduction - Tudo está com 20% de desconto.

3.16 Vocabulário ativo: Roupas e calçados - Vocabulaire actif: Vêtements et chaussures

UN MAGASIN DE DÉPARTEMENTS: LOJA DE DEPARTAMENTOS

Monopris est un magasin de départements très connu à Paris. Vous y trouver tout ce que vous cherchez.
Monopris é uma loja de departamentos muito conhecida em Paris. Lá você encontra tudo o que procura.

CHEMISE: CAMISA
USER: GASTAR (ROUPAS, SAPATOS), NO SENTIDO DE MUITO GASTAS.

J'ai besoin d'acheter des chemises neuves. Celles que j'ai sont trop usées.
Preciso comprar camisas novas. As que eu tenho estão muito gastas.

PANTALON/PANTALONS: CALÇA/CALÇAS (O VOCÁBULO PODE SER TAMBÉM EMPREGADO NO SINGULAR: LE PANTALON)

Hier, j'ai acheté un pantalon au centre-ville.
Ontem, comprei uma calça no centro da cidade.

ROBE: VESTIDO

Cette robe est vraiment très jolie. Où est-ce que vous l'avez achetée?
Este vestido é realmente muito bonito. Onde você o comprou?

JEANS: JEANS

Jacques adore les jeans défraîchis (déteints)
Jacques gosta de jeans desbotados.

COSTUME: TERNO

Vous portez toujours un costume pour aller travailler?
Você sempre usa terno para ir trabalhar?

CRAVATE: GRAVATA

Jim enlève sa cravate dès qu'il arrive à la maison.
Jim tira a gravata assim que chega em casa.

BLOUSON EN CUIR: JAQUETA DE COURO

Ce blouson en cuir est vraiment super. Je crois que vous devriez l'acheter.
Esta jaqueta de couro é legal mesmo. Acho que você deveria comprá-la.

CHAUSSURES: SAPATOS

Ces chaussures semblent être très confortables. Pourquoi vous ne les essayez pas?
Estes sapatos parecem muito confortáveis. Por que você não os experimenta?

UNE PAIRE DE CHAUSSURES: UM PAR DE SAPATOS

Je pense que je vais offrir une paire de chaussures à Martine.
Acho que vou dar um par de sapatos para Martine.

PANTOUFLES: CHINELOS (PARA FICAR EM CASA)

Vous avez vu mes pantoufles?
Você viu meus chinelos?

BOTTES: BOTAS

Ces bottes sont sales. N'entrez surtout pas avec elles.
Essas botas estão sujas. Nem pense em entrar com elas.

SANDALES: SANDÁLIAS

Ces sandales sont très à la mode.
Estas sandálias estão muito na moda.

BASKETS: TÊNIS

J'ai besoin d'acheter une nouvelle paire de baskets pour aller courir.
Preciso comprar um novo par de tênis para correr.

CHAUSSURES À CRAMPONS/CHAUSSURES DE FOOTBALL: CHUTEIRAS

Ces chaussures à crampons me plaisent beaucoup. Combien tu les as payées?
Essas chuteiras me agradam muito. Quanto você pagou por elas?

Observação:
Tenue de soirée: traje a rigor
Tenue sportive: traje esportivo

4. LAZER - LOISIRS

4.1 Saindo para se divertir (Diálogo) - Sortir pour s'amuser (Dialogue)

Faixa 16

Théodore: Alors, Laura, qu'est-ce que tu veux faire ce soir?
Laura: Je n'ai aucune idée... Et si on allait au théâtre?
Théodore: Ça me paraît une bonne suggestion. Laisse-moi jeter un coup d'oeil sur le journal et voir ce qu'il y a de bien. Voyons... Il y a une pièce de Molière, Le Malade Imaginaire, qui passe au Théâtre de l'Odéon. Ça te dit?
Laura: J'ai entendu dire que le Stomp, tu sais, le groupe américain de danse contemporaine, passe à la Cartoucherie. Je crois qu'aujourd'hui je préférerais un ballet à une comédie classique. Qu'est-ce que tu en penses?
Théodore: Je pense que c'est bien. En plus, les compagnies étrangères restent peu de temps, tandis que Molière on aura le privilège de le voir quand on voudra.
Laura: Et ça commence à quelle heure?
Théodore: Neuf heures... Mais on ne peut pas y arriver en retard. Ils doivent être très stricts là-bas.
Laura: On pourrait peut-être inviter Brigitte et Arthur?
Théodore: Parfait. Pourquoi tu ne leur téléphones pas maintenant pour voir s'ils sont libres ce soir?
Laura: D'ac![1]

» Veja a tradução desse diálogo na p. 306

4.2 Saindo para se divertir (Frases-chave) - Sortir pour s'amuser (phrases clés)

O QUE AS PESSOAS FAZEM PARA SE DIVERTIR (A) - CE QUE FONT LES GENS POUR S'AMUSER (PHRASES CLÉS) (A)

Qu'est-ce que tu aimes faire pour t'amuser? - O que você gosta de fazer para se divertir?

1. Abreviação da expressão "d'accord".

En général, qu'est-ce tu aimes faire quand tu sors? - Em geral, o que você gosta de fazer quando sai?
Normalement, qu'est-ce que tu aimes faire de ton temps libre? - Normalmente, o que você gosta de fazer do seu tempo livre?
Qu'est-ce que tu as envie de faire ce soir?/ce dimanche?/ce week-end? - O que você tem vontade de fazer hoje?/hoje à noite?/este fim de semana?
Qu'est-ce que vous voulez faire ce week-end? - O que vocês querem fazer no próximo fim de semana?
Qu'est-ce que vous voudriez faire ce soir/le prochain week-end? - O que os senhores gostariam de fazer hoje à noite/no próximo fim de semana?
Vouz voudriez aller au cinéma? - A senhora gostaria de ir ao cinema?
Tu voudrais aller au théâtre? - Você gostaria de ir ao teatro?
Qu'est-ce que tu penses/vous pensez d'aller au théâtre? - O que você/o senhor acha de ir ao teatro?
Ça te dit d'aller prendre un apéro?/un pot/un verre? - O que acha de tomarmos um aperitivo/um gole/um trago?
» Veja Convidando alguém para fazer algo - Frases-chave p. 144
Tu voudrais aller au cinéma avec moi? - Você gostaria de ir ao cinema comigo?
Qu'est-ce que tu penses/vous pensez d'aller à la plage ce week-end? - O que você acha/vocês acham de ir à praia neste fim de semana?
Ça te dit d'aller à la plage ce week-end? - Que tal ir à praia este fim de semana?
Tu t'es amusé(e) à la fête d'hier soir? - Você se divertiu na festa de ontem à noite?
Quel genre de musique vous aimez? - De que tipo de música você gosta?
Quel est votre sport favori/préféré? - Qual é o seu esporte favorito?
» Veja Vocabulário 10: Esportes p. 192
Vous avez un passe-temps/un hobby? - Você tem passatempo/um hobby?

O QUE AS PESSOAS FAZEM PARA SE DIVERTIR (B) - CE QUE FONT LES GENS POUR S'AMUSER (B)

J'aime aller au cinéma. - Gosto de ir ao cinema.
» Veja Tipos de filmes - Frases-chave (A) e (B) p. 77
J'aime lire. - Gosto de ler.
Je collectionne des timbres/des pièces anciennes/des boîtes de bière/des bouteilles de vin/des porte-clés. - Eu coleciono selos/moedas antigas/latas de cerveja/garrafas de vinho/chaveiros.
J'aime écouter de la musique.* - Gosto de ouvir música.
J'aime jouer aux cartes.** - Gosto de jogar cartas.
J'aime faire du sport. - Gosto de praticar esportes.
» Veja Vocabulário 10: Esportes p. 192
Généralement, je préfère rester à la maison et me détendre/me reposer - Geralmente prefiro ficar em casa e relaxar/repousar/descansar.
» Veja Vocabulário ativo: Férias p. 88
J'aime faire du vélo. - Gosto de andar de bicicleta.

J'aime faire du jogging/de la marche. - Gosto de correr/de andar
» Veja Nota cultural 20 p. 100
J'aime voir des films. - Gosto de ver filmes.
J'aime mieux regarder des films à la télé. - Prefiro ver filmes na televisão.
J'aime jouer aux échecs/aux dames. - Gosto de jogar xadrez/damas.
J'aime/ j'adore danser. - Gosto de dançar/Adoro dançar.
J'aimer camper/pêcher/faire de la pêche/faire de la voile. - Gosto de acampar/pescar/velejar.
» Veja Vocabulário ativo: Férias p. 88
J'aime faire de la randonnée. - Gosto de fazer caminhada/trilha.
J'ai envie d'aller à la plage/à la campagne/à la montagne. - Tenho vontade de ir à praia/para o interior (campo)/para a montanha.
» Veja Vocabulário ativo: Férias p. 88
J'ai l'intention de voyager à l'étranger. - Pretendo/tenho intenção de viajar para o exterior.

NOTA CULTURAL 13: AMAR E GOSTAR - NOTE CULTURELLE 13: AIMER ET AIMER BIEN

O verbo **aimer** possui também a conotação de gostar (de). E contrariamente à regência no português, que exige a preposição de, o verbo **aimer** não vem acompanhado de preposição, sendo, pois, transitivo direto. Assim, tanto pode significar "amar" quanto "gostar"; devemos ficar atentos ao contexto. **Aimer le cinéma** = gostar de cinema. **Aimer une personne** = amar alguém. Ex: **J'aime** mon travail (eu gosto do meu trabalho). Ex: Je **t'aime** (eu te amo). Quando queremos dizer que apenas gostamos de alguém como amigos, devemos empregar uma variante, ou seja, **aimer bien** (acompanhado do advérbio). Assim, **je t'aime bien** quer dizer eu gosto de você, e **je t'aime**, eu te amo e, ainda, **je t'aime beaucoup**, eu te amo muito ou eu amo muito você.

* TIPOS DE MÚSICA - TYPES DE MUSIQUE

La Musique Populaire Brésilienne: MPB, Música Popular Brasileira
La Musique country (un anglicisme): country
Le Rock: rock
La Musique Classique: música clássica
La Disco: disco
Le Jazz: jazz
Le Hardy Rock: heavy metal
La Techno: techno
Le tango: tango
La salsa: salsa
Le zouk: zouk (dança típica de alguns países do Caribe, como a Martinica e a Guadalupe)
Le flamenco: flamenco

** JOGANDO CARTAS - JOUER AUX CARTES

Jeu de Cartes: baralho (de cartas)
Couleur des cartes: naipe
Trèfle: paus
Pique: espadas
Coeur: copas
Carreau: ouros
Brouiller les cartes: embaralhar as cartas
Donner les cartes: dar as cartas
Joker (anglicisme): coringa

FALANDO SOBRE ESPORTES - PARLER DES SPORTS

» Veja Vocabulário 10: Esportes p. 192
Qui joue en ce moment/Qui est-ce qui joue en ce moment? - Quem está jogando?
Le score est comment?/Le score est à combien? - Quanto está o jogo?/Como está o placar?
Qui est-ce qui gagne?/Qui est-ce qui perd? - Quem está ganhando/perdendo?
Qui a gagné? - Quem ganhou?
Qui a perdu? - Quem perdeu?
C'est à égalité/C'est égalisé. - Está empatado.
Match nul. - Jogo empatado.
C'est 2 - 1. - Está 2 a 1.
Ils viennent de marquer/faire un but. - Acabaram de fazer um gol.
But! - Gol!
Ils ont gagné/Ils ont perdu. - Eles ganharam/perderam.
Il y a eu un prolongement du match. - Teve prorrogação.
Ils ont gagné aux **penalties**. - Eles ganharam nos pênaltis.
Vous supportez quelle équipe? - Você torce para que time?
Pour quelle équipe est-ce que vous supportez? - Para qual time você torce?
Je suis supporteur de l'OM (Olympique de Marseille). - Eu sou torcedor do OM.
Vous pratiquez un sport? - Você pratica esporte?
Vous faites du sport? - Faz esporte?
Vous jouez à un sport? Vous jouez à quelque chose? - Você pratica algum esporte? Você joga alguma coisa?
» Veja Vocabulário 10: Esportes p. 192
Vous voulez jouer? - Quer jogar?/Vocês querem jogar?
Tu veux jouer? - Você quer jogar?
Excusez-moi, mais je ne peux pas jouer. Je suis blessé (e). - Desculpe, não posso jogar. Estou machucado(a).

DIZENDO QUE SE DIVERTIU - DIRE QU'ON S'EST AMUSÉ

Je me suis bien amusé(e) à voir cette comédie.[2] - Eu me diverti bastante assistindo àquela comédia.

J'ai bien rigolé. - Eu ri bastante.

Je me suis bien/vraiment amusé(e)!/Je me suis bien marré(e)! - Eu me diverti bastante!/Eu realmente me diverti/Eu curti muito!

Je me suis beaucoup amusé. (e) - Eu me diverti muito.

On a eu un super bon moment. - A gente passou um ótimo momento.

Ça fait longtemps qu'on ne s'est pas amusé comme ça. - Há anos que a gente não se diverte assim.

Je meurs de rire de cette pièce! - Morro de rir com essa peça.

J'ai trouvé ce film/ce livre/cette pièce géniale. - Achei aquele filme/livro/peça etc. genial.

4.3 Um fim de semana genial! (Diálogo) - Un week-end génial! (Dialogue)

Faixa 17

Yves: Comment tu as passé le week-end, Jerôme?

Jérôme: De façon magnifique! J'ai eu un week-end vraiment génial!

Yves: Alors, raconte-moi tout. Qu'est-ce que tu as fait?

Jérôme: Bon, pour commencer, vendredi soir je suis allé voir un film franco-américain, une reprise qui passe au Quartier Latin en ce moment; vraiment à mourir de rire!

Yves: Et c'était quel film?

Jérôme: Je crois que le titre en anglais c'est Two days in Paris. C'est l'histoire d'un couple franco-américain – elle française et lui américain – qui habite aux États-Unis et qui, de passage

2. Na parte gramatical, você encontrará alguns exemplos de verbos pronominais no Passé Composé, por exemplo: **se divertir; s'amuser; se marrer.** O verbo **rigoler** não é pronominal, portanto não segue a mesma formação, com o auxiliar **être**, e sim com o auxiliar **avoir**.

en Europe, décide de rester deux jours à Paris pour rendre visite à la famille de la femme. Je ne te raconte pas les malentendus qui se passent. Et c'est justement ça qui est drôle.

Yves:Ça me paraît marrant. Et après, qu'est-ce que tu as fait?

Jérôme: Ben, dimanche matin, ma femme et moi, on est allé au club pour jouer au tennis, et, l'après-midi, on a fait de la voile; le soir, on a vu Claude et Bernadette; ils nous ont invités à dîner chez eux et nous ont préparé un dîner vraiment gastronomique. On s'est vraiment bien amusés.

» Veja a tradução desse diálogo na p. 306

4.4 Um fim de semana genial (Frases-chave) - Un week-end génial (phrases clés)

O QUE VOCÊ FEZ NO FIM DE SEMANA PASSADO? - QU'EST-CE QUE TU AS FAIT LE WEEKEND DERNIER?

J'ai vu un film. - Eu vi um filme.

» Veja Tipos de filmes - Frases-chave: A e B p. 77

On est allé faire des courses au Centre Commercial et on a acheté des vêtements. - Fomos ao shopping e compramos algumas roupas.

Je suis allé (e)à la plage. - Fui à praia.

Nous sommes allés au bord de la mer/au littoral. - Fomos para a beira-mar/para o litoral.

Nous sommes restés à la maison pour nous reposer. - Ficamos em casa para descansar.

On a rendu visite[3] à nos beaux-parents. - Visitei meus sogros.

» Sobre as relações de parentesco, consultar o Vocabulário, p. 187

On n'a fait rien de spécial. - Não fizemos nada de especial.

Je suis allé(e) en province/à la campagne. - Fui para o interior/para o campo.

On est allé au club. - Fomos ao clube.

On a joué[4] au tennis/au volley/au basket. - Jogamos tênis/vôlei/basquete.

» Veja Vocabulário 10: Esportes p. 192

On a fait du tennis/du volley/du basket. - Praticamos tênis/vôlei/basquete.

3. O verbo **visiter** é empregado para coisas, monumentos, fábricas, escritórios, etc. Já a expressão verbal **rendre visite à** se emprega para pessoas.

Ex: En Egypte **j'ai visité** les Pyramides. No Egito visitei as pirâmides.
À Paris, **j'ai rendu visite à** mes parents. Em Paris visitei meus pais.

4. O verbo **jouer** tem significados diferentes em função da preposição que o acompanha:

Jouer à = fazer um esporte. Ex.: Il joue au football (Ele joga futebol).

Jouer de = tocar um instrumento. Ex.: Il joue du piano (Ele toca piano).

As duas formas podem ser substituídas pelo verbo **faire**: Il fait du football. Il fait du piano.

4.5 Indo ao cinema (Diálogo) - Aller au cinéma (Dialogue)

Faixa 18

Victor: Tu as vu le dernier film de Dépardieu qui vient de sortir?
Patricia: Non, pas encore. Et toi?
Victor: Non plus, je suis hyper débordé, en ce moment. Le travail m'occupe pratiquement tout le temps, tu sais? Mais, et si on y allait demain soir? Je crois que je serai plus libre. Alors, ça te dit? Le film passe au ciné Montparnasse, si je ne me trompe pas.
Patricia: Cool. J'adore Gérard Dépardieu. J'aime tout ce qu'il fait. On va acheter les tickets sur Internet. C'est plus simple.
Victor: Bonne idée!
» Veja a tradução desse diálogo na p. 307

4.6 Tipos de filmes (Frases-chave) - Types de films (phrases clés)

TIPOS DE FILMES (A) - TYPES DE FILMS (A)

Quel genre/type de film est-ce que tu préfères? - Que gênero/tipo de filme você prefere?
Quel genre/type de film vous préférez? - Que gênero/tipo de filme o(a) senhor(a) prefere?
Tu aimes quel type/genre de film? - Você gosta de que tipo/de que gênero de filme?
Vous aimez quel type/genre de film? - O(a) senhor(a)gosta de que tipo de filme?
Quel est votre genre de film favori/préféré? - Qual é seu tipo preferido de filme?
Vous aimez les films western/les films documentaires/les films d'amour/les films romantiques? - Você gosta de filmes de bangue-bangue/documentários/filmes de amor/filmes românticos?
On adore les sciences-fiction/les films d'aventures/les drames/les comédies/de terreur/les films à suspense - A gente adora filmes de ficção científica/filmes de aventuras/dramas/comédias/terror/filmes de suspense.

TIPOS DE FILMES (B) - TYPES DE FILMS (B)

J'aime/j'adore les comédies. - Gosto de comédias/adoro comédias.
Je préfère les histoires d'amour/les films romantiques. - Prefiro as histórias de amor/os filmes românticos.
J'aime voir les films d'aventures/d'action. - Gosto de assistir a filmes de aventuras/de ação.
J'adore le suspense. - Adoro suspense.
J'adore les films policiers et les **western**. - Adoro os filmes policiais e os de bangue-bangue.
On déteste les drames/les films de guerre. - A gente detesta dramas/filmes de guerra.
Elle ne supporte pas les **westerns**. - Ela não suporta bangue-bangue.
Je préfère les films de science-fiction. - Prefiro os filmes ficção científica.
J'aime les séries télévisées, ainsi que les **sitcoms** américaines.[5] - Gosto de séries de TV assim como das **sitcom** (comédias de costume) americanas.
Ce que j'aime vraiment c'est les films policiers. - O que eu gosto mesmo é de filmes policiais.
Ce que j'aime les plus c'est les documentaires. - O que mais gosto é dos documentários.

4.7 O que tem para o jantar? (Diálogo) - Qu'est-ce qu'il y a pour le dîner? (Dialogue)

Faixa 19

Patrick: Qu'est-ce qu'il y a pour le dîner ce soir?
Lise: Des pizzas, je pense...
Patrick: Ah non! Encore la même chose! Je suis vraiment malade et fatigué de pizzas. Sans blague, j'en ai marre de pizzas! On ne peut pas avoir un vrai dîner, juste pour changer un petit peu?
Lise: Et qu'est-ce que tu penses d'aller manger dehors, par exemple? Ce serait une super bonne idée, tu ne crois pas? On pourrait même essayer ce restaurant grec qui vient d'être inauguré dans le coin, comment il s'appelle, Le Zorba, je pense.

5. Abreviação de **situational comedies**: seriado cômico, comédia de costumes (anglicismo).

Patrick:.Ok. Je vais te contenter cette fois-ci. Allons-y. Mais si demain on dîne à la maison, on va manger une bonne lasagne italienne, d'accord?
Lise: D'accord. Pour moi, c'est parfait!
» Veja a tradução desse diálogo na p. 307

MORRENDO DE FOME! (A) – MOURIR DE FAIM! (A)

» Veja Vocabulário 12: Comidas e bebidas p. 194
Vous avez faim? – Você está com fome?
Tu veux manger quelque chose? – Você quer comer alguma coisa?
Tu ne veux pas bouffer quelque chose? – Você não quer rangar alguma coisa?
Vous voudriez manger quelque chose? – O(a) senhor gostaria de comer alguma coisa?
Qu'est-ce que tu voudrais manger? – O que vocês gostariam de comer?
Que voudriez-vous manger? – O que o senhor gostaria de comer?
Qu'est-ce que tu as envie de manger? – O que você está com vontade de comer?
Qu'est-ce que vous avez envie de manger? – O que você está com vontade de comer?
Qu'est-ce qu'il y a à manger? – O que tem para comer?
Qu'est-ce qu'il y a à bouffer ce soir? – O que tem pra comer (rangar) esta noite? (familiar)
On va manger quoi à midi? – O que a gente vai comer ao meio-dia?

MORRENDO DE FOME! (B) – MOURIR DE FAIM! (B)

» Veja Vocabulário 12: Comidas e bebidas p. 194
J'ai un peu faim. – Estou com um pouco de fome.
J'ai très faim. – Estou com muita fome.
Je n'ai pas faim. – Não tenho fome.
Je meurs de faim! – Estou morrendo de fome!
J'ai très faim; allons manger quelque chose. – Estou faminto; vamos comer alguma coisa.
J'ai soif; allons acheter quelque chose à boire. – Estou com sede, vamos comprar algo para beber.
Qu'est-ce qu'il y a à manger? – O que tem para comer?
Qu'est-ce qu'il y a pour le déjeuner/le dîner? – O que tem para o almoço/o jantar?
Qu'est-ce qu'on mange/bouffe[6] ce soir? – O que vamos comer/rangar esta noite?
Allons à un espace alimentation. – Vamos a uma praça de alimentação.
Allons manger quelquer chose. – Vamos comer alguma coisa.
On va se taper quelque chose. – A gente vai "engolir" alguma coisa (rapidamente).
J'en ai marre de manger des bêtises. – Estou cheio de comer porcaria.
Je n'ai pas très faim, je pense que je vais manger juste une salade. – Não estou com muita fome, acho que vou comer só uma salada.

6. **Manger/Bouffer** (registro familiar, gíria): Comer, rangar

NOTA CULTURAL 14: FAZENDO COMPRAS - **NOTE CULTURELLE 14: FAIRE DES COURSES**

Ao fazer compras no mercado ou no supermercado, atenção! Não se deve tocar os alimentos, ou seja, escolher frutas ou verduras com as mãos. Este ato é visto pelo comerciante como um gesto não muito educado, e o cliente pode, inclusive, ser repreendido por isso. Além de não ser higiênico, pode estragar ou amolecer esses artigos.

4.8 No restaurante (Diálogo) - Au restaurant (Dialogue)

Faixa 20

Garçon: Bonsoir. Vous avez choisi?
Samuel: Oui, je pense qu'on peut commander. Alors, chérie, qu'est-ce que tu veux pour commencer?
Anne: Je crois que, comme entrée, je voudrais juste une salade de tomates. Je n'ai pas très faim...
Samuel: Bon, pour ma femme, une salade de tomates, et pour moi, une soupe à l'oignon. Vous pouvez me dire si le filet mignon grillé est garni?
Garçon: Bien sûr, monsieur, en accompagnement, il y a du riz et des légumes à la vapeur.
Samuel: Très bien. Alors, comme plat principal, je vais prendre un filet mignon grillé, du riz et des légumes à la vapeur.
Garçon: D'accord, monsieur. Et qu'est-ce que madame prend comme plat chaud?
Anne: Une truite aux amandes. C'est un plat plus léger.
Garçon: Bien, madame. Et, comme boisson, qu'est-ce que vous désirez boire?
Anne: Un jus d'orange pour moi. Naturel, s'il vous plaît.
Samuel: Je voudrais une bière.
Garçom: D'accord, un jus d'orange et une bière.
Samuel: Est-ce que nous pouvons avoir un peu de pain, s'il vous plaît?
Garçon: Bien sûr. Je reviens tout de suite avec vos boissons.
Samuel: Merci.

» Veja a tradução desse diálogo na p. 307. Sobre o serviço e os tipos de menu, consultar a Nota cultural 15, p. 81.

4.9 No restaurante (Frases-chave) - Au restaurant (phrases clés)

PEDINDO O CARDÁPIO - DEMANDER LA CARTE

Vous pouvez nous apporter la carte, s'il vous plaît? - O senhor pode nos trazer o cardápio, por favor?
Vous pouvez m'apporter la carte, s'il vous plaît? - O senhor pode me trazer o cardápio, por favor?
Je voudrais la carte, s'il vous plaît - Eu queria o cardápio, por favor.
Est-ce que je peux avoir/voir la carte, s'il vous plaît? - Posso ter/ver o cardápio, por favor?
Est-ce que je peux avoir/voir la carte de vins, s'il vous plaît? - Posso ter/ver a carta de vinhos, por favor?

NOTA CULTURAL 15: ESCOLHENDO MENUS - NOTE CULTURELLE 15: CHOISIR LE MENU
O serviço **à la carte** prioriza sempre a escolha do cliente. Já o **menu fixe** estabelece um preço único dando algumas opções (em geral 3 ou 4) de entrada, de prato principal, de queijos e de sobremesa. Fique atento a essas diferenças.

PERGUNTAS DO GARÇOM (A) - QUESTIONS DU SERVEUR[7] (A)

Combien de personnes sont dans votre groupe? - Quantas pessoas estão no seu grupo?
Vous voudriez avoir/voir la carte? - Gostaria (m) de olhar o cardápio?
Vous avez choisi? - Já escolheram? Já escolheu?
Vous êtes prêts à faire votre commande? - Você (s) está (ão) pronto (s) para pedir?
Vous voulez commander? - Querem pedir?
Est-ce que je peux noter votre commande? - Posso anotar o pedido de vocês?
Qu'est-ce que je peux vous apporter? - O que posso trazer para vocês?

PERGUNTAS DO GARÇOM (B) - QUESTIONS DU GARÇON (B)

Qu'est-ce que vous voudriez comme entrée? - O que vocês gostariam de entrada?
Que voudriez-vous comme boisson? - O que os senhores gostariam para beber/de bebida?
Qu'est-ce que vous voulez boire? - O que você quer beber?
Qu'est-ce que vous souhaitez/désirez boire? - O que a senhora deseja beber?
Vous voudriez autre chose? - Gostaria(m) de mais alguma coisa?
Comment voulez-vous votre steak, monsieur: à point, saignant, bien cuit? - Como o senhor gostaria do seu bife, senhor: ao ponto, malpassado, bem passado?
Qu'est-ce que vous voulez comme dessert? - O que gostariam de sobremesa?
Voulez-vous un dessert? Lequel? - Você quer uma sobremesa? Qual?
Et pour le dessert?/Et en dessert? - E de sobremesa?
J'arrive tout de suite. - Volto já.

7. le garçon = le serveur

NOTA CULTURAL 16: O CAFÉ DA MANHÃ - NOTE CULTURELLE 16: LE PETIT DÉJEUNER

O termo **petit déjeuner continental** refere-se a um café da manhã mais simples, normalmente composto somente por café, torradas e pães, em contraste com o **petit déjeuner à la carte** ou **en suppléments** que inclui frutas, iogurte, ovos, bacon, cereais, torradas, geleias, sucos, café, chocolate, chá e outros.

O PEDIDO(A) - LA COMMANDE (A)

» Veja Vocabulário 12: Comidas e bebidas p. 194

C'est un groupe de cinq personnes - É um grupo de cinco pessoas.
Nous sommes quatre - Somos quatro.
On est six - Somos seis.
Vous avez un coin/un côté non fumeurs? - Vocês têm área para não fumantes?[8]
Nous sommes prêts à commander. - Estamos prontos para fazer o pedido.
Vous pouvez noter, s'il vous plaît? - Você pode por favor anotar (o nosso pedido)?
D' abord, je voudrais une salade verte. - Eu queria primeiro uma salada de folhas, por favor.

» Veja Vocabulário 12: Comidas e bebidas p. 194

Nous voudrions commencer par une soupe de légumes - Gostaríamos de começar com uma sopa de legumes, por favor.
Vous pourriez nous apporter du pain et du beurre, s'il vous plaît? - Você poderia nos trazer pão e manteiga, por favor?
Vous servez le petit déjeuner? - Vocês servem café da manhã?

» Veja Nota cultural 16 p. 82

À quelle heure le restaurant est ouvert, s'il vous plaît? - A que horas o restaurante está aberto por favor?

O PEDIDO (B) - LA COMMANDE (B)

» Veja Vocabulário 12: Comidas e bebidas p. 194

Je veux un filet de poulet/de dinde avec des pommes de terre, s'il vous plaît. - Vou querer um filé de frango/de peru com batatas, por favor.
Je voudrais le steak-frites, s'il vous plaît. - Eu queria bife com batatas fritas, por favor.
Je voudrais mon steak/mon filet saignant/à point/bien cuit, s'il vous plaît. - Eu queria o meu bife/o meu filé mal passado/ao ponto/bem passado, por favor.
Je voudrais mon spaghetti avec des paupiettes. - Eu queria o meu espaguete com almôndegas.
Quel type de patês avez-vous? - Que tipo de massas vocês têm?
Je voudrais un **hamburguer**/un **cheeseburguer**/un hot-dog. - Vou querer um hambúrguer/um cheeseburguer/um cachorro-quente.

» Veja Vocabulário 12: Comidas e bebidas p. 194

8. A restrição aos fumantes está cada vez maior na França.

NOTA CULTURAL 17: COMENDO NA RUA – NOTE CULTURELLE 17: MANGER DANS LA RUE

Comem-se muitas refeições simples e gostosas na rua, como os **crepes (les crêpes, une crêpe), os croissants (les croissants, un croissant)**, os pães de chocolate **(les pains au chocolat)**, os folhados **(les feuilletés)** salgados e doces. Nos cafés, em geral, as pessoas pedem sanduíches frios de **jambon-fromage** (queijo e presunto com pão baguette) ou ainda os famosos **croque-monsieur** (misto quente gratinado com molho bechamel) e **croque-madame** (misto quente gratinado com molho bechamel e um ovo por cima).

» Veja Vocabulário ativo: De regime p. 96

PEDINDO BEBIDAS – DEMANDER DES BOISSONS

» Veja Vocabulário 12: Comidas e bebidas p. 194

Je voudrais un coca normal, naturel, s'il vous plaît. – Eu queria uma coca normal, sem gelo, por favor.

Quel type de sodas avez-vous? – Que tipo de refrigerantes vocês têm?

Vous avez une orange pressée? – Vocês têm suco de laranja feito na hora/espremido na hora?

Je voudrais une orange pressée. – Eu queria um suco de laranja feito na hora.

Je voudrais un jus de fruits/un jus d'ananas/un jus de fruit de la passion. – Eu queria um suco de frutas/abacaxi/maracujá.

Je vais boire une bière. – Vou tomar uma cerveja.

Vous servez des demis? – Vocês têm chope?

Je voudrais un demi. – Queria um chope.

Je voudrais prendre du vin rouge, pourriez-vous nous apporter la carte de vins? – Eu queria tomar vinho tinto, o senhor poderia nos trazer a carta de vinhos, por favor?

Je voudrais une dose de whisky. – Eu queria uma dose de uísque, por favor.

Quels types de cocktails avez-vous ici? – Que tipos de coquetéis você tem aqui?

OUTROS PEDIDOS E COMENTÁRIOS – D'AUTRES DEMANDES ET COMMENTAIRES

Est-ce que je pourrais avoir une paille, s'il vous plaît? – Você poderia me trazer um canudinho, por favor?

Est-ce que je peux avoir des glaçons, s'il vous plaît? – Poderia me trazer gelo, por favor?

Vous pouvez m'apporter un verre avec des glaçons, s'il vous plaît? – O senhor pode me trazer um copo com gelo?

Est-ce que je peux avoir du sel/du sucre/du miel, s'il vous plaît? – O senhor pode nos trazer o sal /o açúcar/o mel, por favor?

» Veja Vocabulário 12: Comidas e bebidas - Temperos e condimentos p. 199

Pourriez-vous nous apporter du pain avec du beurre/une tartine? – Você poderia, por favor, nos trazer pão e manteiga?

Il n'y a pas de moutarde/de sel/de poivre dans le buffet. – Não há/tem mostrada/sal/pimenta-do-reino no buffet.

Vous pourriez nous apporter du fromage râpé, s'il vous plaît? – Você pode nos trazer queijo ralado, por favor?

Pourriez-vous m'apporter un(e) autre fourchette/cuillère/couteau, s'il vous plaît? - O senhor poderia me trazer um outro garfo/uma outra colher/faca, por favor?
Vous pourriez m'apporter un cendrier, s'il vous plaît? - O senhor poderia me trazer um cinzeiro, por favor?
Vous pouvez m'apporter un tire-dents? - Pode me arrumar palitos de dente?
Est-ce que je peux avoir quelques serviettes? - Pode nos trazer alguns guardanapos?
Je vais prendre un café, s'il vous plaît. - Vou tomar um café, por favor.
Où sont les toilettes, s'il vous plaît? - Onde ficam os toaletes, por favor?
Quel est votre plat favori? - Qual é o seu prato favorito?
» Veja Vocabulário 12: Comidas e bebidas p. 194
Comment est votre plat? - Como está o seu prato?

AO FINAL DA REFEIÇÃO - À LA FIN DU REPAS

Le déjeuner/dîner était délicieux. - O almoço/jantar estava delicioso.
Je n'arrive plus à manger. J'en suis bien satisfait. - Não consigo comer mais nada. Estou bem satisfeito.
Je suis bourré (e). - Estou cheio(a). (registro familiar)
Pour moi, ça va/ça suffit. - Para mim, basta. Estou satisfeito(a).
Je crois que je vais sauter le dessert. - Acho que vou pular a sobremesa.
» Veja Vocabulário 12: Comidas e bebidas - Sobremesas p. 199
Je vais prendre une glace[9] au chocolat/à la vanille. - Vou tomar um sorvete de chocolate/creme.
» Veja Vocabulário 12: Comidas e bebidas - Sobremesas p. 199
Je crois que je vais boire juste un café. - Acho que só vou tomar um café.
Je vais prendre un café express.[10] - Vou tomar um café expresso.
Vous pouvez nous apporter l'addition? - Pode nos trazer a conta, por favor?
Je voudrais l'addition, s'il vous plaît. - Eu queria a conta por favor.
Est-ce que je peux avoir l'addition, s'il vous plaît? - Posso ter a conta, por favor?
Garçon, la note/l'addition, s'il vous plaît. - Garçom, a nota/a conta, por favor.
Est-ce que le service/le pourboire est compris? - O serviço/gorjeta está incluído(a)?
» Veja Nota cultural 18 p. 85
Je pense qu'on devrait laisser un pourboire au garçon, à part le service. - Acho que deveríamos deixar uma gorjeta para o garçom, afora o serviço.
Nous avons besoin d'un reçu/d'une note. - Precisamos de um recibo/de uma nota.
Est-ce que nous pouvons avoir un reçu, s'il vous plaît? - Pode nos trazer um recibo, por favor?
Le service était impeccable! - O serviço estava impecável!

9. O francês diferencia **glace** e **sorbet**. O primeiro tipo é à base de leite, enquanto o segundo é unicamente à base de frutas. Para dizer os sabores, usamos a construção **com a preposição à**, por exemplo **glace au chocolat, à la menthe, à la vanille** (sorvete de chocolate, de hortelã, de creme).
10. Também designado expresso. Ex.: Je voudrais un **expresso** - Queria um café expresso.

NOTA CULTURAL 18: O SERVIÇO E A GORJETA

NOTE CULTURELLE 18: LE SERVICE ET LE POURBOIR

Em geral, o serviço de 10% vem cobrado na conta, mas, como no Brasil, é facultativo. Lembre-se que dar gorjeta é um procedimento culturalmente bastante difundido na França e certamente esperado.

4.10 Uma festa de aniversário (Diálogo) - Une fête d'anniversaire (Dialogue)

Faixa 21

Marie: Je suis bien contente de te voir ici! Heureusement tu as pu venir!
Jacques: Je n'irais pas rater cette fête pour rien au monde! Je te le jure!
Marie: Entre! Enlève ton manteau. Tout le monde est déjà là!
Jacques: Où est Arnaud, alors?
Marie: Dans la cuisine, en train de trancher le pain.
Jacques: Et depuis quand il t'aide à la cuisine?
Marie: En fait, il ne m'aide pas tellement, mais ça va...
Jacques: Alors, et le bonhomme qui fête l'anniversaire aujourd'hui?
Marie: Regarde, le voilà, au fond du couloir, derrière Anick.
Jacques: Ça c'est un cadeau pour lui. J'espère qu'il n'a pas encore le dernier DVD de Carla Bruni.[11]
Marie: Oh, le dernier DVD de sa chanteuse préférée! Pourquoi tu ne le lui offres pas personnelement?
Jacques: Bien sûr, j'attends qu'il s'approche.

» Veja a tradução desse diálogo na p. 308

11. Nascida na Itália em 23 de dezembro de 1967, mas vivendo na França há muito tempo, a cantora franco-italiana Carla Bruni iniciou sua carreira escrevendo para o cantor Julien Clerc. Seu primeiro álbum, lançado em 2002 em estilo **folk**, intimista, privilegiando voz e violão, obteve sucesso imediato de público e de crítica. Vale lembrar ainda que, assim como a maioria das cantoras francesas atuais (Coralie Clément, Camillle), Carla Bruni segue as mesmas características de Françoise Hardy e Jane Birkin, grandes **divas cool** dos anos 60, de vozes pequenas e sensuais.

4.11 Vocabulário ativo: Festejar! - Vocabulaire actif: Faire la fête!

FÊTER, CÉLEBRER, COMMÉMORER[12]: FESTEJAR, CELEBRAR, COMEMORAR

"Allons fêter!", a dit René à ses amis.
"Vamos festejar!", disse René aos seus amigos.

FOU/FANA (FANATIQUE) DE FÊTES: FANÁTICO, PESSOA QUE GOSTA DE FESTAS

Tu sais qu'Antoine est un fou de fêtes. Même si on ne l'avais pas invité, il serait venu!
Você sabe que o Antoine é louco por festas. Mesmo se não o tivéssemos convidado, ele teria vindo!

DONNER UNE FÊTE/FAIRE UNE FÊTE (À L'OCCASION DE): DAR/FAZER UMA FESTA (POR OCASIÃO DE)

Tu savais que Béa fait/donne une fête à l'occasion de son anniversaire?
Você sabia que a Bia está dando uma festa para comemorar seu aniversário?

BOISSON: BEBIDA (EM GERAL)
SPIRITUEUX: BEBIDA ALCOÓLICA

Allons prendre une boisson!
Vamos pegar uma bebida!

CELUI QUI FÊTE L'ANNIVERSAIRE: O ANIVERSARIANTE (SEXO MASCULINO)
CELLE QUI FÊTE L'ANNIVERSAIRE: A ANIVERSARIANTE (SEXO FEMININO)
GÂTEAU D'ANNIVERSAIRE: BOLO DE ANIVERSÁRIO

SOUFFLER LES BOUGIES: APAGAR AS VELAS

Raphael était tellement petit qu'il ne pouvait même pas souffler les bougies de son gâteau d'anniversaire.
Rafael era tão pequeno que nem podia apagar as velas do seu bolo de aniversário.

HÔTE/HÔTESSE: ANFITRIÃO/ANFITRIÃ
INVITÉS: CONVIDADOS

Karine fait tout ce qu'elle peut pour plaire à ces invités. C'est sans aucun doute une grande hôtesse!
Karine faz o melhor que pode para agradar os convidados. Ela foi sem dúvida uma ótima anfitriã!

AVOIR ANNIVERSAIRE: FAZER ANOS (DE IDADE)

Vous saviez que Greg a dix-huit ans aujourd'hui?
Você sabia que o Greg está fazendo dezoito anos hoje?

12. Os verbos **célébrer** e **commémorer** existem, mas são menos empregados no cotidiano, se comparados ao uso do verbo **fêter**. Ex: **On va fêter mon anniversaire samedi soir** (vamos comemorar meu aniversário no sábado à noite).

OFFRIR[13] DES CADEAUX: DAR/GANHAR PRESENTES

Combien de cadeaux d'anniversaire on t' a offert jusqu'à présent?
Quantos presentes de aniversário você já ganhou/já te deram até agora?

4.12 Um lugar ideal para as férias (Diálogo) - Un endroit idéal pour les vacances (Dialogue)

Faixa 22

Frédéric: Alors, tu seras bientôt en vacances, non?
Stéphane: C'est vrai. Je ne peux même pas attendre la semaine prochaine. J'ai vraiment besoin de me reposer, de me détendre, de respirer, d'être en contact avec la nature.
Frédéric: Qu'est-ce que tu as l'intention de faire? Tu comptes voyager?
Stéphane: Effectivement. Ma femme a de la famille en Normandie; on va sûrement y passer une semaine.
Frédéric: C'est bien la Normandie! En ce moment ça vaut la peine d'y faire un tour. Il y a Saint Malo, le Mont Saint Michel... Et tout le monde adore faire de la voile à cette époque de l'année...
Stéphane: Justement. Et sa famille habite tout près du Mont Saint Michel. En plus, les enfants sont aussi ravis de revoir leurs cousins et cousines. Voilà une autre bonne raison pour y aller.
Frédéric: C'est un bon choix. J'espère que tu t'amuseras bien, que tu te reposeras beaucoup et que tu reviendras en pleine forme!
Stéphane: Moi aussi!
» Veja a tradução desse diálogo na p. 308

13. O verbo **offrir** possui sentido duplo:
sentido ativo = **offrir un cadeau à quelqu'un = oferecer/dar um presente a alguém**
sentido passivo = **on m'a offert un cadeau = alguém me ofereceu/deu um presente**. O verbo **gagner** não é empregado neste contexto.

4.13 Vocabulário ativo: Férias! - Vocabulaire actif: Des vacances!

PASSER LES VACANCES: PASSAR FÉRIAS

Où est-ce que vous avez passé vos dernières vacances?
Onde você passou suas últimas férias?

SE DÉTENDRE/SE REPOSER: RELAXAR/REPOUSAR (AMBOS OS VERBOS SÃO PRONOMINAIS EM FRANCÊS)

Je suis bien stressé dernièrement. J'ai besoin de quelques jours de congé pour me détendre.
Tenho estado bem estressado ultimamente. Preciso tirar alguns dias de folga para relaxar.

FÊTE FORAINE/PARC D'ATTRACTIONS: PARQUE DE DIVERSÃO

On s'est bien amusé hier soir à la fête foraine/au parc d'attractions. Il y a avait pas mal de manèges intéressants!
Nos divertimos muito no parque de diversão ontem à noite. Havia muitos brinquedos interessantes!

MANÈGE: BRINQUEDO EM PARQUE DE DIVERSÃO

Tu as déjà essayé ce manège-là?
Você já foi naquele brinquedo? Já experimentou aquele brinquedo?

ALLER PÊCHER/ALLER À LA PÊCHE/FAIRE LA PÊCHE: IR PESCAR

Daniel et ses amis sont allés pêcher/faire la pêche le week-wend dernier.
Daniel e seus amigos foram pescar no fim de semana passado.

CAMPER/FAIRE DU CAMPING: ACAMPAR

Vous avez déjà campé/fait du camping?
Você já acampou?

TENTE: BARRACA

"Allons monter la tente ici!" a crié Léo à ses amis.
"Vamos montar a barraca aqui!", gritou Leo para os amigos.

PRENDRE DU SOLEIL: TOMAR BANHO DE SOL

Vous aimez prendre du soleil?
Você gosta de tomar banho de sol?

SE FAIRE BRONZER: BRONZEAR-SE, PEGAR UM BRONZE

Cécile passe des heures allongée au bord de la piscine juste pour se faire bronzer!
Cécile passa horas deitada à beira da piscina só para se bronzear!

PROTECTEUR SOLAIRE: PROTETOR SOLAR

N'oublie pas de passer de la crème solaire. Tu sais que les rayons de soleil à cette heure de la journée sont très nuisibles à la santé.

Não se esqueça de passar protetor solar. Você sabe que os raios de sol nesta hora do dia são muito prejudiciais à saúde.

5. BOA FORMA E SAÚDE - LA FORME ET LA SANTÉ

5.1 Uma consulta médica (Diálogo) - Un rendez-vous chez le médecin (Dialogue)

Faixa 23

Docteur: Bonjour. Alors, comment ça va, cher ami?
Frank: Mal, docteur. Je ne me sens pas bien.
Docteur: Que est le problème? Qu'est-ce qui ne va pas? Qu'est-ce que vous sentez?
Frank: J'ai des migraines constantes dernièrement, et, en plus, j'ai mal au coeur. J'ai envie de vomir.
Docteur: Avez-vous changé votre diète?
Frank: Non, pas du tout.
Docteur: Et le travail, comment ça va? Vous travaillez beaucoup pendant ces derniers temps? Vous avez eu des ennuis?
Frank: Non, je ne pense pas, je n'ai pas d'ennuis, mais, par contre, actuellement, je me sens bien stressé.
Docteur: Laissez-moi vous examiner. Pourriez-vous enlever votre chemise et vous allonger sur ce lit, s'il vous plaît?
(Après quelques minutes)
Docteur: Apparemment, je ne vois rien de grave. Mais, de toute façon, je vais vous demander de faire faire des analyses cliniques. Un examen de sang, entre autres. Entretemps, si vous avez mal à la tête, prenez une aspirine. En principe, il ne faut pas se faire trop de soucis.
» Veja a tradução desse diálogo na p. 309

5.2 Uma consulta médica (Frases-chave) - Um rendez-vous chez le médecin (phrases clés)

UMA VISITA AO MÉDICO(A) - UN RENDEZ-VOUS CHEZ LE MÉDECIN (A)

Quel est le problème? - Qual é o problema?
» Veja Vocabulário 14: O corpo p. 203 e Vocabulário 15: No médico: sintomas e doenças p. 204
Qu'est-ce qui ne va pas? - O que é que não está bem? O que é que não vai bem?
Depuis combien de temps est-ce que vous vous sentez comme ça? - Há quanto tempo a senhora se sente assim?
Vous vous êtes déjà senti comme ça avant? - Você já se sentiu assim antes?
Avez-vous déjà senti quelque chose pareille? - Vocês já sentiram algo parecido?
Avez-vous déjà senti le même symptôme avant? - O senhor já sentiu o mesmo sintoma antes?
Vous prenez des médicaments en ce moment? - O senhor está tomando algum remédio atualmente?
Êtes-vous allergique à quelque chose? - Você é alérgico a alguma coisa?
Ça fait mal ici? - Dói aqui?
Où est-ce que ça fait mal? Où est-ce que vous avez mal? - Onde dói?
Est-ce que vous arrivez à lever/bouger les bras comme ça? - Você consegue levantar/mexer seus braços assim?
» Veja Vocabulário 14: O corpo p. 203
Est-ce que vous pouvez bouger comme ça? - O senhor pode se mexer assim?
Vous avez eu des rapports sexuels sans protection? - Você teve relações sexuais sem proteção?
Vos dernières règles c'était quand? - Quando foi sua última menstruação? Quando foram as suas últimas regras?
Respirez profondément. - Respire fundo.
Inspirez et expirez. - Inspire e expire.
Vous avez du mal à dormir? - Você tem tido dificuldade para dormir?
Vous avez un autre/d'autres symptômes? - Você tem algum outro sintoma?/outros sintomas?
» Veja Vocabulário 15: Consulta médica: sintomas e doenças p. 204
Revenez dans quelques jours si ça ne va pas. - Volte se não se sentir melhor em alguns dias.

UMA CONSULTA MÉDICA (B) - CHEZ LE MÉDECIN (B)

On va faire une radiographie des vos poumons/de votre genou etc. - Vamos fazer/tirar uma radiografia dos seus pulmões/do seu joelho etc.
» Veja Vocabulário 14: O corpo p. 203
On va prendre votre température/votre tension. - Vamos tirar sua temperatura/sua pressão.
Il semble que vous avez tordu le bras/la cheville. - Parece que você torceu o braço/o tornozelo.
Nous **devons**[1] plâtrer le bras/le pied/la jambe. - Vamos ter que engessar o braço/o pé/a perna.
Il faut **mettre** le bras/le pied/la jambe **dans le plâtre**[1]. - É preciso engessar o braço/o pé/a perna.

1. A expressão **ter que** em muitos casos é substituída pelo verbo **devoir** (nous devons/vous devez/on doit), ou pelo verbo **falloir** (impessoal = il faut). Em francês, há duas possibilidades para expressar o verbo **engessar**: **plâtrer**, engessar, ou **mettre dans le plâtre**.

On va vous immobiliser le bras/le pied/la jambe. - Vamos imobilizar seu braço/ pé/sua perna.
Vous devez prendre une piqûre. - O senhor precisa tomar uma injeção.
Je dois vous faire une piqûre. - Tenho que lhe dar uma injeção.
On doit faire faire des analyses de sang. - Precisamos fazer exames de sangue.
Je dois faire faire des analyses de sang. - Preciso mandar fazer alguns exames de sangue.
Il faut avoir une ordonnance. - É preciso ter receita.
Je vais vous faire/donner une ordonnance. - Vou lhe dar uma receita.
Je vais vous prescrire un médicament. - Vou lhe receitar um remédio.
Prenez un comprimé toutes les 6 heures. - Tome um comprimido a cada 6 horas.
Prenez une capsule avant chaque repas. - Tome uma cápsula antes de cada refeição.
Vous devriez arrêter de fumer ou alors essayer de fumer moins. - Você deveria parar de fumar ou então tentar fumar menos.
Vous devez rester à la maison et essayer de vous reposer pour deux ou trois jours. - Você deve ficar em casa e tentar descansar por dois ou três dias.
Il faut rester à la maison. - Tem que ficar em casa.
Vous devez vous sentir mieux dans quelques jours. - Você deve sentir-se melhor em alguns dias.

5.3 Sentindo-se doente (Diálogo) - Quand on est malade (Dialogue)

Faixa 24

Benoît: Alors, Philippe! Tu as l'air un peu découragé aujourd'hui... Qu'est-ce qui se passe?
Phillipe: Et bien, pour te dire franchement, je ne me sens pas très en forme ce matin.
Benoît: Et quel est le problème?
Phillipe: Je ne sais pas, j'ai mal à la tête depuis hier soir et j'ai envie de vomir.
Benoît: Oh là. Ce n'est pas bien, ça. Dis, qu'est-ce que je peux faire pour toi?
Phillipe: C'est gentil de ta part, mais je pense que rien. J'ai déjà pris deux aspirines, pratiquement sans effet. Ça va passer, j'espère. Merci, quand même.
Benoît: Tu penses que ça peut être quelque chose que tu as bouffé? C'est peut-être une intoxication...

Phillipe: Je ne crois pas. J'ai mangé le même type de nourriture, enfin, la bouffe de tous les jours, quoi, mais peut-être ... En tout cas, si ça ne va pas, je vais voir le toubib[2].
Benoît: C'est ce que tu dois faire.
» Veja a tradução desse diálogo na p. 309

5.4 Sentindo-se doente (Frases-chave) - Se sentir malade (phrases clés)

SENTINDO-SE DOENTE (A) - SE SENTIR MALADE (PHRASES CLÉS)

Je ne me sens pas bien. - Não estou me sentindo muito bem.
» Veja Vocabulário 15: Consulta médica: sintomas e doenças p. 204
Ça ne va pas du tout aujourd'hui. - Não estou nada bem hoje.
Je ne suis pas en forme/je ne me sens pas très en forme. - Não estou disposto/não estou me sentindo muito disposto.
J'ai la grippe. - Estou com gripe.
J'ai attrappé une grippe. - Peguei uma gripe.
Je suis enrhumé (e). - Estou resfriado(a).
J'ai un rhume très fort. - Estou com um resfriado forte.
J'**ai mal**[3] à la tête. - Estou com dor de cabeça.
J'**ai mal** à la gorge. - Estou com dor de garganta.
J'**ai mal** à la colonne. - Estou com dor na coluna.
Je tousse beaucoup. - Estou tossindo muito.
J'ai de la fièvre/j'ai de la température. - Estou com febre.
J'éternue beaucoup. - Estou espirrando muito.
J'ai le nez qui coule. - Estou com o nariz escorrendo/estou com coriza.
J'ai le nez qui saigne - Meu nariz está sangrando.
Je saigne du nez. - Estou sangrando no nariz.
J'ai la tête qui tourne. - Estou com a cabeça rodando.
J'ai des vertiges. - Estou com vertigens.

SENTINDO-SE DOENTE (B) - SE SENTIR MALADE (B)

J'ai mal à l'estomac. - Estou com dor de estômago.
J'ai mal au coeur.[4] - Estou com o estômago embrulhado/estou enjoado.
J'ai mal au dos. - Estou com dor nas costas.
J'ai mal à la dent. - Estou com dor de dente.
» Veja Indo ao dentista - Frases-chave p. 98 e Vocabulário 16: Indo ao dentista p. 207

2. **Le toubib = le médecin:** o médico.
3. **Avoir mal à:** ter/estar com dor em.... Ex.: J'ai mal à... (partie du corps).
4. Preste atenção: as expressões **avoir mal au coeur** (estar enjoado) e **avoir une angine** (estar com dor de garganta) nada têm a ver com dor no coração. Para se dizer que se está com dor no peito, deve-se empregar a expressão **avoir une angine de poitrine**.

J'ai mal aux oreilles. - Estou com dor de ouvido.
J'ai une angine. - Estou com dor de garganta.
Mon nez est bouché. - Meu nariz está entupido.
J'ai une aigreur d'estomac. - Estou com azia.
J'ai mal à la jambe/au bras/à la poitrine. - Estou com dor na perna/no braço/no peito.
» Veja Vocabulário 14: O corpo p. 203
J'ai un torticolis. - Estou com torcicolo.
J'ai noté un noeud ici. - Notei um caroço aqui.
» Veja Vocabulário 14: O corpo p. 203
Je me sens faible. - Estou me sentindo fraco.
Je n'arrive pas à bouger ma jambe/mon pied. - Não consigo mexer minha perna/meu pé.
» Veja Vocabulário 14: O corpo p. 203
Je me suis brulé la main. - Queimei a mão.
Je me suis cassé le bras. - Eu quebrei o braço.

SENTINDO-SE DOENTE (C) - SE SENTIR MALADE (C)

J'ai la tête qui tourne. - Estou tonto.
Je pense que je vais m'évanouir[5] - Acho que vou desmaiar.
Je n'arrive pas à bien respirer. - Não consigo respirar direito.
J'ai envie de vomir/gerber (fam). - Sinto/estou com vontade de vomitar.
J'ai mal partout. - Estou com o corpo inteiro doendo.
Je veux aller aux toillettes - Preciso ir ao toalete.
Je suis enceinte. - Estou grávida.
Je n'ai pas de règles depuis un mois. - Não fico menstruada há um mês.
Je suis diabétique. - Sou diabético(a).
Je n'aime pas les piqûres. - Não gosto de injeções.
Je transpire trop. - Estou suando demais.
Je suis allergique à... - Sou alérgico a...
C'est une urgence. - É uma emergência.
Je ne suis pas couvert(e)/Je n'ai pas d'assurance médicale. - Eu não tenho plano de saúde.

NOTA CULTURAL 19: A PREVIDÊNCIA SOCIAL
NOTE CULTURELLE 19: LA SÉCURITÉ SOCIALE

A Previdência Social francesa **(La Sécurité Sociale)**, de caráter público, cobre as despesas de saúde (75% dos gastos via reembolso) em casos de doença, licença maternidade, invalidez e acidentes de trabalho, aposentadoria, seguro-desemprego e Fundo Nacional de Solidariedade, que garante a qualquer cidadão acima de 65 anos um valor mínimo para a sua sobrevivência.

5. **s'évanouir** - trata-se de um verbo pronominal em francês.

5.5 É melhor fazer um regime! (Diálogo) - Il vaux mieux faire un régime! (Dialogue).

Faixa 25

Grégoire: Ce n'est pas possible, je ne peux pas y croire, j'ai grossi de deux kilos!
Samuel: C'est le prix pour n'avoir mangé que des bêtises!
Grégoire: Je sais, tu as raison, j'ai besoin de faire un régime.
Samuel: Il faut aussi faire beaucoup d'exercices, mon vieux. C'est une exigence du monde contemporain. Mais, de toute façon, avant de commencer une diète, il faut voir le docteur, d'accord?
» Veja a tradução desse diálogo na p. 309

5.6 Vocabulário ativo: De regime - Vocabulaire Actif: Au régime

FAIRE UN RÉGIME/UNE DIÈTE: FAZER REGIME/DIETA
PESER TROP: PESAR DEMAIS
EXCÈS DE POIDS: EXCESSO DE PESO, ACIMA DO PESO IDEAL
AU DESSUS DE: ACIMA DE

Denis a décidé de faire un régime car son poids était au-dessus de l'idéal.
Denis decidiu fazer regime já que estava acima de seu peso ideal.

GROSSIR: ENGORDAR, GANHAR PESO

David a grossi depuis qu'il s'est marié.
O David engordou depois que se casou.

MAIGRIR (PERDRE DU POIDS): EMAGRECER, PERDER PESO.

Jeanne a déjà perdu environ cinq kilos depuis qu'elle a commencé son nouveau régime.
Jeanne já perdeu uns cinco quilos desde que começou sua nova dieta.

SELF-SERVICE: COMIDA PREPARADA E SERVIDA COM RAPIDEZ E QUE NORMALMENTE TAMBÉM PODE SER PEDIDA PARA VIAGEM OU PARA SER ENTREGUE EM CASA (EX. HAMBÚRGUER, PIZZA ETC.). TRATA-SE DE UM ANGLICISMO.

Je suis malade de ce self-service. Allons dans un vrai restaurant!
Estou cansado (doente) desse self-service. Vamos a um restaurante de verdade dessa vez!

COCHONNERIE: COMIDA QUE NÃO É SAUDÁVEL/"PORCARIA"

Vous mangez trop de cochonnerie dernièrement. Qu'est-ce que tu dirais d'un vrai repas bien salutaire juste pour changer?
Você tem comido porcaria demais ultimamente. Que tal uma refeição bem saudável só para variar?

JEÛNER: JEJUAR, FAZER JEJUM

Plusieurs pleuples jeûnent pour des raisons religieuses.
Muitos povos fazem jejum por razões religiosas.

5.7 Indo ao dentista (Diálogo) – Chez le dentiste (Dialogue)

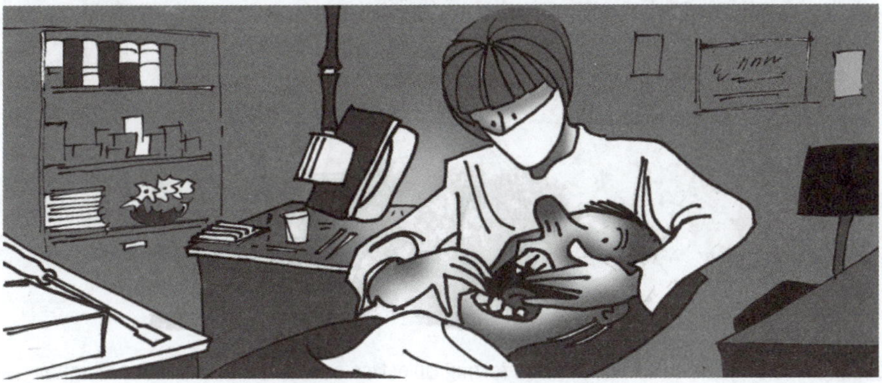

Faixa 26

Dentiste: Alors, qu'est-ce qu'il y a? Vous avez l'air bien mécontent!
Patient: Bien sûr, docteur, j'ai mal à la molaire inférieure.
Dentiste: On va voir. Asseyez-vous. Ouvrez bien la bouche... Effectivement, c'est une grande carie! Ça fait combien de temps que vous ne consultez pas un dentiste?
Patient: Ça fait trois ans, je crois. Le problème c'est le bruit du moteur qui me fait paniquer!
Dentiste: Ne vous faites pas trop de soucis, je vais vous appliquer une anesthésie, vous n'allez rien sentir. Fermez les yeux et reposez-vous bien. Tout va bien se passer...
Patient: Je vais essayer, docteur.
» Veja a tradução desse diálogo na p. 310

5.8 Indo ao dentista (Frases-chave) - Chez le dentiste (phrases clés)

J'ai mal à la dent. - Estou com dor de dente.
» Veja Vocabulário 16: Indo ao dentista p. 207
Je crois que j'ai une carie. - Acho que tenho uma cárie.
J'ai une dent cassée. - Estou com um dente quebrado.
J'ai perdu une obturation. - Perdi uma obturação.
Mes dents sont très sensibles. - Meus dentes estão muito sensíveis.
Mes gencives me font mal. - Minhas gengivas estão doendo.
Mes gencives sont très sensibles; elles saignent et me font mal. - Minhas gengivas estão muito sensíveis; elas estão sangrando e doendo.
» Veja Vocabulário 16: Indo ao dentista p. 207

5.9 Mantendo-se em forma (Diálogo) - En forme (Dialogue)

Faixa 27

Jacques: Salut, mais tu es vraiment en forme! Qu'est-ce que tu fais pour garder la ligne?
Gabriel: Ça fait déjà longtemps que je fais régulièrement du sport.
Jacques: Ah bon? Combien de fois par semaine tu vas au club de gym?
Gabriel: Au moins trois fois par semaine, mais je fais aussi du jogging tous les matins.
Jacques: C'est vrai? Bravo! Je voudrais avoir plus de temps pour faire du sport, m'entraîner plus et perdre un peu de poids.
Gabriel: Tu sais, j'étais comme ça, j'avais l'habitude de penser pareil et de donner les mêmes excuses. Si tu veux vraiment être en forme, il faut que tu crées ton propre temps et que tu sois très discipliné! Pense à l'importance d'avoir une manière de vivre plus saine.
Jacques: Je crois que tu as raison!
» Veja a tradução desse diálogo na p. 310

5.10 Mantendo-se em forma (Frases-chave) - En forme (phrases clés)

MANTENDO-SE EM FORMA (A) - EN FORME (A)

Tu as l'air en forme. - Você parece estar em forma.
Vous êtes très élégant(e)! - Você está muito elegante!
Vous ne semblez pas être en forme. - Você não parece estar em forma.
Tu n'es pas en forme. - Você não está em boa forma.
Tu n'as pas l'air en forme[6] aujourd'hui. - Você não está bem hoje.
Pour garder la ligne, il faut pratiquer beaucoup de sport. - Para manter a linha, é preciso malhar.
Vous faites du sport avec quelle fréquence? - Com que frequência você malha/faz esporte?
Avec quelle fréquence vous faites du jogging? - Com que frequência você corre?
» Veja Nota cultural 20 p. 100
Vous pratiquez un sport régulierement? - Você pratica esporte com regularidade?
» Veja Vocabulário 10: Esportes p. 192
Vous faites souvent du sport? - Você pratica esporte regularmente?
Avec quelle fréquence vous allez au club de gym? - Com que frequência você vai à academia?
Quel est votre sport préféré? - Qual é o seu esporte preferido?
» Veja Vocabulário 10: Esportes p. 192
Quel est votre sport favori? - Qual é o seu esporte favorito?

MANTENDO-SE EM FORMA (B) - EN FORME

» Veja Vocabulário 10: Esportes p. 192

Je sens que je ne suis pas en forme. - Sinto que estou fora de forma.
Je jouais au foot quand j'étais plus jeune. - Eu jogava futebol quando era mais jovem.
Je fais du sport deux fois par semaine. - Eu pratico esporte duas vezes por semana.
Je vais au club de gym trois fois par semaine. - Vou à academia três vezes por semana.
Je cours une heure sur le tapis roulant tous les jours. - Eu corro na esteira uma hora todos os dias.
Je cours une heure tous les jours. - Eu corro uma hora todos os dias.
» Veja Nota cultural 20 p. 100
Je fais des exercices physiques réguliers toute la semaine. - Faço exercícios fisicos regulares a semana toda.

6. A expressão **être en forme** admite duas acepções, podendo também significar "estar bem", denotando que algo vai bem (ou não psicologicamente).

Vous n'avez pas - tu n'as pas l'air en forme, ce matin = Você não está bem hoje. (Você não está com a cara boa hoje.)

être en forme - estar em boas condições de saúde, física e psicologicamente.

garder la ligne - manter a linha/ manter-se elegante.

NOTA CULTURAL 20: O ESPORTE NA FRANÇA

NOTE CULTURELLE 20: LE SPORT EN FRANCE

Do futebol ao barco a vela, do ski ao motocross, da equitação ao patins no gelo, da bicicleta à natação, a França é grande incentivadora de todas as modalidades esportivas. Vale lembrar que ciclistas do mundo inteiro vêm ao país para a competição **Tour de France**, em que os competidores atravessam o hexágono de norte a sul. Uma das modalidades esportivas mais tradicionais de algumas cidades do interior, principalmente no sul da França (na Provença) é a **"pétanque"**, uma espécie de **bocha** jogada em praça pública.

5.11 Dicas de um personal trainer (Diálogo) - Les tuyaux d'un entraîneur (Dialogue)

Faixa 28

Antoine: Je ne me sens pas physiquement en forme. Il faut que je commence un programme d'entraînement plus sérieux. Qu'est-ce que vous me recommmandez?[7]

Entraîneur: Et bien, si ça fait longtemps que vous ne pratiquez pas de sport, la première chose à faire, c'est consulter un médecin.

Antoine: J'y pense justement.

Entraîneur: Parfait. Alors, si tout va bien et si les résultats de vos examens sont bons, vous pouvez commencer une série d'exercices programmés. Vous aimez courir?

Antoine: Oui, moi, j'aime faire du jogging. La seule chose, c'est que je me sens fatigué après quelques minutes.

Entraîneur: Bien sûr. Vous n'êtes pas en forme. Vous avez besoin de commencer lentement et progresser petit à petit.[7]

» Veja a tradução desse diálogo na p. 310

7. **Petit à petit/peu à peu:** pouco a pouco.

5.12 Vocabulário ativo: Mantendo-se em forma - Vocabulaire actif: En forme

FAIRE DU JOGGING/COURIR: CORRER

François fait du jogging trois fois par semaine.
Frank corre três vezes por semana.

FAIRE DE LA GYM:[8] FAZER EXERCÍCIO FÍSICO, "MALHAR"
FAIRE DE LA MUSCULATION: FAZER MUSCULAÇÃO

Moi, je fais de la gym et mon mari fait de la musculation.
Eu faço ginástica e meu marido faz musculação.

EXERCICE PHYSIQUE/ACTIVITÉ PHYSIQUE: EXERCÍCIO FÍSICO PARA MELHORAR A FORMA, GINÁSTICA

Une activité physique régulière vous ferait du bien. Vous avez déja pensé à cela?
Uma atividade física regular faria bem a você. Já pensou nisso?

ENTRAÎNEMENT: TREINO

Raphael a son entraînement de basket le mardi.
Raphael tem treino de basquete todas as terças.

ENTRAÎNEUR: TREINADOR, TÉCNICO, PERSONNAL TRAINER

L'entraîneur actuel de l'équipe de football brésilienne s'appelle Dunga. Qui sera le prochain?
O treinador atual da seleção brasileira de futebol se chama Dunga. Quem será o próximo?

BASKETS: TÊNIS

Nicolas met toujours des baskets confortables pour aller jouer.
O Nicolas sempre usa tênis confortáveis para ir jogar.

EN FORME:[9] EM BOA FORMA FÍSICA/ELEGANTE

Vous êtes en forme! Qu'est-ce que vous faites pour garder la ligne?
Você está em boa forma física. O que você faz para manter a linha?

BONNE FORME/CONDITION PHYSIQUE: BOA FORMA, PREPARO FÍSICO, CONDIÇÃO FÍSICA

Vous faites des exercices pour améliorer votre condition physique?
Você tem feito exercícios para melhorar sua condição física?
Vous connaissez un programme d'exercices pour avoir une bonne forme physique?
O senhor conhece algum programa de exercícios para obter uma boa forma física?

8. gymnastique (abreviação)
9. A expressão **être en forme** também caracteriza o estado psicológico de uma pessoa.
Ex.: Il n'est pas **en forme** ce matin. Ele não está bem hoje de manhã.

AÉROBIC: (GINÁSTICA) AERÓBICA

Nancy se sent vraiment très en forme depuis qu'elle a commencé à faire de l'aérobic.
Nancy tem se sentido muito mais saudável desde que começou a fazer aeróbica.

BOUGER: MEXER-SE, MOVIMENTAR-SE

Allez, les filles, on va bouger aujourd'hui: levez la tête, étirez le dos, allongez les bras et rentrez le ventre!
Vamos, meninas, a gente vai se mexer hoje: levantem a cabeça, estiquem as costas, alonguem os braços e encolham a barriga!

FLEXION: FLEXÃO
EXERCICE ABDOMINAL: EXERCÍCIO ABDOMINAL[11]

Un bon programme d'exercices doit inclure une série de flexions et d'exercices abdominaux.
Um bom programa de exercícios deve incluir uma série de flexões e abdominais.

10. **Faire des abdos** (fazer abdominais), em sua forma abreviada, tem sido consagrada pelo uso.

6. LAR, DOCE LAR - FOYER, DOUX FOYER

6.1 Mudança: um novo lugar para morar (Diálogo) - Déménagement: un nouvel endroit pour habiter (Dialogue)

Faixa 29

Hélène: Alors, j'ai entendu dire que tu vas déménager.
Sophie: C'est vrai. On a trouvé un super appart[1] à cent mètres d'ici. Simplement impeccable! C'est un quatre pièces: il a une salle de séjour énorme et trois chambres!
Hélène: Vous avez vraiment besoin de plus d'espace, non?
Sophie: Effectivement. Avec le bébé, les deux chambres ne suffisaient plus. En plus, la cuisine est déjà entièrement équipée et les charges sont comprises dans le prix du loyer! Tu vois? Mieux que ça, seulement un pavillon avec un grand jardin!
Hélène: Ce qui est bien c'est que vous n'allez pas changer de quartier.
Sophie: Ah oui, ça c'est sûr. Nous sommes tellement habitués à ce quartier que ce serait pratiquement impossible de s'imaginer ailleurs.
Hélène: Si tu veux un coup de main pour le déménagement, n'hésite pas, d'accord? Vous pouvez compter sur nous. Jean a un grand camion qui peut transporter pas mal de choses.
» Veja a tradução desse diálogo na p. 310

NOTA CULTURAL 21: ALUGANDO OU COMPRANDO IMÓVEIS
NOTE CULTURELLE 21: LOUER OU ACHETER DES IMMEUBLES

É importante observar que a divisão por cômodos é diferente da que usamos no Brasil. Na França, contamos também a sala. Ex.: **un trois pièces** - um apto de dois dormitórios e uma sala. Assim, os anúncios de imóveis franceses apresentam os apartamentos da seguinte forma: **un studio** (F1), um só cômodo; **un deux pièces** (F2), dois cômodos (sala e quarto); **un trois pièces** (F3), três cômodos (uma sala e dois dormitórios); **un quatre pièces** (F4), designando quatro cômodos (uma sala e três quartos) e assim por diante.

1. **Appart:** abreviação de apartamento

6.2 Mudança: um novo lugar para morar (Frases-chave) - Déménagement: un nouvel endroit pour habiter (phrases clés)

Nous avons besoin d'une maison plus grande/d'un appartement plus grand. - Precisamos de uma casa maior/de um apartamento maior.

Notre salle de séjour/cuisine est trop petite. - Nossa sala/cozinha é pequena demais.

» Veja Vocabulário 18: A casa p. 209

Nous n'avons pas assez d'espace - Não temos espaço suficiente.

» Veja Vocabulário 19: Coisas e objetos da sala de estar p. 209, Vocabulário 20: Objetos e utensílios da cozinha p. 210, Vocabulário 21: Coisas e objetos do quarto p. 211 e Vocabulário 22: Coisas e objetos do banheiro p. 212

Pourquoi vous ne cherchez pas une agence immobilière? - Por que você não procura uma imobiliária?

6.3 Na agência imobiliária (Frases-chave) - À l'agence immobilière (Phrases clés)

NA AGÊNCIA IMOBILIÁRIA (A) - À L'AGENCE IMMOBILIÈRE (A)

Nous cherchons un (appartement) quatre pièces. - Estamos procurando um apartamento de três dormitórios.

» Veja Vocabulário 18: A casa p. 209

Nous aimerions déménager dans un appartament plus grand. - Gostaríamos de mudar para um apartamento maior.

Nous avons besoin d'un garage pour deux voitures. - Precisamos de uma garagem para dois carros.

Avez-vous un appartement à louer près du métro dans ce quartier? - O senhor tem algum apartamento para alugar perto do metrô neste bairro?

Quel est le prix moyen de location d'un trois pièces dans ce quartier? - Qual é o preço médio do aluguel de um apartamento de dois dormitórios neste bairro?

Il s'agit d'un appartament meublé/décoré/aménagé/renové/refait. - Trata-se de um apartamento mobiliado/decorado/reformado/refeito.

Vous n'avez pas de pavillons disponibles? - Vocês não têm sobrados disponíveis?

Est-ce que ce quartier est calme/bien surveillé? - Este bairro é calmo/seguro?

Est-que vous pouvez nous montrer les appartements quatre pièces à vendre dans cette région? - O(a) senhor(a)pode nos mostrar os apartamentos de três dormitórios à venda nesta região?

Quel est le prix du loyer? - Qual é o preço do aluguel?

Quel est le prix de vente? - Qual é o preço de venda?

Quand est-ce que je peux signer le bail? - Quando é que eu posso assinar o contrato?

» Veja Vocabulário 18: A casa p. 209

NA AGÊNCIA IMOBILIÁRIA (B) – À L'AGENCE IMMOBILIÈRE (B)

Quelle est la moyenne de prix que vous avez en tête? – Que faixa de preço vocês têm em mente?
Quel est le prix moyen du quartier? – Qual é o preço médio do bairro?
Un loyer moyen d'un quatre pièces dans la région tourne autour de € 3.000. – O aluguel médio dos apartamentos de três dormitórios nesta região é 3.000 euros.
Les chambres de cet appartement sont bien/très spacieuses. – Os quartos deste apartamento são bastante/muito espaçosos.
» Veja Vocabulário 18: A casa p. 209
Ce quartier/ce coin/cette région est vraiment excellent (e). – Este bairro/esta região é realmente excelente.
Ce quartier est calme/en sécurité/bruyant/dangereux. – Este bairro é calmo/seguro/barulhento/perigoso.
Laissez-moi vous montrer la maison/l'appartement. – Deixe-me lhes mostrar a casa/o apartamento.
Permettez-moi de vous montrer la maison/l'appartement – Permita-me lhes mostrar a casa/o apartamento.

6.4 Vocabulário ativo: Lar, doce lar – Vocabulaire actif: Foyer, doux foyer

UNE RÉSIDENCE: MORADIA PARA UM PÚBLICO ESPECÍFICO (ESTUDANTES, APOSENTADOS) OU CONDOMÍNIO RESIDENCIAL.
BANLIEUE: SUBÚRBIO

Elles vont vivre dans une résidence étudiante à la Cité Universitaire (Cité U.)
Elas vão viver em uma moradia de estudantes na Cidade Universitária.
Robert vit actuellement dans une résidence en banlieue[2].
Robert mora em um condomínio no subúrbio.

CHARGE: CONDOMÍNIO, TAXA MENSAL PAGA PELOS MORADORES DE PRÉDIOS EM TROCA DE SERVIÇOS PRESTADOS, COMO LIMPEZA, PORTARIA, FORNECIMENTO DE ÁGUA ETC.

Le loyer et les charges de l'appartement de David coûtent ensemble € 4.500 environ.
O aluguel e o condomínio do apartamento do David custam juntos mais ou menos 4.500 euros.

SERVICES PUBLIQUES: SERVIÇO PÚBLICO (TERMO QUE SE REFERE AO FORNECIMENTO DE GÁS, ELETRICIDADE, ÁGUA OU LINHA TELEFÔNICA, MAS NÃO DE SERVIÇOS COMO PORTARIA E LIMPEZA)

Combien est-ce que tu paies pour le service d'éléctricité/d'eau etc. dans le nouvel endroit où tu habites maintenant?
Quanto você paga pelo fornecimento de eletricidade, água etc. no novo lugar onde está morando agora?

2. No caso específico de Paris e seus arredores, podemos ter tanto subúrbios abastados quanto menos favorecidos.

CONCIERGE: ZELADOR

Vous savez où est le concierge? Il paraît que nous avons un problème avec l'ascenseur.
Você sabe onde o zelador está? Parece que temos um problema com o elevador.

ASCENSEUR: ELEVADOR

Vous devez monter par l'escalier. L'ascenseur est cassé/en panne.
Vocês têm que subir pela escada. O elevador está quebrado.

MAISON: CASA
FOYER: CASA, LAR
À LA MAISON: EM CASA

En général, Jean-Marc arrive très tard à la maison.
Em geral, Jean-Marc chega bem tarde em casa.
Cathie a toujours vécu dans des maisons. Elle n'a jamais vécu/habité dans un appartement.
Cathie sempre morou em casas. Ela nunca viveu/morou num apartamento.

HYPOTHÈQUE: HIPOTECA
FINANCEMENT: FINANCIAMENTO

Hubert doit être très heureux d'avoir fini de payer le financement/l'hypothèque de son appartement.
Hubert deve estar muito feliz por ter acabado de pagar o financiamento/a hipoteca de seu apartamento.

6.5 Meu afazer doméstico preferido (Diálogo) - Ma tâche préférée à la maison (Dialogue)

Faixa 30

Benoît: Alors, tu aides ta femme dans les tâches domestiques?
David: Bien sûr. J'essaie de faire tout ce que je peux. Actuellement ma spécialité c'est de faire la vaisselle.

Benoît: Vous n'avez pas de bonne?
David: Non. Nous avons une femme de ménage deux fois par semaine pour nettoyer la maison, faire la lessive et repasser.
Benoît: Ça aide déjà!
David: C'est vrai. Tu sais, ma femme a un travail à mi-temps et on a trois enfants. Le reste de la semaine on doit s'occuper de tout. Quelquefois ce n'est pas facile!
Benoît: Je sais bien ce que tu veux dire!
» Veja a tradução desse diálogo na p 311.

6.6 Vocabulário ativo: Afazeres domésticos – Vocabulaire actif: Tâches domestiques

» Veja também Vocabulário 11: Afazeres domésticos e outras atividades p. 193

NETTOYER/FAIRE LE MÉNAGE: LIMPAR
PROPRE: LIMPO X SALE: SUJO
FEMME DE MÉNAGE: FAXINEIRA
BONNE: EMPREGADA

Tu peux m'aider à nettoyer le grenier?
Você pode me ajudar a limpar o sótão?

ENLEVER LA POUSSIÈRE: TIRAR O PÓ
POUSSIÈRE: PÓ
POUSSIEREUX(EUSE): EMPOEIRADO(A)

S'il vous plaît, n'oubliez pas d`enlever la pousssière de cette table!
Não se esqueça de tirar o pó dessa mesa, por favor!
Ces chaises sembles être très poussiéreuses. Pourriez-vous les nettoyer, s'il vous plaît?
Aquelas cadeiras parecem realmente empoeiradas. Você pode limpá-las, por favor?

BALAYER: VARRER
DONNER UN COUP DE BALAIS: DAR UMA VARRIDA
BALAIS: VASSOURA

S'il vous plaît, pourriez-vous balayer le plancher? Le balais est juste derrière la porte.
Você pode por favor varrer o chão? A vassoura está bem atrás da porta.

FAIRE LES VITRES: LAVAR OS VIDROS
LAVER LES CARREAUX: LAVAR OS AZULEJOS

POUBELLE: LATA DE LIXO; RECIPIENTE ONDE SE COLOCA O LIXO
ORDURE: LIXO
DÉCHET: DEJETO

DESCENDRE LES POUBELLES: **DESCER O LIXO**

Léo descend les poubelles **tous les soirs.**
Léo desce o lixo todas as noites.

FAIRE/LAVER LA VAISSELLE: **LAVAR OS PRATOS/A LOUÇA**

Une des tâches domestiques que j'aime mieux c'est faire la vaisselle**.**
Um dos meus afazeres domésticos preferidos é lavar os pratos.

FAIRE LA LESSIVE: **LAVAR A ROUPA NA MÁQUINA**
LAVER LE LINGE DÉLICAT À LA MAIN: **LAVAR A ROUPA DELICADA À MÃO**

Je n'ai personne pour m'aider à faire la lessive ni laver le linge à la main**.**
Não tenho ninguém para me ajudar a lavar a roupa na máquina nem lavar as peças à mão.

REPASSER: **PASSAR AS ROUPAS**
FERRO ELÉTRICO: **FER À REPASSER**

Je n'avais jamais repassé **une chemise avant.**
Nunca tinha passado uma camisa antes.

TONDRE LA PELOUSE: **CORTAR A GRAMA (COM MÁQUINA); TOSAR**

J'aimerais que quelqu'un m'aide à faire le jardin, tondre la pelouse **et arroser les plantes.**
Gostaria que alguém me ajudasse a arrumar o jardim, cortar a grama e regar as plantas!

LA TONDEUSE: **MÁQUINA DE CORTAR GRAMA (O TERMO SERVE AINDA PARA DESIGNAR A MÁQUINA DE CORTAR CABELO)**

PASSER L'ASPIRATEUR: **PASSAR ASPIRADOR DE PÓ**
ASPIRATEUR: **ASPIRADOR DE PÓ**

Notre femme de ménage passe l'aspirateur **dans toute la maison une fois par semaine.**
Nossa empregada passa aspirador na casa toda uma vez por semana.

TÂCHE/SERVICE DOMESTIQUE: **SERVIÇO DOMÉSTICO, TAREFA DOMÉSTICA, AFAZER DOMÉSTICO**

Catherine déteste s'occuper des tâches domestiques**.**
Catherine detesta cuidar dos serviços domésticos.

6.7 Você sempre morou em apartamento? (Diálogo) - Vous avez toujours vécu dans un appartement? (Dialogue)

Faixa 31

Linda: Vous avez toujours vécu dans un appartement?
Denis: Ah, non. Avant de me marier, j'habitais dans une super maison en banlieue.
Linda: C'était un véritable changement, alors!

Denis: Au début, c'était très dur. J'étais habitué à avoir beaucoup d'espace, mais j'ai dû m'adapter, quoi!
Linda: Vous croyez qu'il y a des avantages de vivre dans un appartement?
Denis: Eh bien, comme tout dans la vie, il y des avantages et des inconvénients. Je pense qu'un des grands avantages, c'est la sécurité. Quand on voyage, on ferme la porte et voilà... on est prêt! Plus de soucis!
» Veja a tradução desse diálogo na p. 311

6.8 Problemas no apartamento (Diálogo) - Des problèmes dans l'appartement (Dialogue)

Faixa 32

Samuel: Je commence à être vraiment fatigué et embêté d'habiter dans cet appart.
Nicolas: Mais pourquoi? Quel est le problème?
Samuel: Ben, pour commencer, l'évier de la cuisine est toujours bouché.
Nicolas: Tu as déjà appelé le plombier?
Samuel: Bien sûr, deux fois, d'ailleurs! Mais deux jours après sa réparation, le problème a recommencé!
Nicolas: Oui, c'est vrai que c'est un vieil appartement.
Samuel: Je sais. Et il y a aussi l'histoire de la bonde de la salle de bains qui ne coule pas.
Nicolas: Moi, à ta place, je commencerais à chercher un autre appartement.
» Veja a tradução diálogo na p. 311

6.9 Problemas no apartamento (Frases-chave) - Des problèmes dans l'appartement (phrases clés)

PROBLEMAS NO APARTAMENTO (A) - DES PROBLÈMES DANS L'APPARTEMENT (A)

L'évier de ma cuisine est bouché. - A pia da minha cozinha está entupida.
» Veja Vocabulário 20: Objetos e utensílios da cozinha p. 210
Le w.c. est bouché. - A privada está entupida.
La chasse d'eau ne marche pas. - A descarga não está funcionando.
Je n'arrive pas à faire marcher la chasse d'eau. - Não consigo dar descarga.
L'ascenseur/la machine à laver est cassé (e). - O elevador/a máquina de lavar está quebrado(a).
Le robinet coule beaucoup. - A torneira está pingando muito.
Il y a une fuite au robinet. - A torneira está vazando.
Il paraît qu'il y a quelque chose avec la bonde. - Parece que há algo errado com o ralo.
L'air conditionné/la climatisation/le chauffage/ne marche pas bien. - O ar condicionado/o climatizador/a calefação não está funcionando direito.
Le chauffe-eau est cassé - O aquecedor central está quebrado.
Il y a une fuite au plafond. - Tem um vazamento no teto.

PROBLEMAS NO APARTAMENTO (B) - DES PROBLÈMES DANS L'APPARTEMENT (B)

Quel est le problème de la machine à laver/de l'apirateur? - Qual é o problema da máquina de lavar roupa/do aspirador de pó?
Quel est le problème de l'air conditionné? - Qual é o problema do ar condicionado?
Tu peux/vous pouvez le réparer? - Pode/consegue consertá-lo?
Tu peux/ vous pouvez déboucher le lavabo?/le w.c.? - Pode desentupir a pia/o vaso sanitário?
Il vaut mieux appeler le plombier. - É melhor chamar um encanador.
Il faut faire peindre les murs. - É preciso mandar pintar as paredes.
On a besoin/nous avons besoin de faire peindre les murs. - Precisamos mandar pintar as paredes.
On doit changer le papier peint. - Devemos trocar o papel de parede.
Il faut faire renover/réamenager l'appartement. - Precisamos (mandar) reformar o apartamento.
Le plancher doit être réparé. - O piso precisa ser consertado.
Il paraît qu'il y a une fuite de gas. - Parece haver um vazamento de gás.

Observação: Quando colocamos o verbo na voz ativa, Nous allons renover l'appartement significa que faremos o serviço com nossas próprias mãos. No entanto, quando contratamos o serviço - ou seja, pedimos, mandamos alguém fazer - deveremos colocar o verbo na voz passiva e, neste caso, utilizamos a expressão verbal faire faire, já que outra pessoa fará o serviço. Ex.: faire peindre (mandar pintar); faire renover (mandar reformar); faire laver (mandar lavar) etc.

6.10 Vida familiar (Diálogo) - Vie en famille (Dialogue)

Faixa 33

Katy: Alors, Éric, tu as une grande famillle?
Éric: Oui. J'ai deux frères et une soeur jumelle.
» Veja Vocabulário 5: Relações familiares p. 187
Katy: Dis donc! Tu as une soeur jumelle, que c'est intéressant!

Éric: Oui, mais on ne se se ressemble pas tellement.
Katy: Tu les vois tous régulièrement?
Éric: Non, en fait, pas assez. L'un de mes frères vit très très loin d'ici, alors je le vois une fois par an seulement. L'autre frère et ma soeur, je les vois plus souvent quand même. De toute façon, la famille entière se réunit au moins une fois par an, normalement à Noël.
» Veja a tradução desse diálogo na p. 312

NOTA CULTURAL 22: FESTAS E FERIADO - NOTE CULTURELLE 22: FÊTES ET JOURS FÉRIÉS
Os feriados franceses mais importantes são os seguintes:
Le Nouvel An - Réveillon
Le lendemain du Nouvel An - Primeiro dia do ano
L'épifanie - Epifania (06 de janeiro) - Dia de Reis
Pâques - Páscoa
Fête du Travail - Dia do Trabalho
Armistice - Armistício (8 de maio)
Fête Nationale - Festa Nacional da França (14 de julho, quando se comemora a Queda da Bastilha)
Corpus Christi - Corpus Christi
Toussaint - Todos os Santos (01 de novembro)
Jour des morts - Finados (02 de novembro)
Veille de Noël - Véspera de Natal (24 de dezembro)
Noël - Natal (25 de dezembro)

Curiosidade - La fête de la musique
A Festa da Música acontece todo dia 21 de junho, tendo sido instituída em 1982 por Jack Lang, então ministro da Cultura. Em todas as cidades francesas - pequenas, médias e grandes - armam-se palcos no centro, nos bairros e na periferia, para que os artistas possam se manifestar livremente e o público desfrutar gratuita e democraticamente desta comemoração cultural a céu aberto.

7. LE MONDE DU TRAVAIL - O MUNDO DO TRABALHO

7.1 Dois amigos conversam sobre trabalho (Diálogo) - Deux amis parlent de travail (Dialogue)

Faixa 34

Paul: Qu'est-ce qui se passe? Tu as l'air découragé.
Lionel: En effet, je ne me sens pas très motivé ce matin. Je suis bien désanimé d'avoir à faire le même travail ennuyant et idiot tous les jours. Tu sais, remplir des formulaires, cacheter des documents. Ce n'est pas très encourageant.
Paul: Tu as déjà pensé à chercher un autre boulot[1]?
Lionel: Bien sûr, dernièrement je lis les petites annonces tous les jours.
Paul: Quel genre de travail tu as en tête?
Lionel: Je ne sais pas. Peut-être quelque chose de plus dynamique ou ayant un défi plus grand. Je suis fatigué de la même routine toute la journée tous les jours.
Paul: Je sais bien ce que tu veux dire.
» Veja a tradução desse diálogo na p. 312

7.2 Falando sobre trabalho (Frases-chave) - Parler du travail (phrases clé)

FALANDO SOBRE TRABALHO(A) - PARLER DU TRAVAIL (A)

Qu'est-ce que tu fais? - O que você faz?
» Veja Vocabulário 1: Profissões p. 179
Tu fais quoi dans la vie? - O que você faz da/na vida?
Qu'est-ce que tu fais pour vivre? - O que você faz para viver?

1. **Le boulot:** travail (gíria).

Quel type/genre d'emploi de travail as-tu? - Que tipo de emprego você tem?
Tu aimes ton boulot? - Você gosta do seu emprego?
Tu aimes ce que tu fais? - Você gosta do que faz?
Pourquoi est-ce que tu ne cherches pas un autre travail? - Por que você não procura um outro trabalho?

FALANDO SOBRE TRABALHO(A) - PARLER DU TRAVAIL (A)

Qu'est-ce que vous faites? - O que o senhor faz?
» Veja Vocabulário 1: Profissões p. 179
Vous faites quoi dans la vie? - O que vocês fazem da vida?
Qu'est-ce que vous faites pour vivre? - O que a senhora faz para viver?
Quel type/genre d'emploi/de travail avez-vous? - Que tipo de emprego o senhor tem?
Vous aimez votre emploi? - Você gosta do seu emprego?
Vous aimez ce que vous faites? - Vocês gostam do que fazem?
Pourquoi est-ce que vous ne cherchez pas un autre travail? - Por que o senhor não procura um outro emprego?

FALANDO SOBRE TRABALHO (B) - PARLER DU TRAVAIL (B)

Je suis... - Eu sou...
» Veja Vocabulário 1: Profissões p. 179
Je fais... - Eu faço...
Je travaille dans la publicité/dans le marketing/dans la mode/dans le secteur bancaire. - Eu trabalho com publicidade/com marketing/com moda/no setor bancário etc.
J'adore mon travail. - Adoro meu trabalho.
Je suis fatigué(e) de cette même routine de travail tous les jours. - Estou cansado(a) desta mesma rotina diária de trabalho.
Je ne supporte pas mon chef. - Não suporto meu chefe.
J'en ai ras le bol de mon boulot. - Estou "cheio"/"por aqui" do meu trabalho.
Je déteste mon emploi. - Odeio meu emprego.
» Veja Quando se diz o que se sente - Frases-chave p. 156
Je pense sérieuement à changer de travail. - Tenho pensado seriamente em mudar de emprego.

7.3 Você precisa diminuir o ritmo! (Diálogo) - Tu dois diminuer le rythme! (Dialogue)

Faixa 35

Raphael: Tu es pâle! Tu te sens bien?
Marc: Pas tellement.
Raphael: Pourquoi est-ce que tu ne prends pas le reste de la journée pour te détendre un peu?
Marc: Je crois que je devrais faire ça. Je suis sous un stress incroyable ces dernières semaines.

Raphael: Quelque fois, il suffit juste de diminuer le ryhtme. Tu vois ce que je veux dire?
Marc: Je crois que tu as raison, mais ce n'est pas possible en ce moment. Merci, en tout cas.
» Veja a tradução desse diálogo na p. 312

7.4 Você precisa diminuir o ritmo! (Frases-chave) – Tu dois diminuer le rythme! (phrases clés)

TRABALHO DEMAIS! – TROP DE TRAVAIL!

Mon emploi du temps/mon agenda est tout à fait plein aujourd'hui. – Minha agenda está totalmente cheia hoje.
Je suis débordé aujourd'hui. – Estou atolado em trabalho/estou cheio de trabalho hoje.
J'ai plein de travail. – Estou cheio de trabalho.
Je suis occupé (e)/pris (e) maintenant. – Estou ocupado(a) agora.
Je suis très occupé en ce moment. – Estou muito ocupado no momento.
On peut se parler un autre moment/plus tard? – Podemos conversar uma outra hora/mais tarde?

HORA DE FAZER UMA PAUSA – MOMENT DE FAIRE UNE PAUSE

Pause-café – Pausa para um café, intervalo, coffee-break.
On va faire une pause. – A gente vai fazer uma pausa.
Faisons une pause? – Vamos fazer uma pausa?
On s'arrête là. – Vamos parar por aqui.
J'ai besoin de me détendre. – Eu preciso relaxar.
J'ai vraiment besoin de vacances. – Preciso realmente de férias.
J'ai besoin de quelques jours libres/de repos. – Preciso de alguns dias livres/de descanso.
Ça fait longtemps qu'on n'a pas pris de vacances. – Faz muito tempo que a gente não tira férias.
Je ne prends pas de vacances depuis lontemps. – Não tiro férias há muito tempo.

7.5 Uma entrevista de emprego (Diálogo) – Un entretien de travail (Dialogue)

Faixa 36

Chef du personnel: Alors, en lisant votre CV j'ai pu constater que vous êtes dans la publicité depuis plus de dix ans.
Candidat: C'est exact, monsieur. J'ai commencé à travailler dans la publicité depuis que je suis diplômé, effectivement, ça fait plus de dix ans.
Chef du personnel: Qu'est-ce que vous appréciez le plus dans votre métier?
Candidat: Eh bien, j'aime surtout la créativité des spots publicitaires et des annonces. Ce qui m'attire l'attention depuis mon enfance ce sont les slogans et les logos.
Chef du personnel: Et pourquoi voudriez-vous travailler avec nous?
Candidat: Avec mon expérience dans le secteur, j'ai l'impression que je pourrais éventuellement contribuer au développement de nouveaux produits et de nouvelles campagnes publicitaires également.
Chef du personnel: Vous savez que nous fabriquons des crics, un créneau bien particulier... Êtes-vous familiarisé avec cette ligne de produits?
Candidat: En fait, je n'ai jamais travaillé avec ce genre de produit, mais je suis sûr que je peux tout apprendre sur ce créneau en très peu de temps. En plus, travailler avec un nouveau produit représenterait un grand défi pour ma carrière!
Chef du personnel: D'accord. Merci!
» Veja a tradução desse diálogo na p. 312

7.6 Uma entrevista de emprego (Frases-chave) - Un entretien de travail (phrases clés)

PERGUNTAS DO ENTREVISTADOR - QUESTIONS DU RESPONSABLE DU PERSONNEL

» Veja Vocabulário ativo: Trabalho e carreira p. 120
Vous travaillez actuellement? - Você está trabalhando atualmente?
Quelles sont vos fonctions actuelles? - Quais são suas funções/atribuições atuais?
En quoi consiste votre travail actuel? - Em que consiste seu trabalho atual?
Vous occupez quel poste? - O(a) senhor(a)ocupa que cargo?
Pourquoi est-ce que vous voulez changer de travail? - Por que quer trocar de emprego?
Quelle formation avez-vous? - Que formação o(a) senhor (a)/você tem?
Vous avez quels diplômes? - Que diplomas tem?
Avez-vous une spécialité? - O senhor tem uma especialidade?
Vous avez suivi une formation pratique dans quelle branche? - Você teve uma formação prática em que ramo?
Avez-vous une expérience confirmée dans ce segment? - Tem experiência comprovada neste segmento?
Quelle expérience avez-vous dans ce champs/dans ce domaine? - Que experiência o senhor tem neste campo/neste ramo?
Pourriez-vous me parler de votre expérience professionnelle dans ce créneau? - Poderia me falar um pouco sobre sua experiência profissional nesta área?

Qu'est-ce que vous aimeriez faire? - O que gostaria de fazer?
Pourquoi voudriez-vous travailler avec nous? - Por que gostaria de trabalhar conosco?
Comment croyez-vous pouvoir contribuer au développement de notre entreprise? - Como o senhor acredita poder contribuir para o desenvolvimento de nossa empresa?
À votre avis, quelles sont vos principales qualités?/principaux atouts/différenciels? - Na sua opinião, quais são as suas principais qualidades e seus diferenciais?
» Veja Descrevendo traços de personalidade - Frases-chave p. 139
Quelles sont vos meilleures qualités et vos principaux défauts? - Quais são suas melhores qualidades e seus principais defeitos?
Quel type de décision est difficile pour vous? - Que tipo de decisão é difícil para o senhor?
Qu'est-ce qui vous met en colère? - O que o deixa nervoso?
Êtes-vous patient? - O senhor é paciente?
Aimez-vous commander? - Gosta de comandar?
Avez-vous le goût du leadership? - Tem senso de liderança? Gosta de liderar?
Pourquoi voulez-vous quitter cette société? - Por que quer sair desta empresa?
Pourquoi avez-vous quitté votre dernier emploi? - Por que você deixou o seu emprego anterior?
Quand est-ce que vous avez commencé dans cette entreprise? - Quando começou nesta empresa?
Quelles étaient vos responsabilités? - Quais eram suas responsabilidades/atribuições?
Vous vous entendez bien avec les gens/les collègues? - Você se relaciona bem com as pessoas/o(a)s colegas?
Comment vous vous sentez de travailler en équipe? - Como você se sente de trabalhar em equipe?

PERGUNTAS E FRASES DO ENTREVISTADOR - QUESTIONS ET PHRASES DU CHEF DU PERSONNEL

» Veja Vocabulário ativo: Trabalho e carreira p. 120
Quel type de travail préférez-vous réaliser? - Que tipo trabalho prefere realizar?
Quel type de travail considérez-vous ennuyant? - Que tipo de trabalho considera chato?
Vous arrivez à travailler sous pression? - Você consegue trabalhar sob pressão?
Seriez-vous capable de travailler sous tension? - Seria capaz de trabalhar sob tensão?
Quels sont vos points faibles/forts - Quais são seus pontos fracos/fortes?
Professionnellement parlant, comment est-ce que vous vous voyez dans dix ans? - Profissionalmente falando, como o senhor se vê dentro de dez anos?
Pouvez-vous me parler un peu de vos habiletés à l'ordinateur? - Você pode me falar um pouco de suas habilidades no computador?
Est-ce que vous parlez d'autres langues couramment? - Você fala outros idiomas fluentemente?
Pouvez-vous me donner une idée de vos prétentions? - Pode me dar uma ideia de suas pretensões salariais?
Avez-vous déjà voyagé à étranger pour des affaires? - Você já viajou para o exterior a negócios?
Nous allons garder votre CV dans notre banque de données et nous prenons contat dès qu'il y aura un poste disponible, d'accord? - Manteremos o seu currículo no nosso banco de dados e entraremos em contato assim que tivermos uma vaga disponível, certo?

Quand est-ce que vous pouvez commencer à travailler avec nous? - Quando pode começar a trabalhar conosco?
Avez-vous déjà fait des intérims? - Já fez trabalho temporário?
Vous acceptez un CDD[2] pour commencer? - Aceita um contrato temporário (de duração determinada) para começar?
Vous accepteriez de faire des heures supplémentaires? - Aceitaria fazer horas extras?

RESPOSTAS E COMENTÁRIOS DO(A) ENTREVISTADO(A) (A) - RÉPONSES ET COMMENTAIRES DU CANDIDAT/OU DE LA CANDIDATE (A)

» Veja Vocabulário ativo: Trabalho e carreira p. 120
Je travaille dans la force de ventes/dans le marketing/dans l'informatique/dans la publicité depuis longtemps. - Eu trabalho com força de vendas/com marketing/com informática/com publicidade há muito tempo.
Je n'ai entendu dire que de bonnes choses sur cette société et, comme elle est leader dans le marché, je me sentirais vraiment motivé(e) d'y travailler. - Eu só ouvi falar coisas boas da sua empresa, e como ela é líder de mercado, eu me sentiria realmente motivado em trabalhar aqui.
Avec mon expérience antérieure dans cette branche, plus mon application et beaucoup de travail, je crois que je pourrais vraiment contribuer à votre société. - Com minha experiência anterior na área, mais a minha dedicação e muito trabalho, acho que eu poderia realmente contribuir para a sua empresa.
Je suis une personne dynamique/appliquée/motivée/sérieuse/travailleuse. - Sou uma pessoa dinâmica/aplicada/motivada/dedicada/séria/trabalhadora.
» Veja Descrevendo traços de personalidade - Frases-chave p. 139
J'ai beaucoup appris dans mon travail antérieur, mais j'ai decidé que c'était le moment d'avoir d'autres expériences. - Eu aprendi bastante no meu emprego anterior, mas resolvi que estava na hora de ter outras experiências.
Je suis vraiment disposé(e) à avoir d'autres défis. - Estou realmente disposto a aceitar outros desafios.
Je suis vraiment prêt (e) à avoir d'autres défis. - Estou realmente pronto(a) para outros desafios.
Je me mets à votre entière disposition pour commencer tout de suite. - Eu me coloco à sua inteira disposição para começar imediatamente.
Je n'ai aucune difficulté dans mes relations avec les gens. - Não tenho nenhuma dificuldade nos meus relacionamentos com as pessoas.
Je me sens à l'aise avec les gens. - Sinto-me muito à vontade lidando com pessoas.
Comme il s'agit d'une entrerise leader dans ce secteur, je me sentirais honoré d'y travailler. - Como se trata de uma empresa líder no setor, eu me sentiria honrado de trabalhar nela/aqui.

2. CDD - **Contrat à durée déterminée** - Contrato por tempo determinado.
CDI - **Contrat à durée indéterminée** - Contrato por tempo indeterminado.

RESPOSTAS E COMENTÁRIOS DO(A) ENTREVISTADO(A) (B) – RÉPONSES ET COMMENTAIRES DU CANDIDAT/OU DE LA CANDIDATE (B)

» Veja Vocabulário ativo: Trabalho e carreira p. 120

J'aime la partie administrative/la partie créative du service. – Eu gosto da parte administrativa/criativa do serviço.

J'aime vraiment gérer/ administrer le personnel. – Eu realmente gosto de gerenciar pessoas.

Normalement, je m'en sors/m'en débarasse très bien dans des situations stressantes. – Normalmente eu me saio muito bem em situações estressantes.

J'ai déjà travaillé dans ce genre d'ambiance avant. – Já trabalhei nesse tipo de ambiente antes.

J'ai été le responsable de l'implantation/de la mise en place. – Fui responsável pela implantação.

J'ai été responsable de... – Fui responsável por...

Je crois que l'un de mes points forts c'est gérer les gens. – Creio que um de meus pontos fortes é gerenciar pessoas.

Mon habilité avec les ordinateurs est très bonne. – Minha habilidade com computadores é muito boa.

Je sais bien utiliser les tableurs, le traitement de textes et tous les principaux logiciels. – Sei usar muito bem planilhas, processadores de texto e todos os principais programas.

Je parle anglais/français/espagnol/allemand couramment – Falo inglês/francês/espanhol/alemão fluentemente.

J'arrive à me débrouiller avec mon espagnol/mon allemand. – Consigo me virar com o meu espanhol/alemão.

Je suis allé deux fois aux Etats-Unis pour des affaires. – Estive duas vezes nos Estados Unidos a negócios.

J'ai été dans des foires commerciales au Canada et en Angleterre. – Já estive em feiras comerciais no Canadá e na Inglaterra.

Est-ce que je peux réfléchir encore un petit peu et vous donner une réponse dans quelques jours? – Posso pensar/refletir um pouco mais e lhe dar uma resposta dentro de alguns dias?

Je peux commencer tout de suite/immédiatement. – Posso começar imediatamente.

PERGUNTAS DO ENTREVISTADO – QUESTIONS DU CANDIDAT

» Veja Vocabulário ativo: Trabalho e carreira p. 120

Quelle est l'origine de votre entreprise? – Qual a origem de sua empresa?

C'est une grande entreprise? – É uma empresa grande?

Quelles sont vos activité principales? – Quais são as suas atividades principais?

Depuis combien de temps est-ce que votre entreprise est dans le marché? – Há quanto tempo a empresa está no mercado?

Avez-vous des filiales ailleurs? – Vocês têm filiais em outros lugares?

Où êtes-vous installés/implantés? – Onde vocês estão instalados/implantados?

Dans quels pays êtes-vous présents? – Em que países vocês estão presentes?

Avez-vous beaucoup de concurrents? – Vocês têm muitos concorrentes?

Avez-vous une forte clientèle dèjà prospectée? – Já tem uma grande clientela prospectada?

Quelle est votre clientèle? – Qual é a clientela de vocês?

Est-ce qu'on doit beaucoup voyager? - Devemos viajar muito?
Quel est l'horaire de travail? - Qual é o horário de trabalho?
Quelles sont les conditions? - Quais são as condições?
Quelles seront mes fonctions/mes attributions? - Quais serão minhas atribuições?
Quelle est la rémuneration? - Qual é a remuneração?
Quel est le salaire? - Qual é o salário?
Quel salaire proposez-vous? - Que salário vocês estão propondo?
Sur quel salaire je peux compter? - Posso contar com que salário?
Quel serait le salaire initial pour le poste? - Qual seria o salário inicial para este cargo?
Quels bénéfices est-ce que l'entreprise nous propose/offre? - Que benefícios a empresa nos oferece?
Le contrat que vous m'offrez sera à durée déterminée ou indéterminée? - O contrato que vocês estão me oferecendo será de duração determinada (temporário) ou indeterminada?
Les employés ont-ils droit à combien de temps de vacances? - Os funcionários têm direito a quanto tempo de férias?
La période d'essai sera de combien de temps? - O período de experiência será de quanto tempo?
Est-ce qu'il y a des possibilités de promotion? - Há possibilidades de promoção?
En ce qui concerne le plan de carrière, est-ce que la société nous offre des oportunités de promotion? - Com relação a plano de carreira, a empresa oferece oportunidades de promoção?
Vous exportez beaucoup? - Vocês exportam muito?
Est-ce que l'entreprise offre des programmes de formation et de développement? - A empresa oferece programas de treinamento e desenvolvimento?
Quand voudriez-vous que je commence? - Quando vocês gostariam que eu começasse?

NOTA CULTURAL 23: O DIA DO TRABALHO - NOTE CULTURELLE 23: LA FÊTE DU TRAVAIL

Tal como no Brasil, em 1º de maio comemora-se o dia do trabalho, data oficialmente instituída a partir de 1947. A tradição pede que se ofereça aos passantes um ramo da flor **muguet** (normalmente cultivada nos arredores de Paris) como uma espécie de amuleto da sorte. Em geral, trabalha-se oficialmente 35 horas por semana. Há dois tipos de contrato de trabalho: o CDI (contrato de duração indeterminada), com assinatura em carteira e seguindo as leis trabalhistas, e o CDD (contrato de duração determinada), tipo de prestação de serviço ou trabalho em geral temporário, com leis trabalhistas bem mais flexíveis.

7.7 Vocabulário ativo: Trabalho e carreira - Vocabulaire actif: Travail et Carrière

EMBAUCHER/RECRUTER/ENGAGER: CONTRATAR, EMPREGAR

Si la demande continue élevée, on aura bientôt besoin d'embaucher/de recruter un nouvel assistant.

Se a demanda continuar em alta precisaremos contratar um novo assistente em breve.

Adrien a été embauché par une entreprise concurrente.
Adrien foi contratado por uma empresa concorrente.

EMBAUCHER: ADMITIR SEGUNDO AS LEIS TRABALHISTAS.
ENGAGER: CONTRATAR TEMPORARIAMENTE PARA UMA PRESTAÇÃO DE SERVIÇO, OU AINDA, SER ADMITIDO POR UMA EMPRESA.

RENVOYER/LICENCIER: DEMITIR, DESPEDIR

Cette industrie a dû licencier quelques employés à cause de la crise financière mondiale.
Esta indústria teve que despedir alguns funcionários por causa da crise financeira mundial.
La plupart des employés renvoyés ont été réembrauchés depuis que la société s'est récuperée de sa crise financière.
A maioria dos funcionários demitidos foi recontratada depois que a empresa se recuperou da crise financeira.

EMPLOYEUR (EUSE):[3] EMPREGADOR(A), EMPRESA QUE EMPREGA

Cette industrie automobile est la plus grande employeuse de la région.
Esta fábrica de automóveis é a maior empregadora da região.

EMPLOYÉ (E):[4] EMPREGADO(A), FUNCIONÁRIO(A)

Trois nouveaux employés viennent d'être recrutés par le RH.
Três novos funcionários acabam de ser contratados pelo RH.

AGENCE D'EMPLOIS: AGÊNCIA DE EMPREGOS

Sabine a décidé de chercher du travail dans une agence d'emplois.
Sabine decidiu procurar trabalho numa agência de empregos.

COLLÈGUE/COLLÈGUE: COLEGA DE TRABALHO
CANTINE/RÉFECTOIRE: REFEITÓRIO SELF-SERVICE EM EMPRESAS, ESCOLAS, HOSPITAIS ETC.
CAFÉTERIA: LANCHONETE DE EMPRESAS, ESCOLAS, HOSPITAIS ETC.

En général, Paul déjeune avec ses collègues à la cantine de l'entreprise.
Em geral, Paul almoça com os colegas de trabalho no refeitório da empresa.

DÉPARTEMENT DES RESSOURCES HUMAINES[6] (RH): DEPARTAMENTO DE RECURSOS HUMANOS (RH)

Raymond a trouvé du travail au département des ressources humaines d'une grande société.
Raymond arrumou um emprego no departamento de recursos humanos de uma grande empresa.

3. **Patron/patronne.**
4. O termo **fonctionnaire** é destinado apenas para funcionário público.
5. Existe na França um serviço público destinado a esse fim, chamado ANPE (Agence Nationale Pour l'Emploi).
6. Também denominado **Service du personnel**.

À TEMPS COMPLET: **EM PERÍODO INTEGRAL**

David travaille à temps complet **dans une agence de publicité.**
David trabalha período integral em uma agência de publicidade.

À MIS-TEMPS/À TEMPS PARTIEL: **EM REGIME DE MEIO EXPEDIENTE (ADJ.); MEIO PERÍODO; MEIO EXPEDIENTE (ADV.)**

En ce moment Jeanne cherche un travail à temps partiel.
Neste momento Jeanne está procurando um emprego de meio período.

JOUR DE CONGÉ/ÊTRE EN CONGÉ: **DIA DE FOLGA/ESTAR DE FOLGA**

En général, qu'est-ce que vous faites dans votre jour de congé**?**
O que você geralmente faz no seu dia de folga?

O termo congé possui múltiplas acepções, podendo também ser entendido como um dia de feriado - jour férié -, ou ainda:
Congés payés: férias
Congé maladie: licença médica
Congé maternité: licença maternidade

TOUR/TOUR DE TRAVAIL: **TURNO DE TRABALHO**

Combien d'employés travaillent au tour **de la nuit?**
Quantos funcionários trabalham no turno da noite?
J'ai doublé le tour **et je me sens épuisé. Je ne veux que rentrer chez moi pour me coucher.**
Dobrei o turno e me sinto exausto. Só quero ir para casa dormir.

CONGÉ MATERNITÉ: **LICENÇA MATERNIDADE**

Jennifer est en congé maternité **et ne rentrera que dans quatre mois.**
Jennifer está de licença maternidade e só vai voltar para o trabalho daqui a quatro meses.

FOU DU TRAVAIL/FANATIQUE DU TRAVAIL/FANA (ABREVIAÇÃO): **VICIADO EM TRABALHO, WORKAHOLIC**

Maintenant je comprends pourquoi les amis d'Antoine l'appelent le fanatique du travail**. Effectivement, il ne pense qu'à ça!**
Agora eu compreendo porque os amigos do Antoine o chamam de workaholic. De fato, ele só pensa nisso!

DONNER SON PRÉAVIS: **DAR AVISO PRÉVIO**

Quitter son emploi sans avoir donné son préavis **n'est pas une attitude professionnelle.**
Deixar o emprego sem ter dado aviso prévio não é uma atitude profissional.

PÉRIODE D'ESSAI: PERÍODO DE EXPERIÊNCIA

Avant d'être définitivement embauché, l'employé passe par une période d'essaie.
Antes de ser definitivamente admitido, o funcionário passa por um período de experiência.

BÉNÉFICES SUPPLÉMENTAIRES/PRIMES: BENEFÍCIOS ADICIONAIS

La liste de bénéfices supplémentaires inclut une voiture de fonction, une assurance médicale et les primes annuels.
A lista de benefícios adicionais inclui um carro, um plano de saúde e os bônus anuais.

PLAN DE RETRAITE: PLANO DE APOSENTADORIA

Parmis les bénéfices, l'entreprise offre a ses employés un plan de retraite privé.
Entre os benefícios, a empresa oferece a seus funcionários um plano de aposentadoria privado.

PRIVILÈGES: BENEFÍCIOS EXTRAS OFERECIDOS POR UMA EMPRESA, PRIVILÉGIOS, MORDOMIAS.

Le salaire n'est pas formidable, par contre, les privilèges sont à considérer.
O salário não é lá essas coisas, mas as mordomias têm que ser consideradas.

OPPORTUNITÉS DE PROMOTION: OPORTUNIDADES DE PROMOÇÃO

Normalement, une compagnie plus grande offre plus d' opportunités de promotion qu'une plus petite.
Normalmente, uma empresa maior oferece mais oportunidades de promoção do que uma menor.

PLAN DE CARRIÈRE: PLANO DE CARREIRA

Le plan de carrière proposé par cette société me paraît vraiment intéressant et convenable.
O plano de carreira proposto por esta empresa me parece realmente interessante e conveniente.

POSER SA CANDIDATURE POUR UN EMPLOI/POSTULER UN POSTE: CANDIDATAR-SE A UM EMPREGO; CANDIDATAR-SE A UMA VAGA
CANDIDAT(E): CANDIDATO(A)
POSTE: CARGO

Vous avez les qualifications exigées pour le poste. Pourquoi est-ce que vous ne posez pas votre candidature?
Você tem as qualificações exigidas para o cargo. Por que você não se candidata?
La majorité des candidats que nous avons interviewés jusqu'à présent n'est pas qualifiée pour le poste.
A maioria dos candidatos que entrevistamos até agora não é qualificada para o cargo.

OFFRES D'EMPLOI: OFERTAS DE TRABALHO, EMPREGOS DISPONÍVEIS, VAGAS.

Vous savez si cette entreprise a des offres d'emploi en ce moment?
Você sabe se esta empresa tem ofertas de emprego no momento?

CURRICULUM VITAE, CV: **CURRÍCULO, CURRICULUM VITAE, CV**

Pouvez-vous nous envoyer votre CV par mél?
Você pode nos enviar seu currículo por e-mail?

ÊTRE À LA RETRAITE/PRENDRE SA RETRAITE: **APOSENTAR-SE**
RETRAITE: **APOSENTADORIA**
RETRAITÉ(E): **APOSENTADO(A)**

Le fils a assumé le poste de directeur-général depuis que le père a pris sa retraite.
O filho assumiu o cargo de diretor-geral depois que o pai aposentou-se.

7.8 O que você acha deste novo produto? (Diálogo) - Qu'est-ce que vous pensez de ce nouveau produit? (Dialogue)

Faixa 37

Mathieu: Alors, qu'est-ce que tu penses de ce nouveau produit?
Richard: Je pense qu'il est génial. Sa fragrance est unique et bien personnelle. Il y a un grand segment du marché à être exploité par ce type de parfum. Je suis sûr que ça va attirer l'attention de toutes les femmes.
Mathieu: J'en suis bien satisfait, moi aussi. En termes de divulgation, comment est-ce que tu envisages le lancement?
Richard: Bon, je pense que... pour les supports, on devrait commencer par les annonces dans les magazines et essayer aussi quelques spots publicitaires à la radio et à la télé.
Mathieu: Je suis d'accord. Je ne peux même pas attendre la réunion de demain avec l'équipe de marketing!
» Veja a tradução desse diálogo na p. 313

NOTA CULTURAL 24: REDUÇÕES E PERFUMES
NOTE CULTURELLE 24: LA DÉTAXE ET LES PARFUMS

No que diz respeito às compras na França, é possível, sendo turista, obter a **détaxe**, ou seja, o desconto dos impostos pagos sobre as mercadorias. A **détaxe** deve ser solicitada nas lojas, no momento da compra, e depois ser entregue na alfândega francesa antes do embarque. O valor do desconto é enviado pela loja através dos correios ou depositado em conta bancária. Pode-se pedir a **détaxe** a partir de uma certa soma, o que geralmente acontece na compra de eletro-eletrônicos e perfumes. A propósito desse produto francês, a cidade dos perfumes, Grasse, onde são fabricadas as essências, possui um grande museu do perfume e situa-se na Provença, sul da França, região famosa pelo cultivo da lavanda e do jasmim, entre outras plantas e flores. Assim como os vinhos e os queijos, os perfumes também são uma tradição familiar, passada de geração em geração com a mesma preocupação pela qualidade e excelência. É o famoso e conhecido **savoir-faire**.

7.9 Falando de um novo produto ou de uma nova ideia (Frases-chave) – Parler d'un nouveau produit ou d'une nouvelle idée (phrases clés)

Mon impression est que... – A minha primeira impressão é...
Je crois que c'est un excellent produit. – Acho que é um produto excelente.
Je pense que ça peut marcher. – Acho que pode dar certo.
Je suis vraiment animé du lancement de ce nouveau produit. – Estou realmente animado/entusiasmado com o lançamento deste novo produto.
L'idée est vraiment intéressante – A ideia é realmente interessante.
Je pense que ça va vendre énormement. – Acho que vai vender muito.
Je trouve l'idée fantastique. – Acho a ideia fantástica.
D'après vous, combien nous devons investir? – Quanto você acha que devemos investir?

7.10 Vocabulário ativo: uma reunião de negócios – Vocabulaire actif: une réunion d'affaires

» Veja também Vocabulário ativo: O dinheiro movimenta o mundo p. 134 e Vocabulário ativo: Fazendo uso dos computadores p. 164

AGENDA: AGENDA, PAUTA

Quel est le prochain item de l'agenda?
Qual é o próximo item na agenda?

CATALOGUE: CATÁLOGO

À titre de divulgation, chaque année, nous éditons un catalogue présentant à nos clients l'ensemble de nos campagnes publicitaires.
A título de divulgação, todo ano editamos um catálogo apresentando a nossos clientes o conjunto de nossas campanhas publicitárias.

EMPLOI DU TEMPS: AGENDA, NO SENTIDO DOS HORÁRIOS PREVISTOS.

Quel est l'emploi du temps de M. Dumont prévu pour demain?
Qual é a agenda do sr. Dumont prevista para amanhã?

MAISON-MÈRE: MATRIZ, SEDE

Où est la maison-mère de votre entreprise?
Onde fica a sede da sua empresa?

FILIALE: FILIAL

Notre société a des filiales dans le monde entier.
Nossa empresa tem filiais no mundo inteiro.

ACTIVITÉ PRINCIPALE: **ATIVIDADE PRINCIPAL DE UMA EMPRESA**
SOUS-TRAITER: **TERCEIRIZAR**
SOUS-TRAITANCE: **TERCEIRIZAÇÃO**

La stratégie de l'entreprise est de prioriser son activité principale **et de** sous-traiter **les autres départements.**
A estratégia da empresa é priorizar a atividade principal e terceirizar os outros departamentos.

PART DU MARCHÉ: **PARTICIPAÇÃO DE MERCADO; FATIA DO MERCADO**

La part du marché **de notre société se développe de plus en plus et s'accroît énormement depuis que nous avons adopté de nouvelles stratégies de vente.**
A participação de mercado de nossa empresa está de desenvolvendo cada vez mais e crescendo bastante desde que adotamos uma nova estratégia de vendas.

CONCURRENT(E): **CONCORRENTE, EMPRESA CONCORRENTE**

Est-ce que votre société a beaucoup de concurrents**?**
A sua empresa tem muitos concorrentes?

CIBLE: **ALVO**
PUBLIC-CIBLE/PUBLIC CIBLÉ: **PÚBLICO-ALVO**
CIBLER LE PUBLIC: **DETERMINAR, SEGMENTAR O PÚBLICO (CONSUMIDOR)**
CONSOMMATEUR(TRICE): **CONSUMIDOR (A)**

Avant de commencer une nouvelle action de marketing, il faut cibler le public consommateur **par une étude de marché bien précise et spécifique.**
Antes de começar uma nova ação de marketing, é preciso segmentar o público-alvo consumidor através de um estudo de mercado bem preciso e específico.

CRÉNEAU: **SEGMENTO, NICHO DE MERCADO**

En ce moment, il y a un créneau **favorable aux boissons non gaseuses qui se forme naturellement.**
Neste momento, há um nicho de mercado favorável às bebidas não gasosas que está se formando naturalmente.

CONCURRENCE: **CONCORRÊNCIA**

La concurrence **qui existe entre les deux principales industries automobiles est vraiment serrée.**
A concorrência entre os dois principais fabricantes de automóveis é realmente acirrada.

ACQUÉRIR: **ADQUIRIR; COMPRAR**

La stratégie de croissance de cette entreprise est celle d'acquérir **graduellement des sociétés plus petites.**
A estratégia de crescimento daquela empresa é adquirir gradualmente sociedades menores.

ACQUISITION: **AQUISIÇÃO**

L'acquisition la plus récente du groupe a été un fabricant de logiciels situé à Brest.
A aquisição mais recente do grupo foi uma empresa fabricante de softwares situada em Brest.

S'UNIR/SE FONDRE/FUSIONNER: **UNIR(-SE), FUNDIR(-SE)**

Les deux entreprises ont décidé de fusionner.
As duas empresas decidiram fundir-se.

FUSION: **FUSÃO DE EMPRESAS**

Depuis la fusion de ces deux géants économiques, les profits ont doublé.
Desde a fusão destes dois gigantes econômicos, os lucros dobraram.

POLITIQUE DE L'ENTREPRISE/NORME DE CONDUITE: **POLÍTICA, NORMA DE CONDUTA**

Quelle est la politique de l'entreprise par rapport au harcèlement sexuel?
Qual é a política da empresa com relação ao assédio sexual?

LANCER UN PRODUIT: **LANÇAR UM PRODUTO**

Est-ce que votre entreprise a lancé de nouveaux produits cette année?
A sua empresa lançou produtos novos este ano?

LANCEMENT: **LANÇAMENTO**

Nous serons capables de faire le lancement de la nouvelle collection d'hiver à partir du 15 mai.
Estaremos em condição de fazer o lançamento da nova coleção de inverno a partir de 15 de maio.

CAMPAGNE PUBLICITAIRE: **CAMPANHA PUBLICITÁRIA**

"J'estime que la campagne publicitaire devrait inclure également quelques affiches dans le métro parisien", a dit Roger Briant, dans une réunion de services.
"Eu acho que a campanha publicitária deveria incluir também alguns outdoors no metrô parisiense", disse Roger Briant, na reunião de departamentos.

ANNONCER/DIVULGUER/DIFFUSER: **ANUNCIAR, FAZER PUBLICIDADE, DIVULGAR**

Comment est-ce que vous pensez annoncer ce nouveau produit?
Comment envisagez-vous diffuser ce nouveau produit?
Como vocês pensam/vislumbram anunciar/ divulgar o novo produto?

ÉCHANTILLON: **AMOSTRA**

Pourriez-vous nous envoyer quelques échantillons de vos produits?
Vocês poderiam nos enviar algumas amostras dos seus produtos?

FOIRE/SALON: **FEIRA COMERCIAL, FEIRA DE NEGÓCIOS**

Notre société a un stand permanent dans la Foire Internationale des Affaires em Toronto.
Nossa empresa tem um estande permanente na feira internacional de negócios em Toronto.

BUDGET: ORÇAMENTO

PRÉVISION BUDGÉTAIRE: PREVISÃO ORÇAMENTÁRIA

La direction financière est responsable d'élaborer une prévision budgétaire pour l'entreprise, mais, naturellement, la prise de décision vient de notre P.D.G.[7]
A diretoria financeira é responsável por elaborar uma previsão orçamentária da empresa, mas, naturalmente, a decisão final vem de nosso diretor-presidente.

ATTEINDRE LE POINT D'ÉQUILIBRE: ALCANÇAR O PONTO DE EQUILÍBRIO

Combien de temps est-ce qu'ils ont mis pour que cette nouvelle affaire atteigne le point d'équilibre?
Quanto tempo eles levaram para que este novo negócio alcançasse o ponto de equilíbrio?

POINT D'ÉQUILIBRE: PONTO DE EQUILÍBRIO

Cette entreprise a mis un peu plus d'un an pour atteindre le point d'équilibre.
Aquela empresa levou um pouco mais de um ano para alcançar o ponto de equilíbrio.

ACTIONNAIRE: ACIONISTA

Les actionnaires semblaient être satisfaits des résultats présentés dans la réunion.
Os acionistas pareciam estar satisfeitos com os resultados apresentados na reunião.

(SE) FIXER DES OBJECTIFS: ESTABELECER METAS

Pour atteindre le but souhaité, il faut se fixer des objectifs très clairs.
Para atingir a finalidade desejada, é preciso estabelecer metas muito claras.

OBJECTIFS DE VENTES: METAS DE VENDAS

Notre équipe a reússi à atteindre les objectifs de ventes pour le troisième trimestre.
Nossa equipe de vendas conseguiu alcançar as metas de vendas para o terceiro trimestre.

FORCE DE VENTE: DIPLOMA TÉCNICO EM FORÇA DE VENDAS/EM UMA EMPRESA, A DIVISÃO OU DEPARTAMENTO DE VENDAS.

Antoine Dupour fait partie de la force de vente d'une grande entreprise de tissus importés.
Antoine Dupour faz parte da força de vendas de uma grande empresa de tecidos importados.

NOTA CULTURAL 25: AS PIONEIRAS - NOTE CULTURELLE 25: LES PIONNIÈRES

As primeiras empresas francesas a se instalarem no Brasil foram a Rhône Poulenc (indústria farmacêutica) em 1910 e a Air France (companhia aérea), cujo primeiro escritório representante foi inaugurado no Rio de Janeiro em 1936.

7. Abreviação de **Président Directeur-Général**.

7.11 Você pode lhe pedir para retornar a ligação? (Diálogo) – Vous pouvez lui demander de me rappeler? (Dialogue)

VIACOM Internationale

Faixa 38

Standardiste: Viacom Internationale, bonjour, j'écoute!
Paul Durand: Bonjour. Est-ce que je pourrais parler à M. Thomas, s'il vous plaît?
Standardiste: C'est de la part de qui?
Paul Durand: C'est de la part de Paul Durand, attaché de presse de la Maison de la France.
Standardiste: Un instant, s'il vous plaît. Je vous passe sa secrétaire.
Paul Durand: Merci.
Secrétaire: Allô!
Paul Durand: Bonjour, madame, je voudrais parler à M. Thomas, s'il vous plaît.
Secrétaire: Il est en ligne. Est-ce que vous pouvez patienter un moment?
Paul Durand: D'accord.
(après quelques instants...)
Secrétaire: La ligne est toujours occupée, monsieur. Voulez-vous lui laisser un message?
Paul: Oui, bien sûr. Ici c'est Paul Durand, attaché de presse de la Maison de la France. Vous pouvez lui demander de me rappeler dès que possible? C'est assez urgent...
Secrétaire: Bien sûr. Est-ce qu'il a votre numéro de téléphone?
Paul: Je pense, oui. De toute façon, je vous le laisse... C'est le 01.44.87.22.98
Secrétaire: À Paris, n'est-ce pas? 01.44.87.22.98.
Paul: C'est ça. Merci bien.
Secrétaire: De rien. Au revoir.

» Veja a tradução desse diálogo na p. 313

7.12 Fazendo uma ligação telefônica (Frases-chave) - Faire un appel téléphonique (phrases clés)

PEDINDO AJUDA À TELEFONISTA OU À OPERADORA - DEMANDE DE L'AIDE À LA STANDARDISTE OU À L'OPÉRATRICE

» Veja Vocabulário ativo: Ligações telefônicas p. 131

Bonjour, ici c'est M. Thomas à l'appareil - Bom dia, aqui é o sr. Thomas falando.

Je voudrais faire un appel pour le Brésil. - Gostaria de fazer uma ligação para o Brasil.

» Veja Nota cultural 9 p. 47

Je voudrais faire un appel en P.C.V. **(Payable Chez Vous)** pour... - Gostaria de fazer uma ligação a cobrar para...

Je n'arrive pas à appeler le Brésil - Não consigo ligar para o Brasil.

Je n'arrive pas à téléphoner à... - Não consigo ligar/telefonar para...

Pouvez-vous/pourriez-vous m'aider à téléphoner au Brésil? - Você pode, por favor, me ajudar a ligar para o Brasil?

Quel est l'indicatif de São Paulo/de Rio de Janeiro/de Strasbourg/de Casablanca - Qual é o código de área de São Paulo/do Rio de Janeiro/de Estrasburgo/de Casablanca?

Vous pouvez parler plus doucement, s'il vous plaît? - Você pode falar mais devagar, por favor?

LIGAÇÕES TELEFÔNICAS: FRASES USUAIS (A) - APPELS TÉLÉPHONIQUES: PHRASES COURANTES (A)

» Veja Vocabulário ativo: Ligações telefônicas p. 131

C'est de la part de qui? - Quem fala? É da parte de quem? Quem gostaria?

Vous êtes monsieur/madame... - O nome do(a) senhor(a)é...

C'est à quel sujet? - Do que se trata?/Qual é o assunto, por favor?

Il n'y a pas de tonalité. - Não tem linha.

Un instant/un moment/une minute, s'il vous plaît. - Um instante/um momento/um minuto, por favor.

Attendez, s'il vous plaît, je vous le/la passe. - Espere um momento, por favor, estou lhe passando o senhor...a senhora.

La ligne est occupée. - A linha está ocupada.

M. Thomas est en ligne. - O sr. Thomas está ao telefone.

M. Thomas est en réunion - O sr. Thomas está em reunião.

Je vais vous mettre en attente. - Vou colocá-lo(a) na espera.

Pourriez-vous rappeler un peu plus tard? - Pode me ligar depois?

Pouvez-vous épeler votre nom, s'il vous plaît? - Pode soletrar seu nome, por favor?

Je vous rappelle plus tard. - Chamo o senhor mais tarde.

Vous voulez laisser un message a... - Gostaria de deixar um recado para...?

Je pense que vous avez fait le mauvais numéro. - Acho que o senhor discou/discou o número errado.

LIGAÇÕES TELEFÔNICAS: FRASES USUAIS (B) - APPELS TÉLÉPHONIQUES - PHRASES COURANTES (B)

» Veja Vocabulário ativo: Ligações telefônicas p. 131

Allô, bonjour, c'est Paul/Marie à l'appareil. - Alô, aqui quem está falando é o Paul/a Marie.
Allô, bonjour, ici c'est Paul/Marie. - Alô, aqui quem fala é o Paul/a Marie.
Je vous appelle au sujet/à propos de... - Estou ligando a respeito de...
Je vous appelle au nom de... - Estou ligando em nome de...
Est-ce que M. Garnier est là, s'il vous plaît?- O senhor Garnier está?
Est-ce que peux parler à M. Garnier, s'il vous plaît? - Posso falar com o sr. Garnier, por favor?
Est-ce que M. et Mme Garnier sont là, s'il vous plaît? - O Sr. e a Sra. Garnier estão?
Vous pouvez lui demander de me rappeler plus tard? - Você pode pedir a ele/ela para retornar minha ligação mais tarde?
Pardon, l'appel est horrible, je peux vous rappeler? - Desculpe, a ligação está péssima, posso lhe ligar de volta?
Je vous entends vraiment mal. Vous pouvez rappeler, s'il vous plaît? - Estou ouvindo realmente muito mal. Pode chamar de novo, por favor?
Je ne parviens pas à téléphoner à... - Não consigo ligar para...
J 'ai laissé un message sur votre répondeur. - Deixei um recado na sua secretária eletrônica.
Ne raccrochez pas, s'il vous plaît. - Por favor, não desligue.
Excusez-moi, c'est une erreur! - Desculpe foi engano!

7.13 Vocabulário ativo: Ligações telefônicas - Vocabulaire actif: Appels téléphoniques

FAIRE, COMPOSER: DISCAR, LIGAR, DIGITAR

Si vous avez besoin d'aide, il suffit de faire ou de composer le 15 pour le SAMU, le 17 pour la police, ou le 18 pour les pompiers.
Se precisar de ajuda, basta digitar ou discar o número 15 para o SAMU, o (número) 17 para a polícia e o (número) 18 para os bombeiros.

RÉPONDRE AU TÉLÉPHONE: ATENDER AO TELEFONE

Tu ne peux pas répondre au téléphone, s'il te plaît?
Você não pode atender ao telefone, por favor?

RÉPONDEUR/RÉPONDEUR AUTHOMATIQUE: SECRETÁRIA ELETRÔNICA

Robert a laissé un message sur le répondeur authomatique de Susanne.
O Robert deixou um recado na secretária eletrônica da Susanne.

RAPPELER: LIGAR DE VOLTA, RETORNAR UMA LIGAÇÃO

Je suis un peu occupé en ce moment. Je peux te rappeler plus tard?
Estou meio ocupado agora. Posso te ligar de volta mais tarde?

DÉCROCHER: TIRAR O FONE DO GANCHO (= ATENDER)
RACCROCHER:[8] DESLIGAR O TELEFONE AO FINAL DE UMA CONVERSA, RECOLOCAR O TELEFONE NO GANCHO.

"Ne raccroche pas, s'il te plaît, a dit sa mère.
"Não desligue por favor", disse sua mãe.

QUITTER (LA LIGNE): DEIXAR (ABANDONAR) A LINHA

"Ne quittez pas, s'il vous plaît", a dit la standardiste.
"Não desligue por favor", disse a telefonista.

COUPER BRUSQUEMENT L'APPEL: DESLIGAR O TELEFONE NA CARA DE ALGUÉM

Je ne peux pas encore croire qu'elle a brusquement coupé mon appel/brusquement raccroché!
Ainda não consigo acreditar que ela desligou o telefone na minha cara!

SE COUPER/S'INTERROMPRE/ÊTRE INTERROMPU: A LIGAÇÃO CAIU

J'étais en train de lui parler quand, tout d'un coup, l'appel s'est coupé/s'est interrompu/a été interrompu.
Estava falando com ele/ela ao telefone quando de repente a linha caiu.

NUMÉRO DE POSTE: NÚMERO DO RAMAL

Vous avez appelé le Service XYZ International. S'il vous plaît, composez le numéro du poste de votre correspondant et, après le bip sonore, veuillez lui laisser un message sur son répondeur automatique/(dans sa boîte vocale).
Você ligou para o serviço XYX International. Por favor, disque o ramal desejado, e, após o bipe sonoro, queira deixar sua mensagem na secretária eletrônica/na caixa postal.

APPEL INTERMUNICIPAL: CHAMADA INTERURBANA/INTERURBANO

J'ai besoin de faire un appel intermunicipal. Vous savez s'il y a une cabine de téléphone publique près d'ici?
Preciso fazer um interurbano. Você sabe se tem um telefone público aqui perto?

MOBILE/PORTABLE: TELEFONE MÓVEL, CELULAR

Tu as vu mon portable? Je ne sais pas où je l'ai laissé.
Você viu o meu celular por aí? Não sei onde eu o deixei.

SPEAKERPHONE: VIVA-VOZ

Deux secondes. Je vais mettre le speakerphone pour que tout le monde puisse vous écouter.
Só um segundo. Vou colocar no viva-voz para todos lhe ouvirem.

8. Em francês, diz-se **crochet** para o gancho. Consequentemente, **décrocher** significa tirar o fone do gancho e, **raccrocher**, recolocar o telefone no gancho.

NOTA CULTURAL 26: SERVIÇOS DE EMERGÊNCIA

NOTE CULTURELLE 26: SERVICES D'URGENCE

A lista dos médicos de plantão em domingos e feriados é fornecida pelas farmácias, pelas delegacias de polícia e pela imprensa diária. Em caso de emergência, tenha sempre estes números em mãos: 15 (SAMU - **Service d'Aide Médicale Urgent**/Serviço de Ajuda Médica de Urgência); 17 (**Police Secours**/Polícia e Socorro Policial); 18 (**Sapeurs Pompiers**/ Bombeiros); 112 (**Numéro d'urgence européen** - Número europeu de emergência). Tais serviços prestarão auxílio e encaminharão a pessoa para o hospital mais próximo se for necessário.

7.14 O dinheiro faz girar o mundo (Diálogo) - L'argent fait tourner le monde (Dialogue)

Faixa 39

Denis: Quelquefois je me pose des questions sur l'avenir de l'argent.

Sylvie: Qu'est-ce que tu veux dire par là?

Denis: Par exemple, je me demande si un jour les billets et les pièces vont dispparaître et si quelque chose d'autre viendra à leur place.

Sylvie: Bon, ce qu'on sait déjà c'est qu'une infinité de gens ont définitivement adopté la carte de crédit.

Denis: C'est sans doute un changement exceptionnel, mais je pense qu'à l'avenir une autre chose va encore se passer. Je veux dire, avec toute cette technologie de pointe en informatique dans le monde d'aujourd'hui, nous allons probablement trouver une monnaie électronique dans quelques années.

Sylvie: C'est vrai, mais, en tout cas, à mon avis, l'argent continuera à occuper une place importante dans notre société en tant que moyen d'échanges. Pour l'instant, l'argent fait tourner le monde!.

» Veja a tradução desse diálogo na p. 314

NOTA CULTURAL 27: CARTÃO DE CRÉDITO - NOTE CULTURELLE 27: LA CARTE BLEUE

Para o pagamento com o cartão, em geral se diz: **"Je vais payer avec la carte bleue"** (Vou pagar com meu cartão azul). Logo se supõe que se trata do cartão de crédito, que aliás, é a forma de pagamento mais utilizada na Europa e também na França, seja em estabelecimentos comerciais, seja em hotéis ou em postos de gasolina. Assim, esteja atento a uma pergunta frequentemente empregada pelos atendentes de loja: **Vous allez régler comment?** (Como o senhor vai acertar?). **Nous acceptons la carte bleue** (Aceitamos cartão de crédito).

7.15 Sem tempo de passar em um caixa eletrônico (Diálogo) - Pas le temps de passer à un distributeur automatique (Dialogue)

Faixa 40

Jean: Eh, Marc, est-ce que tu as de l'argent à me prêter?
Marc: Bien sûr. Mais qu'est-ce qui se passe? C'est pour quoi faire?
Jean: Je te le dirai après. Je suis hyper pressé et je n'ai pas le temps de passer à un distributeur[9] pour avoir du liquide. Mais je te le paierai bientôt, d'ac[10]?
Marc: Ok. Pas de problème!
» Veja a tradução desse diálogo na p. 314

7.16 Vocabulário ativo: O dinheiro movimenta o mundo - Vocabulaire actif: L'argent fait tourner le monde

MONNAIE/DEVISE: MOEDA CORRENTE/DIVISA

Le dollar canadien est la monnaie du Canada.
O dólar canadense é a moeda corrente do Canadá.

PRÊTER: EMPRESTAR (QUALQUER COISA, INCLUSIVE DINHEIRO)
PRÊTER DE L'ARGENT: EMPRESTAR DINHEIRO

Vous pouvez me prêter 100 euros? Je vous payerez demain.
Pode me emprestar 100 euros? Pago amanhã.
Vous pouvez me prêter votre stylo un instant?
Pode me emprestar sua caneta por um instantinho?

EMPRUNTER: PEDIR EMPRESTADO (DINHEIRO OU QUALQUER OUTRA COISA)

Notre argent a fini. Il faut qu'on en emprunte.
Nosso dinheiro acabou. Precisamos pedir algum emprestado.
Je peux t'emprunter l' appareil photo?
Posso emprestar a sua máquina fotográfica?

TAUX DE CHANGE/COURS: TAXA DE CÂMBIO; CÂMBIO

Allons attendre un taux de change plus favorable. Autrement on perdera beaucoup d'argent.
Vamos esperar por uma taxa de câmbio mais favorável. Do contrário, a gente vai perder muito dinheiro.
Quel est le cours du dollar par rapport à l'euro aujourd'hui?
Qual é o câmbio do dólar em relação ao euro hoje?

9. DAB **(Distributeur Automatique de Billets)**: caixa eletrônico de banco.
10. Abreviação de **d'accord**.

PRÊT: **EMPRÉSTIMO (QUANDO SE FORNECE)**
EMPRUNT: **(QUANDO SE PEDE OU SE TOMA EMPRESTADO)**

CAISSE D'ÉPARGNE: **CONTA POUPANÇA**

Vous avez pensé à ouvrir un compte sur la Caisse d'épargne**?**
Você pensou em abrir uma conta na caderneta de poupança?

COMPTE COURANT: **CONTA-CORRENTE**

J'ai un **compte courant** dans une banque japonaise.
Tenho uma conta corrente num banco japonês.

FAIRE UN CHÈQUE/REMPLIR UN CHÈQUE: **FAZER UM CHEQUE, PREENCHER UM CHEQUE.**

S'il vous plaît, est-ce que vous pouvez remplir le chèque/faire le cheque **au nom de...?**
Você pode, por favor, preencher o cheque/fazer o cheque no nome de...?

DISTRIBUTEUR AUTOMATIQUE DE BILLETS (DAB): **CAIXA ELETRÔNICO**

Vous savez s'il y a un DAB **près d'ici?**
Você sabe se tem um caixa eletrônico aqui perto?

RETIRER DE L'ARGENT: **SACAR DINHEIRO**

J'ai besoin de retirer de l'argent **de mon compte pour faire quelques paiments.**
Preciso sacar dinheiro da minha conta para fazer alguns pagamentos.

LA RETRAITE: **A RETIRADA**

La retraite **permise est de € 1000 dans ce DAB. C'est un montant considérable!**
A retirada permitida é de 1000 euros neste caixa eletrônico. É um montante considerável!

RETOURNER: **VOLTAR (CHEQUES)**

Le chèque est retourné**. Je pense qu'il n'a pas de provision.**
O cheque voltou. Acho que ele não tem fundo.

CHÈQUE SANS PROVISION: **CHEQUE SEM FUNDO**

En général, les banques font payer un taux pour les chèques sans provision/à découvert.[11]
Os bancos normalmente cobram uma taxa pelos cheques sem fundo.

VERSER/DÉPOSER: **DEPOSITAR**

Si vous préférez, vous pouvez verser **l'argent directement sur mon compte bancaire.**
Se preferir, pode depositar o dinheiro diretamente em minha conta bancária.

11. A expressão **à decouvert** tanto pode significar cheque sem fundo quanto cheque especial. Depende do contexto.

ENCAISSER UN CHEQUE: TROCAR/DESCONTAR UM CHEQUE

Je dois passer à la banque pour encaisser ce chèque.
Preciso passar no banco para descontar este cheque.

BOURSE: BOLSA DE VALORES

Joseph investit la plupart de son argent à la Bourse (supõe-se, de valores).
Joseph investe a maior parte de seu dinheiro na bolsa de valores.

ACTIONS: AÇÕES

Acheter des actions peut être un risque si vous ne savez pas comment fonctionne la Bourse.
Comprar ações pode ser um risco se você não sabe como a bolsa de valores funciona.

8. RELACIONAMENTOS - RELATIONS

8.1 Um novo namorado (Diálogo) - Un nouveau petit copain (Dialogue)

Faixa 41

Patricia: Tu as l'air bien, toi! Tu sembles bien différente dernièrement. En forme, plus élégante... Raconte... quelles sont les nouvelles?

Caroline: Ce n'est pas évident?

Patricia: Non, je n'ai aucune idée. Dis-moi!

Caroline: Eh ben, j'ai connu un mec bien!

Patricia: Génial! Alors, je vois maintenant la raison de toute cette transformation. Un nouveau copain! Qui est-ce? Je le connais? Comment il est? Raconte-moi tout!

Caroline: Non, tu ne le connais pas. Il est brun aux yeux châtains, ni grand ni petit... plutôt moyen. Très sympa, souriant, bavard, toujours de bonne humeur. Regarde. J'ai sa photo ici sur mon portable. Il est beau, non?

Patricia: Oui, il n'est pas mal! Tu as eu de la chance!

Caroline: Je sais.

Patricia: Il a quel âge, lui?

Caroline: Dix-neuf. Mais il aura vingt ans bientôt.

Patricia: C'est super, Patricia!

» Veja a tradução desse diálogo na p. 314

NOTA CULTURAL 28: O DIA DOS NAMORADOS

NOTE CULTURELLE 28: LA SAINT-VALENTIN

Comemora-se o Dia dos Namorados em 02 de fevereiro, data da festa de **Saint Valentin** (São Valentino). Aliás, desde o século XV, o dia de São Valentino é destinado aos apaixonados. Tal como no Brasil, que comemora esta data em 12 de junho, costuma-se festejá-la oferecendo-se flores, presentes, cartões e declarações apaixonadas a quem se ama.

8.2 Descrevendo características físicas (Frases-chave) - Décrire les caractéristiques physiques (phrases clés)

DESCREVENDO CARACTERÍSTICAS FÍSICAS: ALTURA E PESO - DÉCRIRE LES CARACTÉRISTIQUES PHYSIQUES: LA GRANDEUR ET LE POIDS

Il/elle est comment? - Como é ele/ela?
Il est petit/grand/moyen - Ele é baixo/alto/ de estatura mediana.
Elle est petite/grande/moyenne. - Ela é baixa/alta/de estatura mediana.
Il est mince/maigre/gros/rond. - Ele é magro/magérrimo/gordo/gordinho.
Elle est mince/maigre/grosse/ronde. - Ela é magra/magérrima/gorda/gordinha.
Il est normal/elle est normale. - Ele/ela é normal.
Son poids est moyen. - Ele/ela tem peso mediano.
Il/elle est élancé(e)/élégant (e). - Ele/ela é esguio(a)/elegante.

DESCREVENDO CARACTERÍSTICAS FÍSICAS: CABELOS E OLHOS - DÉCRIRE LES CARACTÉRISTIQUES PHYSIQUES: LES CHEVEUX ET LES YEUX

Il/elle a les cheveux longs/courts. - Ele/ela tem cabelos compridos/longos/curtos.
Il est blond/elle est blonde. - Ele é loiro/ela é loira.
Il est brun/elle est brune. - Ele é moreno/ela é morena.
Il est blond aux cheveux courts. - Ele é loiro de cabelo curto.
Elle est brune aux cheveux longs. - Ela é morena de cabelo comprido.
Il est roux/elle est rousse - Ele é ruivo/ela é ruiva.
Il a les cheveux châtains frisés. - Ele tem cabelo castanho cacheado/crespo.
Il/elle a des cheveux raides. - Ele/ela tem cabelo liso.
Il/elle a des cheveux frisés. - Ele/ela tem cabelo ondulado.
Il/elle a des yeux clairs/noirs/marron/châtains/verts/bleus. - Ele/ela tem olhos claros/negros/castanhos/verdes/azuis.
Il/elle a les yeux châtains. - Ele/ela tem olhos castanhos.
Elle a des yeux bleus. - Ela tem olhos verdes/azuis.

DESCREVENDO OUTRAS CARACTERÍSTICAS FÍSICAS - DÉCRIRE D'AUTRES CARACTÉRISTIQUES PHYSIQUES

Il est chauve. - Ele é careca.
Il est un peu chauve. - Ele é um pouco calvo.
Il/Elle porte une perruque. - Ele/Ela usa peruca.
Il a une barbe. - Ele tem/usa barba.
Il a une moustache. - Ele tem bigode.
Il a un bouc - Ele usa/tem cavanhaque.
Elle est jolie/très jolie. - Ela é bonita/linda.
Il est mignon/elle est mignonne. - Ele/ela é fofo(a).
Il/elle est rond (e). - Ele/ela é rechonchudo(a)/gordinho(a).
Il est costeau. - Ele é forte e atarracado.

Il est bien musclé. - Ele é sarado.
Il est gros. - Ele é gordo.
Elle est un peu au-dessus du poids. - Ela está um pouco acima do peso.
Elle a la taille fine. - Ela tem cintura fina.
Elle a des anches larges. - Ela tem quadril largo.
Il a de larges épaules. - Ele tem ombros largos.
Il est attirant/séducteur/dragueur - Ele é atraente/sedutor/paquerador.
Elle est attirante/séductrice/dragueuse. - Ela é atraente/sedutora/paqueradora.

8.3 Descrevendo traços de personalidade (Frases-chave) - Décrire les traits de la personnalité (phrases clés)

DESCREVENDO TRAÇOS DE PERSONALIDADE - DÉCRIRE LES TRAITS DE LA PERSONNALITÉ

Il/elle est comment? - Como ele/ela é? (referindo-se à personalidade)
Comment est votre soeur?/votre frère? - Como é a sua irmã?/seu irmão?
Il est ouvert/décontracté/extroverti/extraverti/amical/tendre/chaleureux - Ele é aberto/descontraído/extrovertido/amigável/terno/caloroso.
Elle est ouverte/décontractée/extrovertie/extravertie/amicale/tendre/chaleureuse.
Il est poli et responsable/Elle est polie et responsable - Ele é educado e responsável/ela é educada e responsável.
Il est timide et introverti. - Ele é tímido e introvertido.
Elle est timide et introvertie. - Ela é tímida e introvertida.
Il est sérieux, compétent et fiable. - Ele é sério, competente e confiável.
Elle est sérieuse, compétente et fiable. - Ela é séria, competente e confiável.
Il est intellectuel et méthodique. - Ele é intelectual e metódico.
Elle est intellectuelle et méthodique. - Ela é intelectual e metódica.
Il est bavard et marrant. - Ele é falante e engraçado.
Elle est bavarde et marrante. - Ela é falante e engraçada.
Il est animé /elle est animée. - Ele é animado/ela é animada.
Il est mûr et patient. - Ele é maduro e paciente.
Elle est mûre et patiente. - Ela é madura e paciente.
Il est perfectionniste et organisé. - Ele é perfeccionista e organizado.
Elle est perfectionniste et organisée. - Ela é perfectionista e organizada.
C'est un garçon tranquille. - Ele é um cara tranquilo.
C'est une fille gentille/généreuse. - É um garota gentil/generosa.
Il est compréhensif et solidaire. - Ele é compreensivo e solidário.
Elle est compréhensive et solidaire. - Ela é compreensiva e solidária.
Il a un caractère[1] difficile. - Ele tem um temperamento difícil.

1. Le caractère = le tempérament.

Il est super/génial/tendre/doux/fabuleux/sensationnel/exceptionnel/fantastique/formidable/ extraordinaire. - Ele é demais/genial/extraordinário/terno/meigo/fabuloso/sensacional/excepcional/fantástico/formidável

Elle est super/géniale/tendre/douce/fabuleuse/sensationnelle/exceptionnelle/fantastique/formidable/ extraordinaire - Ela é demais/genial/terna/meiga/fabulosa/sensacional/excepcional/fantástica/ formidável.

DESCREVENDO OUTROS TRAÇOS DE PERSONALIDADE - DÉCRIRE D'AUTRES TRAITS DE LA PERSONNALITÉ

Il/elle est amusant (e). - Ele é divertido/ela é divertida.
Il/elle est affectueux/affectueuse. - Ele é afetuoso/ela é afetuosa.
Il/elle attentieux/attentieuse. - Ele é atencioso/ela é atenciosa.
Il/elle est sincère. - Ele é sincero/ela é sincera.
Il est franc/elle est franche. - Ele é franco/ela é franca.
Il/elle est honnête. - Ele é honesto/ela é honesta.
Il est créatif/elle est créative. - Ele é criativo/ela é criativa.
Il/elle est efficient (e)/efficace. - Ele/ela é eficiente/eficaz.
Il/elle est appliqué (e). - Ele é aplicado/ela é aplicada.
Il/elle est discipliné (e). - Ele é disciplinado/ela é disciplinada.
Il/elle est charmant (e). - Ele é charmoso/ela é charmosa.
Il/elle est élégant/élégante. - Ele/ela é elegante.
Il/elle est sensible. - Ele/ela é sensível.
Il est loyal/elle est loyale. - Ele/ela é leal.

DESCREVENDO TRAÇOS NEGATIVOS DA PERSONALIDADE - DÉCRIRE LES CARACTÉRISTIQUES NÉGATIVES DE LA PERSONNALITÉ

Il/elle est impatient (e). - Ele/ela é impaciente.
Il est arrogant/elle est arrogante. - Ele/ela é arrogante.
Il est pédant/elle est pédante. - Ele/ela é pedante.
Il est ennuyant/elle est ennuyante. - Ele é chato/ela é chata.
Il/elle est égoïste. - Ele/ela é egoísta.
Il est mesquin/elle est mesquine. - Ele é mesquinho/ela é mesquinha.
Il est avare/elle est avare. - Ele é avarento/ela é avarenta.
Il est radin/elle est radine. - Ele é pão-duro/ela é sovina.
Il est exigeant/exigeante. - Ele/ela é exigente.
Il est cupide/elle est cupide. - Ele é ganancioso/ela é gananciosa.
Il est ambitieux/elle est ambitieuse. - Ele é ambicioso/ela é ambiciosa.
Il est jaloux/elle est jalouse. - Ele é ciumento/ela é ciumenta.
Il est gâté/elle est gâtée. - Ele é mimado/ela é mimada.
Il est grossier /elle est grossière. - Ele é grosseiro/ela é grosseira.
Il/elle est mal elevé (e). - Ele é mal-educado/ela é mal-educada.
Il/elle est insupportable - Ele/ela é insuportável.

Il/elle est très désagréable. - Ele/ela é muito desagradável.
Il est très agité/elle est très agitée. - Ele é muito agitado/irrequieto/ela é muito agitada/irriquieta.
Il est négligent/elle est négligente. - Ele é negligente/relapso/ela é negligente/relapsa.

8.4 As separações são sempre difíceis! (Diálogo) - Les séparations sont toujours difficiles! (Dialogue)

Faixa 42

Sandrine: Mon Dieu! Tu es très abattue! Qu'est-ce qui ne va pas?
Susanne: Jacques et moi, on a rompu.
Sandrine: Pourquoi? Qu'est-ce qui s'est passé?
Susanne: Et bien, pour commencer, il m'a menti plusieurs fois. Et la semaine dernière, j'ai découvert qu'il sortait avec Jeannine, la jolie fille qui joue au volley à l'école. J'en ai assez! Ça suffit!
Sandrine: Je sais ce que tu veux dire et ce que tu sens. Moi même, j'ai déjà vécu des situations pareilles. Mais, ne t'inquiète pas. Ça va passer.
Susanne: J'espère! Je suis bien déprimée en ce moment.
» Veja a tradução desse diálogo na p. 315

8.5 Vocabulário ativo: Namorando - Vocabulaire actif: Sortir avec quelqu'un

» Veja Vocabulário ativo: Amor, sexo e relacionamentos na vida cotidiana p. 150

SORTIR (AVEC QUELQU'UN): **NAMORAR, ESTAR SAINDO COM ALGUÉM**

Denise semble être beaucoup plus heureuse depuis qu'elle a commencé à sortir avec **Michel.**
Denise parece muito mais feliz desde que começou a namorar o Michel.

AVOIR RENDEZ-VOUS: **TER UM ENCONTRO COM**

Sophie se maquille et met toujours ses meilleurs vêtements chaque fois qu'elle a rendez-vous **avec un nouveau copain.**
A Sophie sempre se maquia e veste as melhores roupas toda vez que tem um encontro com um novo namorado.
Ton rendez-vous **est à quelle heure?**
O seu encontro é a que horas?

ÊTRE AMOUREUX/AMOUREUSE (DE QUELQU'UN): **ESTAR APAIXONADO(A) (POR)**

Les personnes n'ont pas l'habitude de réfléchir quand elles sont amoureuses**.**
As pessoas não têm o hábito de pensar muito quando estão apaixonadas.

Être amoureux rend les gens plus heureux.
Estar apaixonado deixa as pessoas mais felizes.
Paul est très amoureux de Jeannine.
Paul está muito apaixonado por Jeannine.

TOMBER AMOUREUX (EUSE) DE QUELQU'UN: **APAIXONAR-SE POR (ESTAR CAÍDO POR ALGUÉM)**
AVOIR UN COUP DE FOUDRE/AVOIR UN FLASH: **AMOR À PRIMEIRA VISTA**

Raymond est tout de suite tombé amoureux de Céline. Pour lui, c'était vraiment un coup de foudre.
Raymond se apaixonou imediatamente pela Céline. Para ele, foi realmente amor à primeira vista!

SE FLASHER SUR QUELQU'UN: **APAIXONAR-SE POR ALGUÉM**

Denise et Claude voient la vie en rose. Ils se sont flashés l'un sur l'autre!
A Denise e o Claude estão vendo a vida cor de rosa. Estão se apaixonaram!

SORTIR SÉRIEUSEMENT: **NAMORAR FIRME**

Nicolas n'est jamais sorti sérieusement avec une fille. Il n'aime que s'amuser.
Nicolas nunca namorou firme nenhuma garota. Ele só gosta de curtir.

S'ENTENDRE: **TER UM BOM RELACIONAMENTO COM; ENTENDER-SE COM; DAR-SE BEM COM**

Bernard et Sophie ont décidé de se séparer, car ils n'arrivaient plus à s'entendre.
Bernard e Sophie decidiram se separar pois já não conseguiam mais se entender.

AMOUR AVEUGLE: **AMOR CEGO**

Quand les personnes sont amoureuses, ils ne voient que le bon côté de leurs compagnons. Exactement comme dans le proverbe: l'amour est aveugle!
Quando as pessoas estão apaixonadas só conseguem enxergar o lado bom de seus parceiros. Exatamente como no provérbio: O amor é cego!

ROMPRE LE RAPPORT/ROMPRE AVEC QUELQU'UN: **TERMINAR UM RELACIONAMENTO; ROMPER COM ALGUÉM**

On était bien surpris au moment où Cathie nous a dit qu'elle avait rompu avec David.
A gente ficou bem surpreso quando Cathie nos disse que tinha rompido seu relacionamento com o David.

SURMONTER: **SUPERAR (O FIM DO RELACIONAMENTO)**
OUBLIER: **ESQUECER**

Linda a mis longtemps pour oublier son ex-copain et surmonter toute la situation.
Linda levou bastante tempo para esquecer o ex-namorado e superar toda a situação.

RENOUER; SE RÉCONCILIER: **REATAR**
FAIRE LA PAIX: **FAZER AS PAZES**

J'ai été bien content de savoir que Benoît et Charlotte ont fait la paix après deux mois de rupture.
Fiquei bem contente de saber que Benoît e Charlotte fizeram as pazes depois de dois meses de término (do namoro).

SE MARIER: **CASAR-SE**
MARIAGE: **CASAMENTO**

Tu savais que George et Hélène vont se marier? Ils ont annoncé leur mariage la semaine dernière.
Você sabia que o Georges e a Hélène vão se casar? Eles anunciaram o casamento na semana passsada.

FIANÇAILLES (PL): **NOIVADO**

Le jour de ses fiançailles, la fianceé a reçu une belle bague en diamant.
No dia do noivado, a noiva recebeu um belo anel de brilhantes.

ÊTRE FIANCÉ(E) À QUELQU'UN: **ESTAR NOIVO(A) DE ALGUÉM**

Stella et Denis sont fiancés depuis un an plus ou moins.
Stella e Denis estão noivos há mais ou menos um ano.

FIANCÉ: **NOIVO**
FIANCÉE: **NOIVA**

LUNE DE MIEL: **LUA DE MEL**
VOYAGES DE NOCES: **VIAGEM DE NÚPCIAS**

Les jeunes mariés vont passer leur lune de miel aux Bahamas. Excellente idée pour un voyage de noces, non?
Os recém-casados vão passar a lua de mel nas Bahamas. Excelente ideia para uma viagem de núpcias, não?

8.6 Convidando uma colega de trabalho para jantar (Diálogo) - Inviter une collègue à dîner (Dialogue)

Faixa 43

Luc: Tu fais quelque chose ce soir?
Julia: Non, pas vraiment. Pourquoi?
Luc: Bien, j'ai pensé qu'on pourrait dîner quelque part...
Julia: Dîner? Formidable et...pour quelle raison? Tu fêtes quelque chose?
Luc: Pas forcément. Juste parce que ça fait longtemps qu'on ne s'est pas parlé... Je ne sais pas...

On est collègue depuis longtemps, mais je te vois peu... on ne se connaît pas bien. J'aimerais peut-être avoir plus de temps pour te parler....et te connaître mieux...C'est ça.

Julia: C'est une bonne idée. Je vais adorer. La seule chose c'est que, après le travail, je voudrais rentrer chez moi pour me doucher et me changer.

Luc: Pas de problème. Je peux passer te chercher plus tard à la maison. Ça te dit?

Julia: Cool!

Luc: Alors, à partir de quelle heure est-ce que je peux venir te chercher?

Julia: 8 heures?

Luc: D'accord! À plus tard, alors.

Julia: À plus!

» Veja a tradução desse diálogo na p. 315

NOTA CULTURAL 29: PACS - A UNIÃO LIVRE LEGALIZADA

NOTE CULTURELLE 29: PACS - L'UNION LIBRE LÉGALISÉE

A união livre (ou concubinato) entre pessoas maiores de idade, de sexo diferente ou do mesmo sexo, ganhou novo status a partir da Lei 99-944 de 15 de dezembro de 1999 que estabelece e reconhece o Pacto Civil de Solidariedade - PACS - como uma nova forma de coabitação. O verbo **pacser**, aliás, que significa "unir-se através do PACS" e que prevê praticamente as mesmas garantias entre as partes, já faz parte do vocabulário contemporâneo francês.

8.7 Convidando alguém para fazer algo (Frases-chave) - Inviter quelqu'un à faire quelque chose (phrases clés)

Ça te dit de dîner avec moi demain? - Que tal jantar comigo amanhã?

Tu aimerais/voudrais aller dîner avec moi demain? - Você gostaria de jantar comigo amanhã?

» Veja No restaurante - Frases-chave p. 81

Et si on allait déjeuner dimanche? - E se a gente fosse almoçar domingo?

Qu'est-ce que tu me dis d'aller déjeuneur avec moi demain? - O que você acha de almoçar comigo amanhã?

Qu'est-ce que tu penses d'un déjeuner demain? - O que você acha de um almoço amanhã?

Tu as envie de sortir ce soir? - Você está com vontade de sair hoje à noite?

» Veja Saindo para se divertir - Frases-chave p. 71

Ça te dit d'aller au cinéma samedi prochain? - Que tal ir ao cinema neste sábado?

Qu'est-ce que tu penses d'aller au cinéma samedi prochain? - O que acha de ir ao cinema sábado que vem?

Qu'est-ce que tu penses d'un apéro après le travail? - Que tal ir tomar um drinque depois do trabalho?

Tu veux pas boire un coup avant de rentrer? - Você não quer tomar um trago antes de voltar para casa?

Qu'est-ce que tu veux faire ce soir? - O que você está a fim de fazer hoje à noite?
Qu'est-ce que vous avez l'intention de faire? - O que vocês/os senhores estão pretendendo fazer?
J'ai envie de danser. Qu'est-ce que tu penses d'aller à une discothèque ce soir? - Estou com vontade de dançar. O que você acha de ir a uma discoteca hoje à noite?
Dimanche je compte faire du vélo. Tu veux venir ensemble? - Domingo eu quero fazer um passeio de bicicleta. Você quer vir junto?
» Veja Vocabulário 10: Esportes p. 192
On peut faire un tour. - A gente pode dar uma volta.
On peut boire un coup/un verre. - A gente pode tomar um trago/um copo.

8.8 Fica para a próxima (Diálogo) - Une autre occasion (Dialogue)

Faixa 44

Philippe: Ouf! Ça suffit pour aujourd'hui.
Thierry: Tu as raison! Qu'est-ce que tu penses de prendre un verre[2] au bistrot du coin? Il y a un bon kir.
Philippe: Une autre occasion. Aujourd'hui je suis crevé. Tout ce que je veux c'est rentrer et me détendre. On laisse pour une prochaine fois.
Thierry: Oh, allons-y, il n'est même pas 6 heures. On ne reste qu'une demi-heure. Ça va te faire du bien.
Philippe: Pour te dire franchement, je ne me sens pas du tout bien. J'ai une migraine insupportable. Je préfère aller me reposer. Demain on y va, d'accord? C'est promis!
Thierry: Ok, cette fois-ci tu as gagné!
» Veja a tradução desse diálogo na p. 315

8.9 Recusando um convite educadamente - Refuser poliment une invitation

Merci pour l'invitation, mais ce soir je ne peux pas. Une autre fois, peut-être? - Obrigado por me convidar, mas não posso hoje à noite. Uma outra hora, talvez?
J'adorerais, mais ce soir je suis pris(e) déjà. On peut laisser pour une autre occasion? - Eu adoraria, mas já estou ocupado. Podemos deixar para uma outra hora?
Je suis desolé (e), mais samedi prochain j'ai déjà un compromis/programme - Desculpe, mas sábado que vem já tenho um compromisso/um programa.
Excusez-moi, mais vendredi je ne peux pas. Une autre occasion, peut-être? - Desculpe, não posso na sexta. Talvez uma outra hora? Uma outra oportunidade?
On peut laisser pour une prochaine fois? - Podemos deixar para uma próxima vez?

2. **Prendre un verre/un apéritif** - Tomar um trago, um aperitivo

Pardon, mais je n'ai vraiment pas envie de sortir ce soir. - Desculpe, mas realmente não estou com vontade de sair hoje à noite.
Je ne suis pas sûr(e) si j'ai déjà un autre compromis/engagement à l'heure que vous me proposez. Est-ce que je peux vous rappeler pour confirmer? - Não tenho certeza se já tenho um compromisso nesse horário que você está me propondo. Posso ligar depois para confirmar?

8.10 Você deveria sair com mais frequência (Diálogo) - Tu devrais sortir plus souvent (Dialogue)

Faixa 45

Daniel: Michel, qu'est-ce qui se passe? Tu n'as pas l'air bien!
Michel: C'est vrai...
Daniel: Alors, qu'est-ce qui t'arrive?
Michel: Je crois que ça fait déjà longtemps que je ne m'amuse pas. En fait, je ne fais que travailler...
Daniel: Mais tu devrais sortir plus souvent et rencontrer plus de gens!
Michel: Je sais. Mais c'est que je travaille tellement ces derniers temps que je n'ai pas le temps de faire autre chose.
Daniel: Écoute, on peut aller à une boîte de nuit, ou peut-être à un club! Qu'est-ce que tu en penses?
Michel: Un club? Ce soir? Je ne crois pas... Tu sais, je suis vraiment crevé.
Daniel: Allez, mon vieux, le non n'est pas dans mon vocabulaire. Je refuse d'accepter une réponse négative. Je passe te chercher vers 9 heures du soir pour pizza et après une soirée à la disco, d'accord?
» Veja a tradução desse diálogo na p. 316

8.11 Você deveria sair com mais frequência (Frases-chave) - Tu devrais sortir plus souvent (phrases clés)

ANIMANDO/TRANQUILIZANDO AS PESSOAS - ANIMER/RASSURER LES GENS

Ne t'inquiète pas/Ne vous inquiétez pas - Não se preocupe com isso.
Ne te fais pas trop de soucis/Ne vous faites pas trop de soucis - Não se preocupe com isso.
Ne t'en fais pas - Não se preocupe.
Ne vous en faites pas. - Não se preocupe.
Pourquoi est-ce que tu ne te confies pas à un ami? - Por que você não desabafa com um amigo?
Tous les gens se sentent comme ça quelquefois. - Todos se sentem assim às vezes.
Tout le monde se sent comme ça quelquefois - Todo mundo se sente assim às vezes.
Il n'y a pas de raison pour te sentir comme ça. - Não há razão para sentir-se assim.
Tu vas réussir, si tu essaies. - Você vai conseguir, se tentar.
Tenez le coup/tenez le moral! Ça va passer. - Aguenta firme aí! Vai passar.

Anime-toi. Ne te décourage pas, il n'y a pas de motif pour te sentir comme ça. - Anime-se. Não perca a coragem, não há motivo para você se sentir assim.
Allez! Il n'y a pas de raison pour ça. - Vamos! Não há razão para isso.

FAZENDO UM ELOGIO A ALGUÉM - FAIRE UN ÉLOGE À QUELQU'UN

Très bien! - Muito bem!
Bravo! - Bravo!
Bravo pour le travail! - Bom trabalho!
Continue comme ça! - Continue assim!
Mes félicitations! - Meus parabéns!
Mes compliments pour le travail! - Meus cumprimentos pelo trabalho!
C'est comme ça qu'il faut faire! - É assim que se faz!
Je suis impressionné (e). - Estou impressionado(a).
Tu t'en es bien sorti(e) ce matin! - Você se saiu muito bem esta manhã!
Vous vous en êtes bien sorti(e) ce matin! - O(a) senhor(a) se saiu muito bem esta manhã!
Vous avez un très bon français/anglais/portugais. - Você/o senhor tem um francês/um inglês/um português muito bom.
Votre français est très bien. - Seu francês é muito bom.
Vous parlez très bien français/portugais! - Você fala muito bem francês/português!
Vous êtes très en forme! - Você está ótima(o)!
Vous êtes très jolie avec cette robe./Elle vous va très bien. - A senhora fica muito bonita com esse vestido. Ele lhe cai muito bem.
Vos cheveux sont jolis comme tout! Vous avez changé quelque chose? - Seu cabelo está lindo! Você mudou alguma coisa?
Oh là là! Quel joli **look**![3] Tu es très très belle! - Nossa! Que look lindo! Você está muito muito linda!
Vous avez un bel appartement/une belle maison. - Você tem um(a) apartamento/casa lindo(a).
Quelle maison chouette! - Que casa bacana!

8.12 Acho que lhe devo desculpas (Diálogo) - Je crois que je te dois des excuses (Dialogue)

Faixa 46

Pierre: Est-ce que je peux te parler un instant?
Solange: Bien sûr.
Pierre: Je crois que je te dois des excuses pour ce que je t'ai dit hier.
Solange: Et bien, pour te dire sincèrement, j'ai été vraiment fâchée avec toi. Je ne méritais pas avoir écouté tout cela.

3. **Look:** Trata-se de um anglicanismo muito usual hoje em dia, sobretudo no mundo da moda.

Pierre: Oui, et en plus, je n'aurais pas dû dire des bêtises ni mentionner des choses du passé. Je suis vraiment désolé de ce que je t'ai dit. Tu peux me pardonner?
Solange: Tout le monde fait des erreurs....
Pierre: Pas de ressentiments, alors?
Solange: D'accord! Oublions tout ce qui s'est passé.
» Veja a tradução desse diálogo na p. 316

8.13 Pedindo desculpas (Frases-chave) - Demander des excuses (phrases clés)

PEDINDO DESCULPAS (A) - DEMANDER DES EXCUSES (A)

J'aimerais te demander des excuses pour ce qui s'est passé hier. - Queria pedir desculpas pelo que aconteceu ontem.
Je suis désolé(e) de ce que j'ai dit hier. - Sinto muito pelo que eu disse ontem.
Je m'excuse d'avoir été si grossier(ère). - Peço desculpas por ter sido tão grosseiro(a).
Je te dois des excuses/je vous dois des excuses. - Eu lhe devo desculpas.
Je pense que j'ai eu une réaction exagérée. - Acho que tive uma reação exagerada.
Je voudrais retirer ce que j'ai dit sur... - Eu queria retirar o que disse sobre...
Je sais que j'aurais dû faire cela avant, mais je n'ai pas eu le temps. - Eu sei que deveria ter feito isso antes, mas não tive tempo.
Je regrette de devoir annuler notre rendez-vous. Vous croyez que nous pouvons fixer une autre date? - Sinto muito por ter que cancelar nosso encontro. Você acha que podemos remarcar?

PEDINDO DESCULPAS (B) - QUAND ON DEMANDE DES EXCUSES (B)

Je n'ai pas eu l'intention d'interrompre/de déranger/de perturber. - Não tive intenção de interromper/atrapalhar/perturbar.
Je n'ai pas eu l'intention de... - Não tive intenção de...
Je n'ai pas pu éviter. - Não pude evitar.
Je m'excuse de cet inconvénient. - Sinto pelo inconveniente.
Pardon pour le retard. - Desculpe o meu atraso.
Je m'excuse du retard. Ça ne se passera pas une autre fois. Ça ne va pas arriver une autre fois. - Desculpe o atraso. Não vai acontecer de novo.
La fête est magnifique, mais je dois vraiment m'en aller. - A festa está ótima, mas eu preciso mesmo ir embora.
Pardon, mais je dois vraiment partir, car demain matin je me réveille très tôt. - Desculpe, mas eu preciso mesmo ir embora, pois tenho que levantar muito cedo amanhã.
Tu serais capable de pardonner mon comportement? - Você seria capaz de perdoar meu comportamento?
Vous pourriez pardonner mon attitude? - Você poderia perdoar a minha atitude?
Je n'ai pas eu l'intention de t'offenser/de te blesser. - Não tive a intenção de te ofender/de te magoar.

ACEITANDO UM PEDIDO DE DESCULPAS - ACCEPTER DES EXCUSES

Ce n'est pas grave/Ça ne fait rien/Pas de problème - Tudo bem!/Não faz mal/Não tem problema.
Vous êtes tout excusé (e). - Desculpas aceitas.
Je sais que tu n'as pas eu l'intention de faire ça. - Sei que você não teve a intenção de fazer isso.
Sans problèmes! - Sem problemas!
Oublie ça/Laisse tomber! - Esquece/Deixa pra lá!
Tout le monde fait/commet des erreurs. - Todo mundo comete erros.
Sans ressentiments! - Sem ressentimentos!

8.14 É por isso que eu adoro este lugar! (Diálogo) - C'est pour ça que j'adore cet endroit! (Dialogue)

Faixa 47

Grégoire: Regarde la nana[4] qui vient d'arriver!
Paul: Elle est bien jolie. Un canon![5]
Grégoire: Les filles ici sont très jolies, hein? Cette disco est pleine de belles filles.
Paul: Je sais. C'est pour ça que j'adore cet endroit!
Grégoire: Bon, ben, j'espère qu'on va bien s'amuser ce soir!
» Veja a tradução desse diálogo na p. 316

8.15 Des mots pour draguer -Cantadas

Tu viens souvent ici? - Você vem muito aqui?
Vous avez de beaux yeux, vous savez? - Você tem belos olhos, sabia?
Vous ressemblez à quelqu'un que je connais - Você parece com alguém que eu conheço.
On ne se connaît pas, par hasard? - Não nos conhecemos, por acaso?
Tu danses très bien! - Você dança muito bem!
Vous avez un joli sourire! - Você tem um lindo sorriso!
Tu es plus belle quand tu souris - Você fica mais bonita quando sorri.
Qu'est-ce que tu es belle/jolie! - Como você é bonita/linda!
Je peux m'asseoir ici? - Posso me sentar aqui?
Ça vous dis de boire un verre avec moi? - Que tal tomar um drinque comigo?
Est-ce que je peux vous payer un apéritif/vous inviter à un apéritif? - Posso lhe pagar um drinque/um aperitivo?/Posso convidá-la(o) para um aperitivo?

4. la nana = a garota, a mina.
5. Canon = literalmente canhão, em francês.
Canon = mulherão, gata
Contrariamente ao português que possui um sentido pejorativo para o adjetivo **canhão**, no francês significa um mulherão.

Vous voulez boire quelque chose? - Quer beber alguma coisa?
Que diriez-vous de découvrir ensemble la cuisine japonaise? - O que você diria de descobrirmos juntos a cozinha japonesa?

8.16 Vocabulário ativo: Amor, sexo e relacionamentos na vida cotidiana - Vocabulaire actif: Amour, sexe et relations amicales dans la vie quotidienne

» Veja Vocabulário ativo: Namorando p. 141

FILLE: **GAROTA**
NANA: **"MINA", "GATA"**

Cet endroit est plein de belles nanas!
Este lugar está cheio de gatinhas!

DRAGUER, FLIRTER: **PAQUERAR, FLERTAR**

Tu connais Fred. Il est toujours en train de draguer quelqu'un.
Você conhece o Fred. Está sempre paquerando alguém.

DRAGUEUR/DRAGUEUSE: **NAMORADOR, NAMORADEIRA, PAQUERADOR(A)**

Fais attention à Jean. Tu sais qu'il est bien connu pour être un grande dragueur.
Cuidado com o Jean. Você sabe que ele é bem conhecido por ser superpaquerador.
Richard est tellement dragueur que ça fait de la peine.
Richard é tão paquerador que dá até pena.

QUITTER: **"DAR O FORA EM ALGUÉM", ABANDONAR ALGUÉM; LARGAR**

Nely n'a pas cru que son copain l'avait quittée pour une autre fille.
Nely não acreditou que seu namorado a tivesse largado por uma outra menina.

FINIR LE RAPPORT/ROMPRE LE RAPPORT: **ROMPER COM ALGUÉM; TERMINAR UM RELACIONAMENTO**
TROMPER/TRAHIR: **ENGANAR, TRAIR**

Jane a rompu le rapport avec son copain parce qu'elle a découvert qu'il la trompait avec d'autres nanas.
Jane rompeu o relacionamento com o namorado porque descobriu que ele a enganava com outras garotas.

COUCHER AVEC QUELQU'UN: **DORMIR (DEITAR) COM ALGUÉM, TRANSAR**

Tu crois que Diego a couché avec Claire?
Você acha que o Diego transou com a Claire?

ATTENTION!

BAISER: TRANSAR, COM CONOTAÇÃO BEM MAIS FORTE. ATENÇÃO, POIS, DEPENDENDO DO CONTEXTO, O VOCÁBULO PODE SER CONSIDERADO DE BAIXO CALÃO.

EMBRASSER; FAIRE LA BISE, FAIRE DES BISOUS: BEIJAR, DAR UM BEIJO, DAR BEIJOS.
PRENDRE DANS SES BRAS: ABRAÇAR

Il m'prise dans ses bras et il m'a embrassée.
Ele me abraçou e me beijou.

UN RAPPORT SANS COMPROMIS: RELACIONAMENTO PASSAGEIRO.

Neil est déjà fatigué d'avoir des relations sans compromis.
Neil já está cansado de relacionamentos sem compromisso.

TRAHIR/ÊTRE INFIDÈLE: TRAIR, SER INFIEL

Son mari l'a trahie avec sa meilleure amie.
Seu marido a traiu com a sua melhor amiga.

PRÉSERVATIF; CAPOTE ANGLAISE, DUREX (MARQUE): PRESERVATIVO, CAMISINHA

En matière de sexe, il ne faut pas prendre des risques. Il vaut mieux acheter des préservatifs.
Em matéria de sexo, não se deve correr riscos. É melhor comprar camisinhas.

9. VIVENDO, APENAS! (PARTE 1) - VIVRE, TOUT SIMPLEMENT! (1ère PARTIE)

9.1 A rotina diária (Diálogo) - La routine de tous les jours (Dialogue)

Faixa 48

Jean: Michel, quelle est votre routine?
Michel: Bon, je me réveille à 7 heures du matin, je me douche, je prends mon petit déjeuner et à 8 heures, je pars travailler.
Jean: Et normalement vous arrivez au travail à quelle heure?
Michel: Vers 8 heures et demie, si la circulation est bonne.
Jean: Vous lisez le journal tous les jours?
Michel: En fait, non. Malheureusement je n'ai pas le temps de lire le journal tous les jours. Mais je le fais pendant le week-end, pour me mettre au courant des principales nouvelles de la semaine. De toute façon, je consulte Internet tous les jours. Et j'ai l'habitude de regarder le journal télévisé de 23 heures.
Jean: Donc, vouz n'allez pas vous coucher très tôt, non?
Michel: Vers minuit, en général.
Jean: Vous n'êtes pas fatigué le lendemain matin?
Michel: Pas vraiment. Sept heures de sommeil me sont suffisantes. D'habitude, je me lève en pleine forme!
» Veja a tradução desse diálogo na p. 317

9.2 Falando sobre hábitos e rotinas (Frases-chave) - Parler de ses habitudes et de sa routine (phrases clés)

Je cours cinq kilomètres par jour. - Corro cinco quilômetros por dia.
Normalement, Marie fait ses devoirs l'après-midi. - Normalmente, Marie faz a lição de casa à tarde.
Mon réveil sonne toujours à 7 heures du matin. - Meu despertador sempre toca às 7 horas da manhã.
Je ne vais jamais dormir avant 10 heures du soir. - Eu nunca vou dormir antes das 10 horas da noite.
En général, je me couche vers 11 heures du soir. - Em geral, eu me deito por volta das 11 horas da noite.
Quelquefois je sors avec des amis/des copains vendredi soir. - Às vezes eu saio com os amigos/colegas sexta-feira à noite.
On va rarement au travail en voiture. - Raramente vamos de carro para o trabalho/Raramente a gente vai ao trabalho de carro.
Ils arrivent rarement en retard au travail. - Eles raramente chegam atrasados ao trabalho.

9.3 A vida no Brasil e na França (Diálogo) - La vie au Brésil et en France (Dialogue)

Faixa 49

William: Est-ce que tu as déjà pensé aux différents modes de vie au Brésil et en France?
Marc: Quelquefois j'y pense, oui. Surtout quand je vois des films français et brésiliens. C'est une excellente manière de connaître les deux façons de vivre et de les comparer. C'est très enrichissant.
William: Conduire, par exemple. En France, surtout à Paris, la plupart des gens préfèrent prendre le métro ou le bus à rouler en voiture. Comme il n'y a pas assez de garages dans les immeubles, les voitures doivent être garées dans les garages publics, dans les parkings ou même dans la rue. Si les propriétaires partent le matin en voiture, le soir, quand ils rentrent, ils risquent de ne plus avoir de place. Tu vois la complication?
Marc: Je vois. Au Brésil, au contraire, dans les grandes capitales, les gens sont capacles de passer des heures et des heures dans des embouteillages! Quel courage!
William: La façon de manger est un peu différente aussi. Les Français ont l'habitude de prendre les repas par étapes; l'ordre du service est bien respecté: l'entrée, le plat principal, le fromage, le dessert, même dans un repas très simple, tandis qu'au Brésil on mange tout ensemble. Et à n'importe quelle table, il faut avoir le plat traditionnel, à base de riz et de haricots.
Marc: C'est justement ça qui est fascinant, non?
William: C'est vrai. Et vive les différences!
» Veja a tradução desse diálogo na p. 317

NOTA CULTURAL 30: CINEMA E GASTRONOMIA
NOTE CULTURELLE 30: CINÉMA ET GASTRONOMIE

Em Paris, o cinema e a gastronomia se encontram, e a cidade recebe o maior número de locações de cinema no mundo. Por exemplo, o Restaurant **Le Grand Colbert**, perto da rue de Rivoli, foi cenário do filme **Alguém tem que ceder**, e oferece um serviço sofisticado, além de pratos deliciosos. Para quem quer se sentir no filme **O Fabuloso destino de Amélie Poulain**, é possível tomar um café ou mesmo um aperitivo, como o Kir, no **Café des Deux Moulins**, na rue Lépic, onde foi feita a maioria das cenas.

9.4 Fazendo comparações (Frases-chave) - Faire des comparaisons (phrases clés)

COMPARAÇÕES DE IGUALDADE - COMPARATIF D'ÉGALITÉ

» Veja "Guia de referência gramatical": O comparativo e o superlativo p. 276
Paul est **aussi** grand **que** Pierre. - Paul é tão alto quanto Pierre.
Une BMW coûte **aussi** cher **qu'**une Mercedes. - Uma BMW custa tão caro quanto uma Mercedes.

Voyager par le Brésil é aussi intéressant que voyager par l'Amérique Latine. - Viajar pelo Brasil é tão interessante quanto viajar pela América Latina.
Le temps ici est aussi froid que dans quelques régions de France. - O tempo aqui é tão frio quanto em algumas regiões da França.

COMPARAÇÕES DE SUPERIORIDADE - COMPARAISONS DE SUPÉRIORITÉ

» Veja "Guia de referência gramatical": O comparativo e o superlativo p. 276
Un appartement petit est **moins** cher **qu'**une grande maison. - Um apartamento pequeno é mais barato (menos caro) do que uma casa grande.
Le climat au Brésil est **plus** chaud **qu'**aux États-Unis. - O clima no Brasil é mais quente do que nos Estados Unidos.
Une grande maison coûte **plus** cher **qu'**un pavillon. - Uma casa grande custa mais caro do que um sobrado.
Cette chambre-là est **plus** spacieuse **que** celle-ci. - Aquele quarto é mais espaçoso do que este.

SUPERLATIVO - SUPERLATIF

» Veja "Guia de referência gramatical": O comparativo e o superlativo p. 276
Le Brésil est **le** pays **le plus grand** d'Amérique du Sud. - O Brasil é o maior país da América do Sul (atenção à diferença de construção nas duas línguas).
La chaise marron est **la plus lourde** de toutes les autres. - A cadeira marrom é a mais pesada de todas.
São Paulo est **le** centre financier **le plus** important du Brésil. - São Paulo é o centro financeiro mais importante do Brasil.
Ce film de science-fiction est le plus intrigant que je n'ai jamais vu dans toute ma vie. - Esse filme de ficção científica é o mais intrigante que eu já vi em toda a minha vida.

9.5 Está quente aqui! (Diálogo) - Il fait chaud ici! (Dialogue)

Faixa 50

David: Qu'est-ce qu'il fait chaud ici! C'est vraiment insupportable! On ne peut pas brancher l'air conditionné?
Bertrand: Je voudrais bien l'allumer, mais il est en panne.
David: Ah non, ce n'est pas possible!
Bertrand: Il faut le faire réparer. J'ai téléphoné à l'électricien mais il m'a dit qu'il ne pourrait faire le service que dans deux jours.
David: Ah, mon Dieu. Je crois que je vais à la piscine!
Bertrand: Je pense que j'y vais plus tard, moi aussi.
» Veja a tradução desse diálogo na p. 317

9.6 Quando se diz o que se sente (Frases-chave) - Dire ce qu'on sent (phrases clés)

J'ai froid/j'ai chaud. - Estou com frio/estou com calor.
Je tremble de froid. - Estou tremendo de frio.
Je suis heureux/je suis heureuse. - Estou feliz.
Je suis triste. - Estou triste.
Je suis animé (e). - Estou animado(a).
J'ai la pêche. - Estou com pique.
Je suis surpris (e). - Estou surpreso(a).
J'ai peur. - Estou com medo (tenho medo).
Je suis terrifié (e). - Estou aterrorizado(a).
J'ai de l'espoir. - Estou esperançoso.
Je suis fâché (e). - Estou bravo(a).
J'ai honte. - Estou com vergonha (tenho vergonha); estou envergonhado(a).
J'ai faim. - Estou com fome.
Je meurs de faim! - Estou morrendo de fome!
J'ai soif. - Estou com sede (tenho sede).
Je ne suis pas en forme. - Não estou bem.
Je ne me sens pas bien. - Não estou me sentindo bem.
Je suis de bon humeur. - Estou de bom humor.
Je suis de mauvais humeur. - Estou de mau humor.
Je n'ai pas envie de danser/sortir. - Não estou com vontade de dançar/sair.
J'ai envie de nager. - Estou com vontade de nadar.
J'ai envie de manger une glace. - Estou com vontade de tomar um sorvete.
J'ai vraiment envie de danser. - Estou realmente a fim de dançar.

9.7 Sentindo-se cansado (Diálogo) - Se sentir fatigué (Dialogue)

Faixa 51

François: Je suis vraiment fatigué! On ne peut pas rentrer? Tu sais que je ne supporte pas de faire du lêche vitrine.[1]
Ruth: Pardon, chéri, mais j'ai encore quelques courses à faire.
François: Ah non! Encore? Qu'est-ce qu'il faut acheter cette fois-ci?
Ruth: Les chaussures. Tu ne t'en souviens pas? Elles sont en solde en ce moment et j'aimerais voir ce qu'il y a en promotion...Je vais juste jeter un coup d'oeil dans ce nouveau magasin pour voir si ça vaut la peine.
François: Ça te gêne si je t'attends dans un café? On peut se retrouver dans une demi-heure.
Ruth: Ah, mais tu sais que j'aime connaître ton avis. En plus, je me sens mieux quand tu me dis qu'un article me va bien!
François: D'accord! Allons finir cette corvée vite fait.
Ruth: Ne t'en fais pas! Je vais être rapide et on sortira d'ici tout de suite, ok?
François: Ouf! J'espère!
» Veja a tradução desse diálogo na p. 318

9.8 Sentindo-se cansado - Quando on se sent fatigué (phrases-clé)

Je suis fatigué. (e) - Estou cansado(a).
Je me sens fatigué. (e) - Eu me sinto cansado(a).
Je suis mort(e) de fatigue. - Estou morto(a) de cansaço.
Je suis crevé (e). - Estou acabado(a)/morto(a).
Je suis épuisé (e). - Estou esgotado(a)/exausto(a).
Je suis débordé (e). - Estou sobrecarregado(a) de trabalho/assoberbado(a).
Je ne me sens pas très bien. - Não estou me sentindo muito bem.
» Veja Sentindo-se doente - Frases-chave p. 94
Je suis un peu indisposé (e). - Estou um pouco indisposto(a).
Je me sens indisposé (e). - Eu me sinto indisposto(a).

1. **Faire du lêche vitrine:** expressão idiomática que siginifica "olhar as vitrines".

9.9 Um dia muito difícil (Diálogo) - Une journée très dure (Dialogue)

Faixa 52

Mathieu: Qu'est-ce qui t'arrive? Tu n'as pas l'air bien...
Claude: J'ai eu une journée vachement difficile.
Mathieu: Alors, qu'est-ce qui s'est passé?
Claude: Ben, pour commencer, ce matin le pneu de ma voiture a crevé quand j'allais au bureau. Mais, ce n'est pas tout!
Mathieu: Alors, quoi de plus?
Claude: Quand je suis finalement arrivé au bureau, je me suis rendu compte que j'avais simplement oublié ma serviette à la maison, pleine de rapports importants! Tu vois le pépin?
Mathieu: Non! Tu as dû retourner à la maison pour la récupérer?
Claude: C'est ça. Et devine ce qui s'est passé quand j'étais en train de revenir?
Mathieu: Je n'en ai aucune idée.
Claude: Les bouchons, mon ami! À cause d'un accrochage, il y avait des embouteillages partout et on ne pouvait pas rouler. J'ai mis plus d'une heure pour arriver. Par conséquent, j'ai raté toutes les réunions, celle avec nos représentants et l'autre avec nos fournisseurs. Génial, non?
Mathieu: On dirait que tu as eu vraiment une journée très dure!
» Veja a tradução desse diálogo na p. 318

9.10 Sentindo-se mal (Frases-chave) - Quand on ne se sent pas bien (phrases clés)

» Veja Sentindo-se doente - Frases-chave p. 94

Je suis déprimé. - Estou deprimido(a).
Je déprime. - Estou ficando deprimido(a).
Je suis de mauvaise humeur. - Estou de mau humor.

Je suis énnervé (e). - Estou nervoso(a).
Je suis tendu (e). - Estou tenso(a)
Je suis nerveux/nerveuse. - Estou uma pilha de nervos.
Je suis contrarié (e). - Estou contrariado(a).
Je suis desanimé (e)/découragé. (e). - Estou desanimado(a).
Je me sens seul. - Sinto-me só (solitário).
Je suis **à côté de mes pompes**. - Sinto-me deslocado.
Je ne me sens **pas bien dans ma peau**. - Não estou muito bem comigo mesmo(a)/na minha pele.
Je me sens nul/nulle et moche. - Estou me sentindo inútil e horrível.
Tu n'as pas une bonne mine. - Você não está com a cara (aparência) boa.
Vous n'avez pas une bonne mine aujourd'hui. - Vocês não estão com a cara boa hoje.
Tu es un peu abattu (e). - Você está um pouco abatido(a).
Vous êtes un peu abattu (e). - O senhor está um pouco abatido(a).
Ma famille me manque. - Minha família me faz falta.
J'ai **le cafard**. - Estou na fossa.
Je suis irritée (e). - Estou irritado(a).
Je suis agacé (e). - Estou irritado(a).
Je suis ennuyé (e). - Estou entediado(a).
Je suis furieux avec elle/Je suis furieuse avec lui. - Estou furioso com ela/estou furiosa com ele.
J'en ai assez de.../J'en ai marre de.../j'en ai ras le bol... - Estou farto de.../Estou de saco cheio de...
Je suis préoccupé(e) de... - Estou preocupado(a) com...
Je suis inquiet/inquiète de... - Estou preocupado(a) com...
Je suis anxieux/anxieuse. - Estou ansioso(a).
Je suis deçu(e). - Estou decepcionado(a).

Être à côté de ses pompes: expressão usual que, numa tradução literal, significa, estou fora do sapato (deslocado, perdido).

Se sentir mal dans peau/Ne pas se sentir bien dans sa peau: expressão usual que, numa tradução literal, quer dizer, não estou me sentindo muito bem na minha pele (não estou bem comigo mesmo).

Cafard quer dizer barata, em francês. Avoir le cafard significa que a pessoa está passando por um momento de desânimo.

Também podemos empregar algumas expressões com o sentido positivo:
Avoir la pêche - Estar com pique (ter pique).
J'ai la pêche **ce matin.**
Estou com pique esta manhã.

Avoir l'air radieux - Estar radiante (com uma aparência radiante).
Qu'est-ce qui t'arrive? Tu as l'air radieux!
O que está acontecendo com você? Você está radiante!

Avoir une bonne mine - Estar com uma cara (aparência boa)
Vous avez une bonne mine ce soir.
Vocês estão com uma cara ótima esta noite.

9.11 Você pode me dar uma mão? (Diálogo) - Vous pouvez me donner un coup de main? (Dialogue)

Faixa 53

Nadine: Edouard, est-ce que vous pouvez me donner un coup de main? Je suis en train de ranger le bureau.
Édouard: Bien sûr. Qu'est-ce que vous voulez que je fasse?
Nadine: Vous pouvez déplacer ces boîtes-ci et les mettre dans l'autre salle? Elles sont trop lourdes pour moi!
Édouard: Bien sûr. Et où est-ce que vous voulez que je les mette exactement?
Nadine: Sur l'étagère, à côté de la fenêtre.
Édouard: Très bien... Allons-y, au travail! C`est vrai qu'elles pèsent, hein?! Ce n'est pas évident! Mon Dieu, qu'est-ce que vous avez mis là-dedans?
Nadine: Que du papier. Ouf! Merci!
» Veja a tradução desse diálogo na p. 319

9.12 Pedindo ajuda e favores (Frases-chave) - Demander de l'aide et des services (phrases clés)

Vous pouvez me donner un coup de main...? - O senhor pode me dar uma mão com...?
Tu peux me donner un coup de main? - Você pode me dar uma mãozinha?
Vous pouvez m'aider à... - O senhor/você pode me ajudar a...
Tu peux m'aider à... - Você pode me ajudar a...
Vous pouvez/pourriez me rendre un service? - O senhor pode/poderia me fazer um favor?
Tu peux/pourrais me rendre un service? - Você pode/poderia me fazer um favor?
Je pensais que tu pourrais... - Eu estava pensando que você poderia...

9.13 Obrigado pela carona! (Diálogo) - Merci pour l' auto-stop! (Dialogue)

Faixa 54

Robert: Salut, Stéphane, où est-ce que tu vas?
Stéphane: Salut Robert! Ben, je vais près de l'Opéra. Ça t'intéresse? Tu peux venir avec moi!
Robert: Justement... J'allais prendre le métro pour aller aux Galeries Lafayette! Oh, quelle chance!
Stéphane: Ça tombe bien, alors. Entre!
Robert: Ah, ça c'est vraiment très sympa de ta part. Merci!
» Veja a tradução desse diálogo na p. 319

9.14 Agradecendo às pessoas (Frases-chave) - Remercier les gens (phrases clés)

Merci beaucoup pour le/la... - Muito obrigado pelo/a...
C'est très gentil/très aimable/très sympa de votre part, merci. - É muito gentil/amável/simpático de sua parte, obrigado.
Je vous remercie de votre aide! - Eu agradeço pela sua ajuda!
Merci infiniment! - Muito obrigado mesmo! (infinitamente)
Mille mercis. - Mil obrigados.
Je ne sais comment vous en remercier. - Não sei como posso lhe agradecer por isso.
Merci! Je vous en dois une. - Obrigado! Fico te devendo uma.
La prochaine fois, c'est à moi de t'aider. - Da próxima vez, sou eu que tenho que te ajudar.
Merci pour l'auto-stop/pour le tuyau/pour la combine/pour la compagnie/pour la recommandation /pour le coup de main/pour le service. - Obrigado pela carona/pela dica/pela companhia/pela recomendação/pela mão que me deu/pelo favor.

10. VIVENDO, APENAS! (PARTE 2) - VIVRE, TOUT SIMPLEMENT (2ème PARTIE)

10.1 Como era a vida antes dos computadores (Diálogo) - Comment était la vie avant les ordinateurs (Dialogue)

Faixa 55

Frédéric: Tu peux imaginer comment était la vie quand on n'avait pas d'ordinateurs?
Marc: Très dûre, j'imagine. Figure-toi, mon grand-père avait une machine à écrire, sans aucune mémoire, c'est-à-dire qu'il tapait ses rapports et c'était un document unique, sans copie, ni enregistrement. Tu te rends compte? J'ai du mal à croire que ça pouvait marcher. On ne peut pas comparer ça avec toutes les ressources actuelles pour le traitement de textes, par exemple. Sans compter le reste! Tu vois, les ordis[1] ont tout à fait changé la vie des gens!
Frédéric: C'est vrai. Pense à la vie sans e-mails:[2] inimaginable! Le courrier électronique a représenté une véritable révolution dans les communications.
Marc: J'envoie et je reçois des méls tous les jours. Franchement, je ne peux pas concevoir ma vie sans ce machin.[3] Je crois que nous sommes vraiment une génération qui a de la chance. Dans ce sens, la qualité de la vie est vraiment meilleure.
Frédéric: Sincèrement, je n'en suis pas très sûr. Il faut toujours considérer l'autre côté. À cause de la technologie, les gens travaillent beaucoup plus, il n'y a pas le même romantisme des cartes postales et des lettres envoyées par la poste et, en plus, on a toujours l'impression d'être plus exposé et surveillé...
Marc: Tu as raison. Avec l'ordinateur portable[4] et la facilité d'accès des mobiles, les méls et les coups de fils ne s'arrêtent jamais, n'importe quand...et n'importe où. Oh là là... la vie change!
» Veja a tradução desse diálogo na p 319.

1. **Ordi:** abreviação de **ordinateur**, computador em francês.
2. **E-mail:** trata-se de um anglicismo muito usual; em francês, podemos empregar também os termos **mél** ou **courriel**.
3. **Machin = truc:** negócio, treco, troço.
4. **Portable:** pode ser tanto o celular quanto o computador, dependendo do contexto. Para o celular, temos ainda o termo **mobile**.

10.2 Vocabulário ativo: Fazendo uso dos computadores - Vocabulaire actif: Se servir usage des ordinateurs

LE WEB (WWW)/LE RÉSEAU WEB: **A REDE MUNDIAL DE COMPUTADORES CONECTADOS.**

SITE INTERNET/UN SITE WEB: **SITE NA INTERNET**

Pourquoi vous ne créez pas un site Internet? Ce serait très utile pour la diffusion de vos produits.
Por que vocês não criam um site? Seria muito útil para a divulgação de seus produtos.

ARROBASE (@): **ARROBA, PARA INDICAR ENDEREÇOS DE E-MAIL**
POINT. COM: **PONTO COM; USADO EM ENDEREÇOS DE E-MAIL**
ADRESSE ÉLECTRONIQUE: **ENDEREÇO ELETRÔNICO OU E-MAIL.**

Quelle est votre adresse électronique?
Qual é o seu endereço eletrônico?
Notez mon adresse électronique: robertbinot@netcourrier.com.fr (Robert Binot, "arrobase", netcourrier, point com, point fr)
Anote meu endereço eletrônico: robertbinot@netcourrier.com.fr (Robert Binot, arroba, netcourrier, ponto com, ponto fr)

SAISIR, TAPER: **DIGITAR**
EXPÉDITEUR/ÉMETTEUR: **EXPEDIDOR, EMISSOR**
DESTINATAIRE: **DESTINATÁRIO**

N'oubliez pas de taper le nom du destinataire du message!.
Não se esqueça de digitar o nome do destinatário da mensagem!

INTERNAUTE: **INTERNAUTA**

EXPÉDIER: **EXPEDIR**
POSTER: **POSTAR**
ENVOYER: **ENVIAR**
FAIRE PARVENIR: **ENVIAR, FAZER CHEGAR.**
REMETTRE: **REMETER**

ENVOYER UN E-MAIL/UN MÉL/UN MESSAGE: **ENVIAR/MANDAR UM E-MAIL**
ENVOYER PAR E-MAIL/PAR MÉL: **ENVIAR POR E-MAIL/VIA E-MAIL.**

S'il vous plaît, pouvez-vous m'envoyer ce document par mél dès que possible?
Por favor, você pode me enviar esse documento por e-mail assim que possível?
Je vais lui faire parvenir le contrat par e-mail un peu plus tard
Vou lhe enviar o contrato por e-mail um pouco mais tarde.

LOGGER/SE CONNECTER SUR INTERNET: **ACESSAR A INTERNET; CONECTAR-SE À INTERNET**

La plupart des enfants de cinq ans savent déjà se connecter sur Internet.
A maioria das crianças já sabem se conectar à internet/entrar na internet.

MOT DE PASSE: **SENHA, CÓDIGO**

Tu ne vas pas réussir à accéder au système et entrer dans la page d'accès sans un mot de passe.
Você não vai conseguir acessar o sistema e entrar na **home page** sem uma senha.

EN LIGNE: **ON-LINE (ANGLICISMO ADOTADO PELO PORTUGUÊS).**

PAGE D'ACCUEIL: **PRIMEIRA PÁGINA DE UM SITE, PÁGINA PRINCIPAL, HOME PAGE.**

Pourriez-vous vérifier le nom complet ou la raison sociale de la société pour qu'on puisse entrer dans sa page d'accueil, s'il vous plaît?
Você pode checar o nome completo ou a razão social da empresa para que possamos entrar na home page, por favor?

INTERNET CAFÉ/CYBER CAFÉ: **CYBER CAFÉ, LAN HOUSE**

On va à un cyber café. J'ai besoin de voir mon courrier électronique.
Vamos a um cyber café. Preciso checar meu correio eletrônico.

SURFER SUR LE WEB/SURFER SUR INTERNET: **SURFAR NA INTERNET, VISITAR PÁGINAS DA INTERNET.**
NAVIGUER SUR LE WEB/NAVIGUER SUR INTERNET: **NAVEGAR NA INTERNET, VISITAR PÁGINAS DA INTERNET**

Denis passe des heures devant l'ordinateur à naviguer sur Internet. Tous les jours. Incroyable!
Denis passa horas na frente do computador navegando na internet. Todos os dias. Inacreditável!

PROVEDOR: **SERVEUR**
FICHIER: **ARQUIVO**
MOTEUR DE RECHERCHE: **SITE DE BUSCA, BUSCADOR**

Quel est votre **moteur de recherche** favori?
Qual é o seu site de busca favorito?

TÉLÉCHARGER: **BAIXAR DA INTERNET, FAZER DOWNLOAD**

Richard a un ordinateur très puissant, capable de télécharger de grands fichiers en très peu de temps.
Richard tem um computador muito potente, capaz de baixar arquivos grandes em pouco tempo.
On met plus de temps pour **télécharger** des images que des textes.
Levamos mais tempo para fazer download de imagens do que de textos.

SAUVEGARDER: **SALVAR.**
ENREGISTRER: **GRAVAR.**
COPIE; UNE COPIE DE SAUVEGARDE; UN BACKUP: **UMA CÓPIA; UM BACKUP**

J'ai sauvegardé le fichier à l'ordinateur et j'ai fait aussi une autre copie de sauvegarde sur disquette.
Eu salvei o arquivo no computador e fiz também uma outra cópia de backup em disquete.
Ne laissez pas d'enregistrer les fichiers dans un disquette ou dans un CD. Vous savez que nous devons toujours faire un backup,[5] non?
Não deixe de salvar todos arquivos em disquete ou em CD. Você sabe que devemos sempre ter um backup, não?

INTRANET: **INTRANET, REDE PRIVADA QUE INTERLIGA OS DEPARTAMENTOS DE UMA EMPRESA.**

Les grandes entreprises ont un réseau intranet pour faciliter la communication interne entre tous leurs départements et leurs services.
A maioria das grandes empresas tem rede intranet para facilitar a comunicação interna entre seus departamentos e serviços.

SUPPRIMER: **APAGAR, DELETAR[6]**

On ne peut pas oublier de supprimer les messages suspects. Ils peuvent avoir des virus.
Não se pode esquecer de deletar as mensagens suspeitas. Elas podem conter vírus.

LOGICIEL: SOFWARE
ANTIVIRUS/(PROTECTION) ANTIVIRUS: **ANTIVÍRUS[7]**
DISQUE DUR: **DISCO RÍGIDO**

Tu devrais actualiser ton logiciel de protection antivirus installé sur ton ordinateur. Tu ne vas sûrement pas vouloir qu'un virus puisse détruire ton disque dur.
Você deveria ter um antivírus atualizado instalado em seu computador. Certamente você não vai querer que um vírus possa destruir o seu disco rígido.

ACTUALISER: **FAZER UM UPGRADE, ATUALIZAR, MODERNIZAR**
ACTUALISATION: **ATUALIZAÇÃO, UPGRADE**

Vous n'allez pas faire marcher ce logiciel, à moins que tu fasses une actualisation de ton disque dur.
Você não vai conseguir rodar esse software a menos que faça um upgrade do seu disco rígido.
Il y a une nouvelle version du programme que vous êtes en train d'utiliser. D'ailleurs tu peux le télécharger gratuitement sur le réseau web.
Há uma nova versão do programa que você está usando. Aliás, você pode baixar uma atualização gratuita da internet.

5. Trata-se de um anglicismo.
6. Também são empregados os termos **effacer** e **ejecter**.
7. As duas construções (com ou sem hífen) são possíveis.

TABLEUR: PLANILHA ELETRÔNICA
TABLEAU ÉLECTRONIQUE: PLANILHA (PAINEL) ELETRÔNICA

Nous allons élaborer un tableur pour contrôler nos frais d'essence mensuels.
Vamos elaborar uma planilha para controlar nossas despesas mensais de combustível.

IMPRIMER UNE COPIE: IMPRIMIR UMA CÓPIA
IMPRESSION: CÓPIA IMPRESSA
IMPRIMANTE: IMPRESSORA

Il me faut une copie imprimée de ce document. Vous pouvez me l'imprimer s'il vous plaît?
Preciso de uma cópia impressa do documento. Você pode imprimi-la para mim, por favor?

POURRIEL/POLLUSTAGE/SPAM: MENSAGEM NÃO SOLICITADA, RECEBIDA POR E-MAIL, ENVIADA A MUITOS DESTINATÁRIOS AO MESMO TEMPO, NORMALMENTE DIVULGANDO ALGUM PRODUTO OU SERVIÇO, SPAM.[8]

Je reçois trop de pourriels tous les jours. Effectivement le spam est devenu un fléau sur le web. Est-ce que tu connais par hasard un spameur, un antipollupostage?[9]**, c'est-à-dire un logiciel capable de faire le filtrage de pourriels?**
Tenho recebido spam demais ultimamente. Realmente, o spam se tornou uma praga na web. Por acaso você conhece algum software antispam, ou seja, capaz de filtrar spams?

PIRATE INFORMATIQUE/HACKER: UM AFICIONADO POR COMPUTADORES QUE UTILIZA SEU CONHECIMENTO DE INFORMÁTICA PARA DESCOBRIR SENHAS E INVADIR SISTEMAS, HACKER.

Le pirate informatique a été arrêté, aprés avoir envahi plusieurs réseaux d'ordinateurs.
O hacker foi preso após invadir várias redes de computadores.

WEBDESIGNER: PROFISSIONAL QUE PROJETA E DESENVOLVE SITES, WEBDESIGNER.[10]

Nicolas travaille en tant que webdesigner dans une entreprise spécialisée en animation cinématographique.
Nicolas trabalha como webdesigner em uma empresa especializada em animação cinematográfica.

L'ADMINISTRATEUR DU WEB/ WEBMASTER: RESPONSÁVEL POR UM SITE NA INTERNET, WEBMASTER.

L'administrateur du site web a laissé un message en disant que toutes réclamations devraient lui être envoyées par e-mail.
O webmaster colocou uma mensagem no site dizendo que qualquer reclamação deveria ser enviadas a ele por e-mail.

8. **Spam:** trata-se de um anglicismo.
9. **Antipollupostage/antispam/spameur:** antispam.
10. **Webdesigner:** anglicismo adotado também na França.

ORDINATEUR PORTABLE: **COMPUTADOR PORTÁTIL, LAPTOP**

Si j'étais avec mon ordinateur portable, on aurait pu régler ce problème en quelques secondes.
Se eu estivesse com meu laptop, a gente poderia resolver esse problema em alguns segundos.

ORDINATEUR PORTABLE/ORDINATEUR BLOC-NOTES/NOTEBOOK: **COMPUTADOR PORTÁTIL, NOTEBOOK**

Je compte acheter un notebook. Il serait utile surtout dans mes voyages d'affaires.
Estou pensando em comprar um notebook. Ele seria útil principalmente nas minhas viagens de negócios.

10.3 E se você não fosse um webdesigner? (Diálogo) - Et si vous n'étiez pas webdesigner? (Dialogue)

Faixa 56

Lara: Alors, si vous n'étiez pas webdesigner, qu'est-ce que vous aimeriez faire?
Gérard: Franchement, je ne sais pas. Je ne peux m'imaginer à faire autre chose. Peut-être que j'aurais aimé me consacrer aux études de Vétérinaire, car j'adore les animaux.
Lara: C'est vrai? Est-ce que vous avez des animaux domestiques à la maison?
»Veja Vocabulário 23: Animais e bichos de estimação p. 213
Gérard: Bien sûr, j'ai deux chiens et un chat.
Lara: Et vous vous occupez d'eux?
Gérard: Oui, naturellement. Ma femme n'en est pas très enthousiaste, alors, c'est à moi de leur donner à manger et à boire.
»Veja a tradução desse diálogo na p. 320

10.4 Expressando preferências (Frases-chave) - Exprimer ses préférences (phrases clés)

»Veja Saindo para se divertir - Frases-chave: O que as pessoas fazem para se divertir p. 71
J'adore voyager/regarder les documentaires à la télé/voir des films/lire/écouter de la musique. - Eu adoro viajar/assistir a documentários na TV/ver filmes/ler/escutar música.
J'aime m'occuper des animaux domestiques. - Eu gosto de cuidar de animais de estimação.
J'aime voyager en province/à la campagne et respirer de l'air pur. - Gosto de viajar para o interior/para o campo e respirar ar puro.
Je suis fanatique de la cuisine végétarienne. - Sou fanático por comida vegetariana.
Je m'amuse toujours quand je vois des comédies. - Eu sempre me divirto assistindo comédias.
Je trouve les films de science-fiction très intéressants. - Acho os filmes de ficção científica muito interessantes.
Faire la queue c'est vraiment horrible! - Fazer fila é realmente horrível!
Je n'aime pas me réveiller tôt/de bonne heure. - Não gosto de me levantar cedo.

Je n'aime pas du tout les personnes autoritaires. - Não gosto nem um pouco de pessoas autoritárias/mandonas.
Je déteste attendre les retardataires. - Odeio esperar pelas pessoas que estão atrasadas.
Je ne suis pas trop sportif. - Não sou muito esportivo/Não gosto muito de fazer esporte.

10.5 Ele me parece um cara muito profissional (Diálogo) - Il me semble un mec très pro[11] (Dialogue)

Faixa 57

François: Quelles sont tes impressions sur le nouveau gars qui vient d'être embauché? C'est un bon professionnel?
Ferdinand: Je pense qu'il s'est très bien adapté. Il me semble un mec très pro.
François: Ça fait combien de temps qu'il est à l'entreprise?
Ferdinand: Trois semaines à peu près.
François: C'est vrai? Ça passe vite.
» Veja a tradução desse diálogo na p. 320

10.6 Expressando opinião (Frases-chave) - Quand on exprime son avis (phrases clés)

» Veja Por mim tudo bem! - Frases-chave: Concordando p. 174, Discordando p. 175
Je pense que c'est parfait/impeccable. - Acho que está perfeito/impecável.
Je n'en suis pas três sûr(e), j'aimerais y penser un peu plus. - Não tenho tanta certeza/não estou muito certo(a), gostaria de pensar um pouco mais.
À mon vis... - Na minha opinião...
D'après moi, je pense que... - No meu ponto de vista, acho que...
Je crois/je pense/je trouve que... - Acredito que.../acho que...
Il me semble que.../il me paraît que... - Me parece que...
Selon ce que je vois... - Da forma como eu vejo...
Il me semble un mec sérieux. - Ele me parece um cara sério.
Est-ce que je peux penser/réfléchir un peu plus avant de prendre ma décision? - Posso pensar mais um pouco antes de tomar minha decisão?

11. **Pro** (abreviação do adjetivo **professionnel/professionnelle**): profissional.

10.7 Preciso do seu conselho (Diálogo) - J'ai besoin d'un conseil (Dialogue)

Faixa 58

Fernand: Tu as une seconde?
Simon: Bien sûr. Qu'est-ce qui t'arrive?
Fernand: Rien de spécial. J'aimerais juste discuter un peu avec toi sur un petit problème que j'ai en ce moment. En fait, j'ai besoin d'un conseil.
Simon: Je suis à toi. Vas-y. Je t'écoute.
Fernand: Bientôt je vais finir le lycée et je dois passer mon bac.[12] Je voudrais peut-être faire des études de Droit comme mon père.
Simon: Ça me paraît tout à fait normal. Tu as toujours voulu être avocat.
Fernand: C'est ça le problème. Maintenant, je n'en suis plus très sûr.
» Veja a tradução desse diálogo na p. 320

NOTA CULTURAL 31: A EDUCAÇÃO NA FRANÇA
NOTE CULTURELLE 31: L'ÉDUCATION EN FRANCE

O sistema educacional francês é dividido em cinco etapas: pré-escola ou **école maternelle** (de 2 a 5 anos), facultativa; a escola primária ou **école élémentaire**, correspondendo aos quatro primeiros anos do Ensino Fundamental (de 6 a 10 anos); o **collège** (não confundir com o nosso antigo colegial), que corresponde aos quatro últimos anos do ensino fundamental (de 11 a 15 anos); o **lycée**, segundo grau (de 16 a 18 anos). Existem duas modalidades de **lycée**: o profissional, que prepara os alunos para os diplomas profissionalizantes, e o geral, que prepara os estudantes para ingressar na universidade. Durande o segundo grau **(lycée)**, os alunos se preparam para prestar um exame de conclusão, intitulado **baccalauréat**, também conhecido apenas por **BAC**. Seria o equivalente do Enem no Brasil. A primeira parte deste exame é feita durante o segundo ano do segundo grau, consistindo em provas de língua francesa (oral e escrita). Existem doze tipos de **bac**: Literatura, Ciências, Economia e Estudos Sociais, além de nove técnicos.

12. Abreviação de **baccalauréat**: exame de conclusão do Ensino Médio e que permite, entre outras escolhas, o ingresso em uma faculdade; atualmente, corresponde ao Enem. **Passer le bac:** neste sentido o verbo **passer** significa apenas prestar o exame (submeter-se) e não passar no sentido de ser aprovado.

10.8 Preciso de seu conselho sobre algo (Frases-chave) - J'ai besoin d'un conseil (phrases clés)

PEDINDO CONSELHO. - DEMANDER UN CONSEIL

Tu peux/pourrais me donner un conseil sur... - Você pode/poderia me dar um conselho sobre...
Vous pouvez/vous pourriez me donner un conseil sur... - O senhor pode/poderia me dar um conselho sobre...
Quelle est ton/votre opinion sur... - Qual a sua opinião sobre...?
Qu'est-ce que tu crois que je pourrais/devrais faire? - O que você acha que eu poderia/ deveria fazer?
Qu'est-ce que tu me conseilles/conseillerais de faire? - O que você me aconselha/aconselharia a fazer?
Que me conseilleriez-vous de faire? - O que o senhor me aconselharia a fazer?
Qu'est-ce que vous me suggérez de faire? - O que o senhor me sugere fazer?
Que ferais-tu à ma place?/Tu ferais quoi à ma place? - O que você faria no meu lugar?

DANDO CONSELHOS - DONNER DES CONSEILS

À ta place, je ferais... - No seu lugar, eu faria...
Si c`étais moi, je ne ferais pas ça. - Se fosse eu, não faria isto.
Pourquoi pas...? - Por que não...?
Je crois que tu devrais... - Eu acho que você deveria...
Je pense que vous devriez... - Eu acho que o(a) senhor(a)deveria...
Qu'est-ce que tu penses de...? - O que você acha de...? /Que tal...?
Et si tu.../et si vous...?. - E se você.../e se vocês...?

NOTA CULTURAL 32: ESTUDAR NA FRANÇA - NOTE CULTURELLE 32: ÉTUDIER EN FRANCE

Como foi dito acima, no final do Ensino Médio, o aluno presta um exame de conclusão (le Baccalauréat ou BAC) em sua própria unidade escolar. Ser aprovado nesse exame dá direito ao alunos de se inscrever na faculdade que deseja ou em outras formações de nível superior. Em linhas gerais, a estrutura do ensino de segundo e terceiro graus francês obedece à seguinte organização (observe as diferenças com o sistema brasileiro):

BRASIL	FRANÇA
Vestibular ou ENEM	Baccalauréat (BAC)
Graduação: Bacharelado ou Licenciatura (4 anos)	Licence (3 anos ou 180 créditos) Maîtrise ou Master Général (+ 1 ano)
Mestrado strictu sensu (2 anos) ou especialização lato sensu (1 ou 2 anos)	Master Recherche (1 ano ou 120 créditos) Master Professionel (1 ano ou 120 créditos)
Doutorado (3 anos)	Doutorat (3 anos)

O ano letivo na França **(la rentrée scolaire)** inicia-se no mês de setembro, após as férias de verão (julho/agosto), e vai até junho do ano seguinte. Para se matricular **(faire son inscription)** em uma escola de ensino superior, o candidato deverá cumprir três etapas distintas: a) obter um atestado de admissão da instituição francesa, pois somente com este documento será possível solicitar o visto de estudante temporário **(un visa de long séjour)** - em geral, válido por um ano - fornecido pelo consulado francês; b) fazer uma inscrição administrativa junto à escola francesa que o admitiu, legitimando seu ingresso. O certificado de escolaridade (devidamente traduzido) e a carteira de estudante são os documentos requeridos para o pedido da carteira de residente temporário **(carte de séjour)**; c) fazer a inscrição pedagógica (matrícula), que é gratuita.

10.9 Posso falar com o gerente por favor? (Diálogo) - Est-ce que je peux parler au responsable, s'il vous plaît? (Dialogue)

Faixa 59

Vendeur: Bonjour, madame! Qu'est-ce que je peux faire pour vous?
Hèlène: Je voudrais parler au responsable.
Vendeur: D'accord, mais... peut-être je pourrai vous aider si vous me dites quel est le problème.
Hélène: Eh bien, j'ai acheté cet aspirateur hier soir et, ce matin, quelle était ma surprise quand j'ai constaté qu'il ne marchait pas.
Vendeur: On vous a donné un reçu, une note?
Hélène: Bien sûr, le voilà!
Vendeur: Sans aucun problème, madame. Alors, qu'est-ce que vous préférez: changer d'appareil, de modèle, de marque ou être remboursée?
Hélène: Moi, je préfère changer d'appareil puisque j'ai bien besoin d'un aspirateur. C'est pour ça, d'ailleurs, que je suis venue ici en acheter un.
Hélène: Pas de problème, madame. Ne vous inquiétez pas, on est là pour ça. Attendez une minute, madame, s'il vous plaît. Je vous en apporte un autre, entièrement neuf.

Hélène: Merci bien. J'ai bien apprécié votre amabilité.
» Veja a tradução desse diálogo na p. 320

10.10 Posso falar com o gerente, por favor? (Frases-chave) - Est-ce que je peux parler au responsable? (phrases clés)

RECLAMANDO - RÉCLAMER/SE PLAINDRE

Je voudrais faire une réclamation sur... - Queria fazer uma reclamação sobre...
Je voudrais réclamer/me plaindre à propos... - Queria reclamar/me queixar a respeito de...
La télé/la chaîne/l'aspirateur/le mixeur que j'ai acheté(e) hier ici ne marche pas. - A televisão/aparelho de CD/o aspirador/o liquidificador que comprei aqui ontem não está funcionando.
Je voudrais rendre ce lecteur de DVD que j'ai acheté ici il y a quelques jours. - Queria devolver este DVD que comprei aqui há alguns dias.
J'aimerais changer d'appareil. - Gostaria de trocar de aparelho.
Le vendeur qui nous a servi était très grossier. - O vendedor que nos atendeu foi muito grosseiro.
La vendeuse qui nous a servi était très grossière. - A vendedora que nos atendeu foi muito grosseira.
Il/elle a été vraiment indélicat (e)/impoli (e), mal élevé (e). - Ele/ela foi muito indelicado(a), grosso(a), mal-educado(a).
Je ne crois pas que vous traitiez les gens comme ça. - Não acredito que vocês tratem as pessoas assim.
Ce n'était pas très gentil/très aimable de votre part. - Não foi muito gentil/amável de sua parte.
Vous avez été très grossier/grossière - O(a) senhor(a)foi muito grosso(a).

TRAZENDO SOLUÇÕES - APPORTER DES SOLUTIONS

Pas de problème. Notre politique est la suivante: "Satisfaction garantie ou votre argent rendu". - Sem problemas! Nossa política é a seguinte: "Satisfação garantida ou seu dinheiro de volta".
Nous regrettons beaucoup. - Sentimos muito/lamentamos muito.
Nous nous excusons de ce fait. - Nós nos desculpamos pelo ocorrido.
Excusez-nous, cela n'est pas notre façon d'agir. - Desculpe, este não é o nosso procedimento padrão.
Il y a eu un malentendu. - Houve um mal entendido.
Il a dû y avoir un malentendu. - Deve ter havido algum mal-entendido.
Nous regrettons cet inconvénient. Comment est-ce que nous pouvons vous recompenser de tout cet ennui? - Sentimos muito pelo incômodo. Como podemos compensá-lo pelo transtorno?

10.11 Por mim, tudo bem! (Diálogo) - Pour moi, ça va, pas de problèmes! (Dialogue)

Faixa 60

Richard: Qu'est-ce que tu penses de passer chez Daniel ce soir? Ça fait longtemps qu'on ne l'a pas vu.

William: Ça me paraît une bonne idée. J'aimerais bien savoir ce qu'il devient et ce qu'il fait en ce moment.

Richard: À 7 heures du soir, ça te va?

William: Un peu plus tard ce serait mieux pour moi... disons à 8 heures. C'est bon?

Richard: Impeccable. Tu veux que je passe te chercher?

William: Ah, ça serait génial. Et on pourrait aller dîner ou boire un pot, un bon vin peut-être, au Bistrot Romain. Ça te dit?

Richard: Cool![13] En plus, Daniel adore ce bistrot! À ce soir, alors!

William: À ce soir!

» Veja a tradução desse diálogo na p. 321

NOTA CULTURAL 33: O VINHO FRANCÊS - NOTE CULTURELLE 33: LE VIN FRANÇAIS

Um dos maiores produtores de vinho de qualidade do mundo, a França é responsável por um trinômio essencial na fabricação do produto: solo, qualidade das vinhas e **savoir-faire** do produtor (conhecimento transmitido de geração em geração). A Alsácia (na região nordeste, fronteira com a Alemanha) produz vinhos tintos leves com a uva **Pinot Noir** e brancos de fina qualidade, como o **Riesling**, o **Gewürztraminer** e o **Sylvaner**. Já o Vale do Loire (na região noroeste) produz tanto vinhos tintos quanto brancos e espumantes. Os brancos são considerados de altíssima qualidade. A região de **Côte du Rhône** produz principalmente vinhos tintos de excelência comprovada, potentes, com alto teor alcoólico, como o **Châteauneuf-du-Pape**. Já Bordeaux, considerada a maior região de vinhos finos do mundo, produz e exporta o Château Margaux, o Château Lafite, o Château Pétrus, verdadeiras lendas desta bebida considerada o néctar dos deuses.

10.12 Por mim tudo bem! (Frases-chave) - Pour moi, ça va, pas de problèmes! (phrases clés)

CONCORDANDO - ÊTRE D'ACCORD/EXPRIMER SON ACCORD

Je suis tout à fait d'accord. - Concordo plenamente.

Je suis complètement d'accord avec toi sur ce sujet. - Concordo plenamente com você neste assunto.

Je pense que tu as raison. - Acho que você está certo/acho que você tem razão.

13. **Cool:** anglicismo muito empregado ultimamente na França, querendo dizer "legal"!

C'est ça/c'est vrai. - É verdade/é mesmo.
Pour moi, ça va! - Por mim, tudo bem!

DISCORDANDO - NE PAS ÊTRE D'ACCORD/EXPRIMER SON DÉSACCORD

Moi, je ne suis pas d'accord avec toi. - Não concordo com você.
Moi, je ne suis pas du même avis. - Não tenho a mesma opinião.
Moi, je ne partage pas votre point de vue. - Não compartilho/não tenho o mesmo ponto de vista que o senhor/você. Eu discordo de você.
Je ne suis pas très sûr(e) d'être d'accord avec toi. - Não tenho certeza se concordo com você.
Peut-être, mais j'aimerais réfléchir un peu plus. - Talvez, mas gostaria de pensar um pouco mais.

10.13 Novos tempos, novos trabalhos (Diálogo) - Nouveaux temps, nouveaux boulots (Dialogue)

Faixa 61

Céline: Ah ton avis, comment sera le monde dans vingt ans?
Nicolas: Il est vraiment très difficile d'imaginer. Les choses se transforment si vite qu'il est pratiquement impossible de faire une prévision.
Céline: Tu crois que les gens se déplaceront pour aller travailler?
Nicolas: Bon, je pense que beaucoup de personnes travailleront chez elles. D'ailleurs, j'ai pas mal d'amis qui le font déjà, tu vois?
Céline: Et l'emploi tel qu'il est conçu aujourd`hui... tu crois qu'il existera encore? Ou on le verra disparaître?
Nicolas: Je n'en suis pas sûr. Il y a plusieurs professions qui disparaissent, mais, en revanche, il y en a d'autres qui naissent. Il est difficile de prévoir.
Céline: C'est vrai. La technologie nous a apporté d'autre services, d'autres emplois, y compris la profession de webdesigner!
» Veja a tradução desse diálogo na p. 321

II. VOCABULÁRIO
VOCABULAIRE

VOCABULÁRIO 1: PROFISSÕES
VOCABULAIRE 1: PROFESSIONS/MÉTIERS

Attention:
n.m. = nom (substantif) masculin; n.f. = nom (substantif) féminin; n.m.f. = nom masculin et féminin.

Advogado(a): (l') avocat, n.m.f.
Agente de viagens: (l') agent de voyages, n.m.f.
Agrônomo: (l') agronome, n m.
Analista de sistemas: (l') analyste de systèmes, n.m.f; (l') informaticien, n. m - (l') informaticienne, n.f.
Arquiteto(a): (l') architecte, n.m.f.
Assistente social: (l') assistant (e) social (e), n.m.f.
Atendente de balcão de companhia aérea: (l') agent de comptoir, n.m.
Ator: (l') acteur, n.m.
Atriz: (l') actrice, n.f.
Auditor: (l') auditeur, n.m.; (l') auditrice, n.f.
Balconista: (le) vendeur, n.m.; (la) vendeuse, n.f.
Bancário(a): (le) bancaire, n.m.; (la) bancaire, n.f.
Banqueiro: (le) banquier, n.m.
Barbeiro: (le) barbier, n.m.; (le) coiffeur pour hommes
Bibliotecário(a): (le) bibliothécaire, n.m.; (la) bibliothécaire, n.f.
Biólogo(a): (le) (la) biologiste, n.m.f.
Cabeleireiro: (le) coiffeur, n.m.; (la) coiffeuse, n.f.
Caixa: (le) caissier, n.m.; (la) caissière, n.f.
Cantor (a): (le) chanteur, n.m.; (la) chanteuse, n.f.
Chefe de cozinha: (le) chef de cuisine, n.m.
Comissário(a) de bordo: (le) steward, n.m. (l') hôtesse de l'air, n.f.
Comprador: (l') acheteur, n.m.; (l') acheteuse, n.f.
Consultor: (le) consultant, n.m.; (la) consultante, n.f.
Contador(a): (l') agent comptable, n.m. ou (le) comptable, n.m.
Corretor de imóveis: (l') agent immobilier, n.m.
Corretor de seguros: (l') agent d'assurances, n.m.
Corretor da bolsa: (le) courtier, n.m.; (la) courtière, n.f.
Corretor de câmbio: (l') agent de change, n.m.
Cozinheiro(a): (le) cuisinier, s.m.; (la) cuisinière, n.f.
Dançarino(a): (le) danseur, s.m.; (la) danseuse, n.f.
Dentista: (le) dentiste, s.m.; (la) dentiste, n.f.
Diretor: (le) directeur, s.m.; (la) directrice, n.f.
Diretor administrativo: (le) directeur administratif, n.m.
Diretor comercial: (le) directeur commercial, n.m.
Diretor financeiro: (le) directeur financier, n.m.
Diretor industrial: (le) directeur industriel, n.m.
Diretor de marketing: (le) directeur de marketing, n.m.

Diretor de recursos humanos: (le) directeur de ressources humaines, n.m.
Dona de casa: (la) maîtresse de maison, n.f.
Economista: (l') économiste, n.m.f.
Eletricista: (l') électricien, n.m.
Empreendedor: (l') entrepreneur, n.m.
Empreiteiro de obras: (le) superviseur de chantier, n.m.
Empresário: (l') homme d'affaires, s.m.; (le) cadre, n.m.
Engenheiro(a): (l') ingénieur, n.m.
Engenheiro(a) civil: (l') ingénieur-constructeur, n.m.; (l') ingénieur des constructions civiles, n.m.
Engenheiro(a) químico: (l') ingénieur-chimiste, n.m.
Engenheiro(a) elétrico: (l') ingénieur-électricien n.m.
Engenheiro(a) de alimentos: (l') ingénieur alimentaire, n.m.
Engenheiro(a) mecânico(a): (l') ingénieur-mécanicien, n.m.
Engenheiro(a) de produção: (l') ingénieur de production, n.m.
Engenheiro(a) de produto: (l') ingénieur des produits, n.m.
Engenheiro(a) de minas: (l') ingénieur des mines, n.m.
Encanador: (le) plombier, m.
Enfermeiro(a): (l') infirmier, m.; (l') infirmière, n.f.
Escritor (a): (l') écrivain, n.m.
Estagiário(a): (le) stagiaire, n.m.; (la) stagiaire, n.f.
Farmacêutico(a): (le) pharmacien, n.m.; (la) pharmacienne, n.f.
Faxineiro(a): (le) chargé de nettoyage, n.m.; (la) femme de ménages, n.f.
Fiscal: (l') inspecteur, n.m.; (l') agent fiscal, n.f.
Físico: physicien, n.m.; la physicienne, n.f.
Fisioterapeuta: (le) physiothérapeute, m; (la) physiothérapeute, n.f.
Fotógrafo(a): (le) photographe, n.m.; (la) photographe, n.f.
Funcionário(a) público(a): (le) fonctionnaire, n.m.; (la) fonctionnaire, n.f.
Garçom: (le) garçon, n.m.; (le) serveur, n.f.
Garçonete: (la) serveuse, n.f.
Gerente: (le) manager, n.m.; (le) responsable, n.m.; (le) gérant, m. (para hotéis, restaurantes e imobiliárias).
Gerente administrativo: (le) responsable administratif, n.m.
Gerente financeiro: (le) responsable financier, n.m.
Gerente de vendas: (le) responsable des ventes, n.m.
Gerente de marketing: (le) responsable marketing, n.m.
Gerente de recursos humanos: (le) responsable des ressources humaines, m.; (le) responsable des RH: (le) chef du personnel, n.m.
Gerente de produção: (le) chef de production, n.m.
Guia turístico: (le) guide touristique, n.m.; (la) guide touristique, n.f.
Guia acompanhante: (le) guide accompagnateur, n.m.; (l')accompagnatrice, n.f.
Intérprete: (l') interprète, n.m.f.
Jornalista: (le) journaliste, n.m.; (la) journaliste, n.f.
Lixeiro: (l') éboueur, n.m.
Mecânico: (le) mécanicien, n.m., (le) garagiste, n.m.
Médico(a): (le) médecin, n.m.; (le) docteur, n.m.; (la) femme médecin, n.f.
Motorista: (le) conducteur, n.m.; (le) chauffeur, n.m.
Motorista de ônibus: (le) conducteur de bus, n.m.
Motorista de táxi: (le) chauffeur de taxi, n.m.

Músico: (le) musicien, n.m.; (la) musicienne, n.f.
Operador de telemarketing: (l') opérateur de télémarketing, n.m.
Personal trainer: (l') entraîneur personnel, n.m.
Piloto (de avião, helicóptero): (le) pilote, n.m.; (la) pilote, n.f.
Piloto de automóveis: (le) pilote de course automobile, m.; pilote de Formule 1, n.m.
Professor(a): (le) professeur, n.m.
Professor(a) primário: (l') instituteur, n.m.; (l') institutrice, n.f.
Professor universitário: (le) professeur, n.m.; (le) professeur universitaire, n.m.
Profissional que projeta e desenvolve sites: (le) webdesigner (angliscismo), n.m.
Projetista: (le) (la) responsable des projets, n.m.f.
Promotor de vendas: (le) promoteur de ventes, n.m.;
Responsável pela força de vendas: responsable de la force de ventes, n.m.f.
Psicoanalista: (le) (la) psychanaliste, n.m.f.
Psicólogo(a): (le) psychologue, n.m.; (la) psychologue, n.f.
Químico(a): (le) (la) chimiste, n.m.f.
Recepcionista: (le) (la) réceptioniste, n.m.f.; (l') hôtesse, n.f.
Relações públicas: l'employé(e) chargé(e) des relations publiques; (les) relations publiques.
Responsável por um site na internet: (l') administrateur de web; (le) webmaster.
Secretária(o): (le) secrétaire, n.m.; (la) secrétaire, n.f.
Supervisor: (le) superviseur, n.m.; (le) contrôleur, n.m.
Técnico: (le) technicien, n.m.; (la) technicienne, n.f.
Telefonista: (le) standardiste, n.m.; (la) standardiste, n.f.
Tradutor(a): (le) traducteur, n.m.; (la) traductrice, n.f.
Vendedor(a): (le) vendeur, n.m.; (la) vendeuse, n.f.
Veterinário(a): (le) vétérinaire, n.m.; (la) vétérinaire, n.f.
Vigia: (le) gardien, n.m.; (la) gardienne, n.f.
Zelador(a): (le) (la) concierge, n.m.f.

Outras profissões

Bombeiro: (le) pompier, n.m.
Carpinteiro, marceneiro: (le) menuisier, n.m.
Delegado de polícia: (le) commissaire de police, n.m.
Pedreiro: (le) maçon, n.f.
Pintor: (le) peintre, n.m.
Policial: (le) policier; l'agent de police, n.m.

VOCABULÁRIO 2: PAÍSES E NACIONALIDADES
VOCABULAIRE 2: PAYS ET NATIONALITÉS

PAÍS	PAYS	NACIONALIDADE	NATIONALITÉ
África	Afrique	Africano(a)	Africain, Africaine
Alemanha	Allemagne	Alemão (ã)	Allemand, Allemande
Argentina	Argentine	Argentino(a)	Argentin, Argentine
Austrália	Australie	Australiano(a)	Australien, Australienne
Áustria	Autriche	Austríaco(a)	Autrichien, Autrichienne
Bélgica	Belgique	Belga	Belge, Belge
Bolívia	Bolivie	Boliviano(a)	Bolivien, Bolivienne
Brasil	Brésil	Brasileiro(a)	Brésilien, Brésilienne
Bulgária	Bulgarie	Búlgaro(a)	Bulgare, Bulgare
Canadá	Canada	Canadense	Canadien, Canadienne
Cingapura	Singapour	Cingapuriano(a)	Singapourien, Singapourienne
Chile	Chili	Chileno(a)	Chilien, Chilienne
China	Chine	Chinês/Chinesa	Chinois, Chinoise
Colômbia	Colombie	Colombiano(a)	Colombien, Colombienne
Coreia do Norte	Corée du Nord	Norte-coreano(a)	Coréen, Coréenne du Nord
Coreia do Sul	Corée du Sud	Sul-coreano(a)	Coréen, Coréenne du Sud
Cuba	Cuba	Cubano(a)	Cubain, Cubaine
Dinamarca	Danemark	Dinamarquês (a)	Danois, Danoise
Egito	Égypte	Egípcio(a)	Égyptien, Égyptienne
Equador	Équateur	Equatoriano(a)	Équatorien, Équatorienne
Escócia	Écosse	Escocês/Escocesa	Écossais, Écossaise
Espanha	Espagne	Espanhol(a)	Espagnol, Espagnole
Estados Unidos	États-Unis	Americano(a)	Américain, Americaine
Filipinas	Philippines	Filipino(a)	Philippin, Philippine
Finlândia	Finlande	Finlandês/Finladesa	Finlandais, Finlandaise
França	France	Francês/Francesa	Français, Française
Grécia	Grèce	Grego(a)	Grec, Grecque
Groenlândia	Groenland	Groenlandês(a)	Groenlandais, Groenlandaise
Guatemala	Guatemala	Guatemalteco(a)	Guatémaltèque, Guatémaltèque
Haiti	Haïti	Haitiano(a)	Haïtien, Haïtienne
Holanda	Hollande	Holandês/Holandesa	Hollandais, Hollandaise
Honduras	Honduras	Hondurenho(a)	Hondurien, Hondurienne

Hungria	Hongrie	Húngaro(a)	Hongrois, Hongroise
Índia	Inde	Indiano(a)	Indien, Indienne
Indonésia	Indonésie	Indonésio(a)	Indonésien, Indonésienne
Inglaterra	Angleterre	Inglês/Inglesa	Anglais, Anglaise
Irã	Iran	Iraniano(a)	Iranien, Iranienne
Iraque	Iraq	Iraquiano(a)	Iraquien, Iraquienne
Irlanda	Irlande	Irlandês/Irlandesa	Irlandais, Irlandaise
Islândia	Islande	Islandês/Islandesa	Islandais, Islandaise
Israel	Israel	Israelita	Israélien, Israélienne
Itália	Italie	Italiano(a)	Italien, Italienne
Jamaica	Jamaïque	Jamaicano(a)	Jamaïquain, Jamaïquaine
Japão	Japon	Japonês/Japonesa	Japonais, Japonaise
Kuait	Kuwait	Kuaitiano(a)	Kuwaitien, Kuwaitienne
Líbano	Liban	Libanês/Libanesa	Libanais, Libanaise
Marrocos	Maroc	Marroquino(a)	Marocain, Marocaine
México	Mexique	Mexicano(a)	Mexicain, Mexicaine
Nepal	Népal	Nepalês/Nepalesa	Népalais, Népalaise
Nicarágua	Nicaragua	Nicaraguense	Nicaraguayen, Nicaraguayenne
Niger	Niger	Nigerino(a) ou nigerense	Nigérien, Nigérienne
Nigéria	Nigéria	Nigeriano(a)	Nigérian, Nigériane
Noruega	Norvège	Norueguês/Norueguesa	Norvégien, Norvégienne
Nova Zelândia	Nouvelle-Zélande	Neozelandês/ Neozelandesa	Néo-zélandais, Néo-zelandaise
Países Baixos	Pays-Bas	Neerlandês (a)	Néerlandais, Néerlandaise
Panamá	Panama	Panamenho(a)	Panamien, Panamienne
Paquistão	Pakistan	Paquistanês/ Paquistanesa	Pakistanais, Pakistanaise
Paraguai	Paraguay	Paraguaio(a)	Paraguayen, Paraguayenne
Peru	Pérou	Peruano(a)	Péruvien, Péruvienne
Polônia	Pologne	Polonês/Polonesa	Polonais, Polonaise
Porto Rico	Porto Rico	Porto-riquenho(a)	Portoricain, Portoricaine
Portugal	Portugal	Português/Portuguesa	Portugais, Portugaise
Romênia	Roumanie	Romeno(a)	Roumain, Roumaine
Rússia	Russie	Russo(a)	Russe, Russe
Suécia	Suède	Sueco(a)	Suédois, Suédoise
Suíça	Suisse	Suíço(a)	Suisse, Suisse
Turquia	Turquie	Turco(a)	Turc, Turque
Uruguai	Uruguay	Uruguaio(a)	Uruguayien, Uruguayienne
Venezuela	Venezuela	Venezuelano(a)	Vénézuélien, Vénézuélienne

VOCABULÁRIO 3: NÚMEROS ORDINAIS E CARDINAIS
VOCABULAIRE 3: NOMBRES ORDINAUX ET CARDINAUX

NOMBRES CARDINAUX	NOMBRES ORDINAUX
1: Un, une	1er, 1ère: Premier, première
2: Deux	2nd: Second, 2nde: Seconde, 2ème: Deuxième
3: Trois	3ème ou 3e: Troisième
4: Quatre	4e: Quatrième
5: Cinq	5e: Cinquième
6: Six	6e: Sixième
7: Sept	7e: Septième
8: Huit	8e: Huitième
9: Neuf	9e: Neuvième
10: Dix	10e: Dixième
11: Onze	11e. Onzième
12: Douze	12e: Douzième
13: Treize	13e: Treizième
14: Quatorze	14e: Quatorzième
15: Quinze	15e: Quinzième
16: Seize	16e: Seizième
17: Dix-sept	17e: Dix-septième
18: Dix-huit	18e: Dix-huitième
19: Dix-neuf	19e: Dix-neuvième
20: Vingt	20e: Vingtième
21: Vingt et un	21e: Vingt-et-unième
22: Vingt-deux	22e: Vingt-deuxième
23: Vingt-trois	23e: Vingt-troisième
24: Vingt-quatre	24e: Vingt-quatrième
25: Vingt-cinq	25e: Vingt-cinquième
26: Vingt-six	26e: Vingt-sixième
27: Vingt-sept	27e: Vingt-septième
28: Vingt-huit	28e: Vingt-huitième
29: Vingt-neuf	29e: Vingt-neuvième
30: Trente	30e: Trentième
40: Quarante	40e: Quarantième
50: Cinquante	50e: Cinquantième
60: Soixante	60e: Soixantième
70: Soixante-dix	70e: Soixante-dixième
80: Quatre-vingts	80e: Quatre-vingtième

90: Quatre-vingt-dix	90e: Quatre-vingt-dixième
100: Cent	100e: Centième
101: Cent un	101e: Cent unième
129: Cent vingt-neuf	129e: Cent-vingt-neuvième
199: Cent-quatre-vingt-neuf	199e: Cent-quatre-vingt-dix-neuvième
200: Deux cents	200e: Deux-centième
300: Trois cents	300e: Trois-centième
1 000: Mille	$1\ 000^{e}$: Millième
1 001: Mille un	
1 999: Mille neuf cent quatre-vingt-dix-neuf	
2 000: Deux mille	
3 000: Trois mille	
9 000: Neuf mille	
9 001: Neuf mille un	
9 999: Neuf mille neuf cent quatre-vingt-dix-neuf	
10 000: Dix mille	
20 000: Vingt mille	
90 000: Quatre-vingt-dix mille	
90 999: Quatre-vingt-dix mille neuf cent quatre-vingt-dix-neuf	
100 000: Cent mille	
300 000: Trois cent mille	
900 000: Neuf cent mille	
999 999: Neuf cent quatre-vingt-dix-neuf mille neuf cent quatre-vingt-dix-neuf	
1 000 000: Un million	$1\ 000\ 000^{e}$: Millionième

Observação: Na França não se usa ponto nem vírgula entre os números escritos por extenso.

VOCABULÁRIO 4: DIZENDO AS HORAS
VOCABULAIRE 4: DIRE L'HEURE

Que horas são? - Quelle heure est-il?

Que horas são? - **Quelle heure est-il** (registro formal)
Que horas são? - **Il est quelle heure?** (linguagem familiar, registro informal)
Que horas são? - **Quelle heure il est?** (forma considerada pouco correta, porém bastante usual no dia a dia)
São sete horas da manhã. - **Il est sept heures du matin[1]: 7h30**
São sete horas da noite. - **Il est sept heures du soir: 19h00/Il est dix-neuf heures: 19h00** (horário oficial)
São sete e cinco - **Il est sept heures cinq: 7h05**
São sete e quinze - **Il est sept heures quinze: 7h15 ou Il est sept heures et quart**
São sete e vinte - **Il est sept heures vingt: 7h20**
São sete e meia - **Il est sept heures trente/sept heures et demie: 7h30**
São sete e quarenta e cinco - **Il est sep heures quarante cinq: 7h45**
São quinze para as oito - **Il est huit heures moins le quart: 7h45**
São sete e cinquenta - **Il est sept heures cinquante: 7h50**
São dez para as oito - **Il est huit heures moins dix: 7h50**
É meio-dia - **Il est midi.**
É meia-noite - **Il est minuit.**

Vocabulário adicional - Vocabulaire additionnel

Relógio de pulso - **(la) montre, f.**
Relógio de parede ou de mesa - **l'horloge, f.**
Relojoaria - **l'horlogerie, f.**
Serviço de hora certa - **l'horloge parlante, f.**
Meu relógio está adiantado. - **ma montre est en avance.**
Meu relógio está atrasado. - **ma montre est en retard.**
Sete horas em ponto. - **Il est 7 heures precises./Il est sept heures pile.**

Estar na hora - **être à l'heure** - Estamos na hora - **Nous sommes à l'heure**
Estar adiantado - **être en avance** - Estamos adiantados - **Nous sommes en avance**
Estar atrasado - **être en retard** - Estamos atrasados - **Nous sommes en retard**

1. Na língua francesa não há concordância entre o verbo e o número de horas pois se trata de um verbo impessoal, que permanece no singular.

VOCABULÁRIO 5: RELAÇÕES FAMILIARES
VOCABULAIRE 5: RELATIONS FAMILIALES (LIENS DE PARENTÉ)

Afilhada: (la) filleule, f.
Afilhado: (le) filleul, m.
Avô: (le) grand-père, m.
Avó: (la) grand-mère, f.
Avôs: (les) grands-parents, pl.
Bisavô: (l') arrière-grand-père, m.
Bisavó: (l') arrière-grand-mère, f.
Bisavôs: (les) arrière-grands-parents, pl.
Bisneta: (l') arrière-petite-fille, f.
Bisneto: (l') arrière-petit-fils, m.
Bisnetos: (les) arrières-petits-enfants, pl.
Cunhada: (la) belle-soeur, f.
Cunhado: (le) beau-frère, m.
Enteada: (la) belle-fille, f.
Enteado: (le) beau-fils, m.
Esposa: (l') épouse, f.
Filha: (la) fille, f.
Filho: (le) fils, m.
Filhos: (les) enfants, pl.
Genro: (le) gendre, m.
Irmã: (la) soeur, f.
Irmão: (le) frère, m.
Madrasta: (la) belle-mère, f.
Madrinha de batismo: (la) marraine, f.
Madrinha de casamento: (la) marraine, f.
Mãe: (la) mère, f.
Mamãe: (la) maman, f. (informal)
Marido: (le) mari, m.
Meio-irmão: (le) beau-frère, m.
Meia-irmã: (la) belle-soeur, f.
Mulher: (la) femme, f.
Neta: (la) petite-fille, f.
Neto: (le) petit-fils, m.
Netos: (les) petis-enfants, pl.
Noiva (durante o noivado): (la) fiancée, f.
Noiva (no dia do casamento): (la) fiancée, f.
Noivo (durante o noivado): (le) fiancé, m.
Noivo (no dia do casamento): (le) fiancé, m.
Nora: (la) belle-fille, f.
Padrasto: (le) beau-père, m.
Padrinho de batismo: (le) parrain, m.
Padrinho de casamento: (le) parrain, m.
Pai: (le) père, m.
Papai: (le) papa, m. (informal)
Pais: (les) parents, pl.
Parentes: (les) gens de la famille, pl.
Primo: (le) cousin, m.
Prima: (la) cousine, f.
Sobrinha: (la) nièce, f.
Sobrinho: (le) neuveu, m.
Sogra: (la) belle-mère, f.
Sogro: (le) beau-père, m.
Tia: (la) tante, f.
Tio: (l') oncle, m.
Vovó: (la) mamie, f.;(la) mémé, f. (informal)
Vovô: (le) papi, m.; (le) pépé, m. (informal)

VOCABULÁRIO 6: O AUTOMÓVEL
VOCABULAIRE 6: LA LA VOITURE

Acelerador: (l') accélérateur, m.
Airbag: (l') airbag, m.
Amortecedor: l'amortisseur, m.
Ar condicionado eletrônico: (l') air conditionné éléctronique, m.
Atendimento de urgência, guincho, mecânico: (le) service de dépannage, m.
Bagageiro: (le) porte-bagages, m.; (le) cache-bagages, m.
Banco do motorista: (le) siège du conducteur, m.
Banco do passageiro: (le) siège du passager, m.
Bateria: (la) batterie, f.
Boletim de ocorrência: (le) constat d'accident, m.
Bomba (de gasolina): (la) pompe, f.
Breque: (le) frein, m.
Breque de mão: (le) frein à main, m.
Buzina: (le) klaxon, m.
Calota: (la) calotte
Câmbio: (la) boîte de vitesses; (le) changement de vitesses, m.
Cano de escapamento: (le) tuyau d'échappement, (le) pot d'échappement
Capô: (le) capot, m.
Carteira de motorista: (le) permis de conduire, m.
Chapa: (la) plaque d'immatriculation, f.
Cinto de segurança: (la) ceinture de sécurité, f.
Conserto: (la) réparation, f.
Contravenção: (la) contravention, f.
Direção: (le) volant, m.
Embreagem: (l') embrayage, m.
Engarrafamento: (l') embouteillage; (le) bouchon, m. (familiar, gíria)
Escapamento: (le) pot d'échappement, m.
Espelho retrovisor externo: (le) rétroviseur, m.
Espelho retrovisor interno: (le) rétroviseur, m.
Estepe: (la) roue de secours, f.
Frentista: (le) pompiste, m.
Faróis: (les) phares
Farol de setas: (le) clignotant, m.
Lanterna: (l') éclairage, m.
Limpadores de para-brisa: l'essuie-glace, m.
Macaco: (le) cric, m.
Marcha: (la) vitesse, f.
Marcha-ré: (la) marche arrière, f.
Mecânico: (le) mécanicien, m.; (le) garagiste, m.
Motor: (le) moteur, m.
Motor de arranque: (le) démarreur, m.
Motorista: (le) conducteur, chauffeur, m.
Multa: (l') amende, f.; (le) P.V. (Procès Verbal), m.
Painel: (le) tableau de bord, m.
Para-brisa: (le) pare-brise, m.
Para-choque: (le) pare-chocs, m.
Pneu: (le) pneu, m.
Pneu sobressalente: (le) pneu supplémentaire, m.; la roue de secours, f.
Porta (do carro): (la) portière, f.
Porta-luvas: (la) boîte à gants, f.
Porta-malas: (le) coffre, m.
Posto de gasolina: (la) station-service, f.
Radiador: (le) radiateur, m.
Roda: (la) roue, f.
Sistema de travas centralizado: (le) verrouillage centralisé, m.

Trânsito: (la) circulation, f.; (le) trafic, m.
Teto solar: (le) toit solaire, m.
Tanque: (le) réservoir, m.
Velocímetro: (le) compteur de vitesse, m.
Vidro: (la) vitre, f.
Vidro **fumé** elétrico: (la) vitre teintée électrique, m.
Volante: (le) volant, m.

Vocabulário adicional - Vocabulaire supplémentaire

Buzinar: klaxonner
Combustível: (le) carburant, m.; (le) combustible, m.
Flex: (la) bicarburation essence, f.
Derrapar: déraper
Direção hidráulica: (le) volant réglable, m.
Este carro funciona com gasolina/álcool/diesel/eletricidade: cette voiture roule/marche à essence, à alcool, à diesel, à électricité. C'est une voiture à essence, à álcool, à diesel, à électricité
Funilaria: service de ferblanterie, m.
Injeção eletrônica: moteur à injection électronique, m.
Pneu furado: (le) pneu crevé
Levantar o carro: lever la voiture
Trocar o pneu: changer le pneu
Trocar de marcha: changer de vitesse
Revisão: (la) révision, f.
Vela: (la) bougie, m.

VOCABULÁRIO 7: A MOTOCICLETA
VOCABULAIRE 7: LA MOTOCYCLETTE/LA MOTO

Espelho: (le) rétroviseur
Freio a disco: (le) frein à disque, m.
Guidom: (le) guidon, m.
Motor: (le) moteur, m.
Pedal de apoio do piloto: (le) repose-pied du pilote, m.
Pedal de apoio do passageiro: (le) repose-pied du passager, m.
Roda: (la) roue, f.
Selim: (la) selle, f.

VOCABULÁRIO 8: A BICICLETA
VOCABULAIRE: LA BICYCLETTE/LE VÉLO

Breque: (le) frein, m.
Bomba: (la) pompe, f.
Corrente, correia: (la) chaîne
Freio dianteiro: (le) frein avant, m.
Freio traseiro: (le) frein derrière, m.
Garfo: (la) fourche, f.
Guidom: (le) guidon, m.
Marcha: (la) boîte de vitesses, f.
Pedal: (la) pédale, f.
Pneu: (le) pneu, m.
Roda: (la) roue, f.
Selim: (la) selle, f.

VOCABULÁRIO 9: ROUPAS E CALÇADOS
VOCABULAIRE 9: VÊTEMENTS ET CHAUSSURES

» Veja Vocabulário ativo: Roupas e calçados p. 191

Abrigo: (le) survêtement
Agasalho: (l') anorak, m.
Bermuda: (le) bermuda, m.
Blusa (de mulher): (la) blouse, f.; (la) veste, f.
Boné: (la) casquette, f.
Botas: (les) bottes, f.
Cachecol: (le) cache-col; l'écharpe, f.
Calção: (le) short, m.
Calças: (le) pantalon, m.; (les) pantalons, pl.
Calcinha: (le) culotte, m.; (le) slip, m.
Camisa masculina: (la) chemise, f.
Camisa feminina: (le) chemisier, m.
Camiseta polo: (le) polo; ou (la) chemise en col polo, f.
Camiseta: (le) T-shirt, m.
Camiseta regata: (le) débardeur, m.
Casaco: (le) manteau, m.
Casaquinho: (la) veste, f.
Chapéu: (le) chapeau, m.
Chinelos: (les) pantoufles, f.; (les) chaussons, m.
Chuteira: (les) chaussures à crampes, m.
Cinto: (la) ceinture, f.
Colete: (le) gilet, m.
Cueca: (le) slip, m.
Cueca samba-canção: (le) caleçon, m.
Gorro: (le) boné, m.
Gravata: (la) cravate, f.
Impermeável: (l') imperméable, m.
Impermeável de nylon: (l') imperméable en nylon, m.; ou (l') anorak, m.
Impermeável de gabardine: (l') imperméable en gabardine, m.
Jaqueta de couro: (le) blouson en cuir, m.
Jeans: (le) jean, m.
Luvas: (les) gans, m.
Luvas de lã, sem dedos: (les) moufles, pl.
Macacão: (la) salopette, f.
Maiô: (le) maillot de bain, m.
Meias soquete: (les) chaussettes, f.
Meias femininas: (les) bas, pl.
Meia-calça: (le) collant, m.
Minissaia: (la) minijupe, f.
Mocassim: (les) mocassins, m.
Moletom: (le) survêtement; (l') anorak en moletton, m.
Óculos: (les) lunettes, f.
Óculos de sol: (les) lunettes de soleil, f.
Paletó: (la) veste, f.
Peignoir: (le) peignoir, m.
Pijama: (le) pyjama, m.
Roupão (feminino e masculino): (la) robe de chambre, f.
Roupas: (les) vêtements, pl.
Roupas de baixo: (le) sous-vêtements, m.
Saia: (la) jupe, f.
Sandálias: (les) sandales, f.
Sapatos: (les) chaussures, f.; (les) souliers, m.
Short: (le) short, m.
Suéter: (le) pull, m.; (le) pull-over, m.; (le) tricot, m.
Sutiã: (le) soutien-gorge, m.
Tênis: (les) baskets, m.; (les) tennis, m.
Terno: (le) costume, m.
Vestido: (la) robe, f.

VOCABULÁRIO 10: ESPORTES
VOCABULAIRE 10: SPORTS

Asa-delta: (le) delta-plane, m.
Alpinismo: (l') alpinisme, m.
Atletismo: (l') athlétisme, m.
Basquetebol: (le) basket-ball, m.
Beisebol: (le) baseball, m.
Boliche: (le) bowling, m.
Boxe: (la) boxe, f.
Caratê: (le) karaté, m.
Ciclismo: (le) cyclisme, m.
Corrida: (le) jogging, m.;(la) course, f.
Escalade: (l') escalade, m.
Esqui: (le) ski, m.
Futebol: (le) football
Futebol americano: (le) football américain, m.
Ginástica: (la) gymnastique, f.
Golfe: (le) golf, m.
Handebol: (le) hand-ball, m.
Hóquei: (le) hockey, m.
Judô: (le) judo, m.
Motor racing: (l') automobilisme, m.
Mergulho: (la) plongée sous-marine, f.
Musculação: (la) musculation, f.
Natação: (la) natation, f.
Patinação: (le) patinage, m.
Patinação no gelo: (les) patins à glace, m.; (le) patinage, m.
Patinação artística: (le) patinage artistique, m.
Pesca: (la) pêche, f.
Ping-pong: (le) ping-pong, m.
Rugby: (le) rugby, m.
Skatismo: (le) skatisme, m.
Squash: (le) squash, m.
Surfe: (le) surf, m.
Tênis: (le) tennis, m.
Tênis de mesa: (le) tennis de table, m.
Trilha: (la) randonnée, f.
Velejar: faire de la voile, v.
Vôlei ou Voleibol: (le) volley-ball, m.
Windsurf: (le) windsurf, m.

VOCABULÁRIO 11: AFAZERES DOMÉSTICOS E OUTRAS ATIVIDADES
VOCABULAIRE 11: LES TÂCHES DOMESTIQUES ET D'AUTRES ACTIVITÉS

Cozinhar: cuisiner, faire la cuisine.
Estender a roupa: étendre le linge.
Fazer a cama: faire le lit.
Fazer um bolo: faire un gâteau.
Fazer as compras: faires les courses; faires des achats.
Lavar roupa: laver le linge; faire le linge.
Lavar roupa na máquina: faire la lessive.
Lavar os pratos: laver la vaisselle; faire la vaisselle.
Lavar roupa à mão: laver le linge (délicat) à la main.
Limpar: nettoyer.
Passar o aspirador: passer l'aspirateur.
Passar roupas: repasser.
Pôr a mesa: mettre la table; mettre le couvert.
Preparar a refeição: préparer le repas.
Regar as plantas: arroser les plantes.
Recolher a roupa: ramasser le linge.
Secar a louça: essuyer la vaiselle.
Tirar o pó: enlever la poussière.
Tirar a mesa: débarasser la table.
Varrer o chão: balayer

Vocabulário adicional – Vocabulaire supplémentaire

Aspirador de pó: (l') aspirateur, m.
Máquina de lavar roupas: (la) machine à laver, f.
Secadora: (la) sécheuse, f.
Tábua de passar roupa: (la) planche à repasser, f.

VOCABULÁRIO 12: COMIDAS E BEBIDAS
VOCABULAIRE 12: NOURRITURE ET BOISSONS

CAFÉ DA MANHÃ - PETIT DÉJEUNER

Açúcar: (le) sucre.
Adoçante: (le) sucrette (marca), m., (l') édulcorant, m..
Biscoito de água e sal: (une) biscotte, f.
Biscoito doce: (le) biscuit, m.
Bisnaga doce: (la) brioche, f.
Bolacha: (le) biscuit, m.
Bolinho (geralmente com frutas): (le) gâteau, m.
Bolo: (le) gâteau, m.
Bolo de chocolate: (le) gâteau au chocolat, m.
Café: (le) café, m.
Café com leite: (le) café au lait, m.
Café da manhã britânico (chá, suco de frutas, ovos, salsicha, bacon, queijos, pão grelhado, geleia): (le) petit déjeuner britannique, n.m.
Café da manhã continental (suco de frutas, bebida quente, pão e petits fours): (le) petit déjeuner continental, m.n.
Café puro: (le) café noir, m.
Cereais: (les) céréales, m.
Flocos de milho: (les) céreales à base de maïs.
Folhado: (le) feuilleté, m.
Croissant: (le) croissant, m.
Geleia: (la) confiture, f.
Geleia de morango: (la) confiture aux fraises, f.
Geleia de pêssego: (la) confiture à la pêche, f.
Iogurte: (le) yaourt, m.
Leite: (le) lait, m.
Manteiga: (le) beurre, m.
Margarina: (la) margarine, f.
Mel: (le) miel, m.
Melaço: (la) mélasse, f.
Milk-shake: (le) frappé, m.
Milk-shake de chocolate: (le) frappé au chocolat, m.
Ovos com bacon: (les/des) oeufs avec du bacon, m. pl.
Ovos cozidos: (les/des) oeufs dûrs, m. pl.
Ovos fritos: (les/des) oeufs au plat, m. pl.
Ovos com presunto: (les/des) oeufs au jambon, m. pl.
Ovos mexidos: (les/des) oeufs (les/des) oeufs brouillés, m. pl.
Ovos quentes: (les/ des) oeufs à la coque, m. pl.

Pãezinhos: **(les/des) pains, m. pl.**
Panquecas: **(les/des) crêpes, f. pl.; (les/des) galettes, f. pl.**
Panqueca servida quente, com geleia, mel ou manteiga: **(les/des) crêpes à la confiture, au miel, au beurre, f. pl.**
Pão: **(le/du) pain,**[1] **m.**
Pão com manteiga: **(le/du) pain avec du beurre, m.; (la) tartine, f.**
Pão de centeio: **(le/du) pain de seigle, m.**
Pão integral: **(le/du) pain complet, m.**
Pão de forma ou de miga: **(le/du) pain de mie**
Pasta de amendoim: **(la) crème de cacahouettes, f.**
Presunto: **(le/du) jambon, m.**
Queijo: **(le/du) fromage, m.**
Queijo branco: **(le/du) fromage blanc, m. (trata-se de um queijo cremoso)**
Requeijão: **(le/du) petit suisse,**[2] **m.**
Ricota: **(le/du) ricota, m.**
Rosquinha de massa frita coberta de açúcar: **(la) brioche en forme de couronne, f.**
Suco: **(le/du) jus, m.**
  Suco de frutas: **(le/du) jus de fruits, m.**
  Suco de laranja: **(le/du) jus d'orange, m.**
  Suco de maracujá: **(le/du) jus de fruit de la passion, m.**
  Suco de melancia: **(le/du) jus de pastèque, m.**
Torrada: **(le/du) toast,m.**

ALMOÇO E JANTAR – LE DÉJEUNER ET LE DÎNER

Amendoim: **(les/des) cacahouettes, m. pl.**
Aperitivo: **(l') apéritif, m.**
Arroz com feijão: **du riz avec des haricots, m.**
Azeitonas: **(les/des) olives, m.**
Batata frita: **(les/des) pommes frites, (les/des) frites, m.**
Comida italiana: **(la) cuisine italienne, f.**
Coquetel de camarões: **(le) cocktail de crevettes, m.**
Espaguete: **(le) spaghetti, m.**
  Espaguete com almôndegas: **(le/du) spaghetti avec des paupiettes, m.**
Macarrão tipo miojo: **(les/des) des nouiles, f. pl.**
Massas: **(les/des) patês, m.**
Lasanha: **(la) lasagne, f.**
Omelete: **(l') omelette, f.**
Ovos: **(les/des) oeufs, f.**

1. Na Bélgica, o pão francês, como é conhecido no Brasil é também chamado de **pain français** por sua forma alongada..
2. Na França não existe requeijão: há uma variedade de queijos leves que vão do **petit suisse** ao creme de leite desnatado, **la crème fraîche écrémée**. O queijo branco **(le fromage blanc)** é cremoso e não sólido.

Ovos cozidos: (les/des) oeufs dûrs, m. pl.
Ovos fritos: (les/des) oeufs au plat, m. pl.
Ovos mexidos: (les/des) oeufs brouillés, m.pl.
Ovos de codorna: (les/des) oeufs de caille, m.pl.

Pão de alho: (le/du) pain à l'ail, m.
Pão de mel: (le/du) pain aux épices, m.
Pão preto: (le/du) pain noir, m.
Patê: (le/du) pâté, m.
Patê de queijo: (le/du) pâté de fromage, m.
Patê de fígado: (le/du) pâté de foie, m.
Patê de fígado de ganso: (le/du) foie gras, m.
Patê de atum: (le/du) pâté de thon, m.

Queijo ralado: (le/du) fromage râpé, m.
Queijos sortidos: (de l') assiette de fromages, f.
Salada de alface: (de la) salade de laitue, f.
Salada de alface com crotons (torradinhas de pão), queijo ralado, frango fatiado e molho mostarda: (de la) salade de laitue avec des croûtons, des morceaux de poulet et de la sauce moutarde, f.
Salada de alface e tomate: (de la) salade de laitue et de tomates, f.
Salada de repolho: (de la) salade de chou, f.
Sopa: (de la) soupe, f.
Canja de galinha: (le/ du) bouillon de poule, m.
Sopa de cebola: (la/de la) soupe aux oignons, f.
Sopa de legumes: (la/de la) soupe aux légumes, f.

Suflê: (le/du) soufflé, m.
Suflê de queijo: (le/du) soufflé au fromage, m.
Suflê de espinafre: (le/du) soufflé aux épinards, m.

Uma refeição leve: un repas léger, m.
Uma refeição substancial: un repas copieux, m.

CARNE – VIANDE

Aves: (des) volailles
Bife: (du) steak, m.
Carne assada: (du) rôti de boeuf, m.
Carne bovina: (de la) viande de boeuf, f.
Carne de porco: (de la) viande de porc, f.
Costeletas de porco: (des) côtelettes de porc, f.pl.
Carne moída: (de la) viande hachée, f.
Carneiro: (du) mouton, m.
Cordeiro: (de l') agneau, m.
Codorna: (de la) caille, f.
Coelho: (du) lapin, m.

Filé de frango: (du) filet de poulet, m.
Frango: (du) poulet, m.
Frango assado: (du) poulet rôti, m.; (du) rôti de poulet, m.
Linguiça: (du) saucisson, m.
Pato: (du) canard, m.
Peito de frango: (de la) poitrine de poulet, f./(le/du) blanc de poulet, m.
Peru: (la/de la) dinde, f.
Peru assado: (la /de la) dinde rôtie, f.
Torta de frango: (de la) tarte au poulet, m.
Vitela: (du) veau, m.

FRUTOS DO MAR – FRUITS DE MER

Atum: (du) thon, m.
Bacalhau: (de la) morue, f.
Camarão: (la) crevette, f.; (des) crevettes, f.pl.
Camarão frito: (des) crevettes frites, f.pl.
Lagosta: (de la) langouste, f.
Linguado: (de la) sole, f.
Ostra: (des) huîtres, f. pl.
Peixe: (du) poisson, m.
Salmão: (du) saumon, m.
Salmão defumado: (du) saumon fumé, m.
Sardinha: (de la) sardine, f.
Truta: (de la) truite, f.

LEGUMES – LÉGUMES

Abóbora: (la) courge, f.
Abobrinha: (la) courgette, f.; (les) courgettes
Alho: (l') ail, m.
Aipo: (le) céléri, m.
Alcachofra: (l') artichaud, m.
Alface: (la) laitue, f.
Aspargos: (une, les) asperge(s), f.
Azeitonas: (une, les) olive(s), f.
Batatas: (une, les) pomme(s) de terre, f.
Berinjela: (l') aubergine, f.
Beterraba: (la) beterrave, f.
Brócolis: (le) brócolis, m.
Cebola: (l') oignon, m.
Cenoura: (une, les) carotte(s), f. pl.
Cogumelo: (les) champignons, m. pl.
Couve-flor: (le) chou-fleur, m.

Ervilhas: (les) petits-pois, m. pl.
Espinafre: (les) épinards, m. pl.
Feijão: (les) haricots, m. pl.
Lentilha: (les) lentilles, f. pl.
Milho cozido: (le) maïs cuit, m.
Nabo: (le) navet, m.
Palmito: (le) coeur de palmier, m.
Pepino: (le) concombre, m.
Pimentão: (le) poivron, m.
Quiabo: (le) gombo, m.
Rabanete: (le) radis, m.
Repolho: (le) chou, m.
Salsinha: (le) persil, m.
Tomate: (la) tomate; f.
Vagem: (des) haricots verts, m.

FRUTAS – FRUITS

Abacate: (un) avocat, m.
Abacaxi: (un) ananas, m.
Ameixa: (une) prune, f.
Banana: (une) banane, f.
Cereja: (une) cerise, f.
Coco: (une) noix de coco, f.
Damasco: (un) abricot, m.
Figo: (une) figue, f.
Goiaba: (une) goiave, f.
Laranja: (une) orange, f.
Limão: (un) citron, m.
Maçã: (une) pomme, f.
Manga: (une) mangue, f.
Maracujá: (un) fruit de la passion, m.
Melancia: (une) pastèque, f.
Melão: (un) melon, m.
Mexerica: (une) bergamote, f.
Mexeriquinha: (une) clémentine, f.
Morango: (une) fraise, f.
Papaia: (une) papaye, f.
Pêssego: (une) pêche, m.
Pera: (une) poire, f.
Toranja: (une) pamplemousse, f.
Uvas: (un) raisin, m.; (des) raisins, m. pl.

SOBREMESAS – DESSERTS

Arroz doce: du riz au lait, m.
Bolos: (des) gâteaux, m. pl.
  Bolo de chocolate: (un) gâteau au chocolat, m.
Torta de queijo: (une) tarte au fromage, m.
Salada de fruta: (une) salade de fruits, f.
Sorvete (a base de leite): (de la) glace, f.
Sorvete (a base de frutas): (du) sorbet, m.
  Sorvete de creme: (de la) glace à la vanille, f.
Sorvete de chocolate: (de la) glace au chocolat, m.
Torta de maçã: (une) tarte aux pommes, f.

FRUTAS SECAS E CASTANHAS – FRUITS SECS ET CHÂTAIGNES

Ameixa seca: (des) prunes sèches, f. pl.
Amêndoa: (une) amande, f.
Amendoim: (des) cacahouettes, m.pl.
Avelã: (une) noisette, f.
Castanha: (une) châtaigne, f.
Castanhas assadas: (des) marrons, m. pl.
Castanha-de-caju: (une) noix de cajou, f.
Castanha-do-pará: (une) noix du Brésil, f.
Tâmara: (une) datte, f.
Uva passa: (des) raisins secs, m. pl.

TEMPEROS E CONDIMENTOS – ÉPICES ET CONDIMENTS

Alcaparras: (les) crâpes, f. pl.
Azeite: (l') huile d'olive, f.
Canela: (la) canelle, f.
Condimento: (un) assaisonnement, m.; (un) condiment
Condimentado(a): assaisonnée (adj).; condimenté
Cravo-da-índia: (un) clou de girofle, m.
Catchup: (du) ketchup, m.
Maionese: (la) mayonnaise, f.
Molho: (la) sauce, f.
  Molho de tomate: (la) sauce tomate, f.
Manjericão: (le) basilic, m.
Molho condimentado: (une) sauce épicée, f.
Mostarda: (la) moutarde, f.
Orégano: (l')origan, m.
Picante: piquant (e), adj.
Pimenta (tipo malagueta): (le) piment rouge, m.
Pimenta-do-reino: (le) poivre, m.

Sal: **(le) sel, m.**
Tempero: **(un) assaisonnement, m.**
Vinagre: **(le) vinaigre, m.**

LANCHES – CASSE CROÛTE

Cachorro-quente: **un hot-dog, m.**
Hambúrguer: **un hamburger, m.**
Hambúrguer com queijo: **un cheeseburger, m.**
Misto-quente: **um Croque-monsieur, m.** (misto quente gratinado ao forno com queijo **gruyère**)
Pizza: **une pizza, f.**
Uma fatia de pizza: **un morceau de pizza, m.**
Sanduíche de atum: **un sandwich au pâté de thon, m.**
Sanduíche de frango: **um sandwich de poulet, m.**
Sanduíche de presunto e queijo: **un sandwich jambon-fromage** (em geral servido frio em uma baguete)

BEBIDAS – BOISSONS

Água: **(une) eau minérale, f.**
Água mineral com gás: **(une) eau minérale gaseuse, f.**
Café com leite: **(un) café au lait, m.; (un) café crème, m.** (cremoso)
Café puro: **(un) café noir, m.**
Cappuccino: **(un) cappuccino, m.**
Chá: **(un) thé, m.; (une) infusion, f.**
Chocolate quente: **(un) chocolat chaud, m.**
Chocolate milk: **(un) lait chocolaté, m.**
Limonada: **(une) limonade, f.**
Milkshake: **(un) frappé, m.**
Refrigerante: **(un) soda, m.**
Suco: **(un) jus**
» Veja Café da manhã p. 194

BEBIDAS ALCOÓLICAS – BOISSONS ALCOOLISÉES – SPIRITUEUX

Aperitivo: **(un) apéritif, m.; (un) apéro, m. (abreviação de aperitivo).**
Aperitivo à base de licor de cassis e vinho branco: **(un) Kir, m.**
Aperitivo à base de licor de cassis e champanhe: **(un) Kir Royal, m.**
Cerveja: **(une) bière, f.**
Chope: **(un) demi, m.**
Conhaque: **(un) cognac, m.**
Drinque feito com suco de tomate e vodca: **(un) bloody mary**
Drinque feito com tequila e suco de limão galego ou limão taiti: **(une) margarita, f.**
Gim: **(un) gin, m.**

Gim-tônica: (un) gin-tonic, m.
Martini seco: (un) dry martini
Tira-gosto: (un) amuse-gueule, m.
Vinho: (un) vin, m.
Vinho branco: (un) vin blanc, m.
Vinho tinto: (un) vin rouge, m.
Vinho de porto: (un) porto, m.
Vodca: (une) vodka, m.
Uísque: (un) whisky, m.
Uísque com gelo: (un) whisky avec (des) glaçons, m.
puro: pur.

VOCABULÁRIO 13: O ROSTO
VOCABULAIRE 13: LE VISAGE

Boca: (la) bouche, f.
Bochecha: (la) joue, f.
Cara/Rosto: (le) visage, m.
Cabeça: (la) tête, f.
Cabelo: (les) cheveux, m. pl.
Cílios: (les) cils, m. pl.
Dentes: (les) dents, f.pl.
Garganta: (la) gorge, f.
Gengiva: (la) gencive, f.
Lábios: (les) lèvres, f. pl.
Língua: (la) langue, f.
Maxila: (la) mâchoire, f., les mâchoires
Nariz: (le) nez, m.
Olho(s): (l')oeil, m., (les) yeux, m. pl.
Orelhas: (les) oreilles, f. pl.
Pálpebra: (la) paupière, f.
Pescoço: (le) cou, m.
Queixo: (le) menton, m.
Sobrancelha: (le) sourcil, m.
Testa: (le) front, m.

VOCABULÁRIO 14: O CORPO
VOCABULAIRE 14: LE CORPS

Amídalas: (les) amygdales, f.pl.
Apêndice: (l') appendice, m.
Artéria: (l') artère, f.
Baço: (la) rate, f.
Barriga: (le) ventre, m.
Bexiga: (la) vessie, f.
Bochecha: (la) joue, f.
Braço: (le) bras, m.
Brônquios: (les) bronches.
Busto (peito): (le) buste, m.
Cabeça: (la) tête, f.
Cérebro: (le) cerveau, m.
Crânio: (le) crâne, m.
Calcanhar: (le) talon, m.
Cintura: (la) taille, f.
Coluna vertebral: (la) colonne vertébrale, f.
Coração: (le) coeur, m.
Costas: (le) dos, m.
Costela: (la) côte, f.
Cotovelo: (le) coude, f.
Coxa: (la) cuisse, f.
Dedo anular: (l') annulaire, m.
Dedo indicador: (l') index, m.
Dedo médio: (le) moyen, m.
Dedo mínimo, mindinho: (l') auriculaire, (le) petit doigt, m.
Dedos da mão: (les) doigts de la main, m. pl.
Dedos do pé: (les) orteils, m. pl.; les doigts du pied, pl.
Fígado: (le) foie, m.
Joelho: (le) genou, m.
Mão: (la) main, f.
Músculo: (le) muscle, m.
Nádegas: (les) fesses, f.pl.
Nuca: (la) nuque, f.
Ombro: une épaule, f.; (les) épaules, f.pl.
Órgãos: (les) organes, m. pl.
Peito: (la) poitrine, f.
Pé: (le) pied, m.
Pênis: (le) pénis, m.
Perna: (la) jambe, f.
Pés: (les) pieds, m. pl.
Polegar: (le) pouce, m.
Pulmões: (les) poumons, m. pl.
Pulso: (le) poignet, m.
Quadril: (les) hanches, f. pl.
Rins: (les) reins, m.pl.
Seio: (le) sein, m.
Tornozelo: (la) cheville, f.
Unha: (l') ongle, f.
Vagina: (la) vagine, f.
Veia: (la) veine, f.

VOCABULÁRIO 15: CONSULTA MÉDICA: SINTOMAS E DOENÇAS
VOCABULAIRE 15: CHEZ LE MÉDECIN: SYMPTÔMES ET MALADIES

Abcesso: (un) abcès, m.
Alergia: (une) allergie, f.
Amidalite: (une) amygdalite, f.
Anemia: (une) anémie, f.
Apendicite: (une) appendicite, f.
Arranhão: (une) éraflure, f., (une) égratignure, f.
Artrite: (une) arthrite, f.
Asma: (de l')asthme, f.; (une) crise d'asthme, f.
Aspirina: (une) aspirine, f.
Ataque cardíaco: (une) attaque cardiaque, f.
Ataque epiléptico: (une) attaque épileptique, f.
Auscultar: ausculter
Bolha: (une) ampoule, f.
Bronquite: (une) bronchite, f.
Cãibra: (une) crampe, f.
Calafrios: (des) frissons, pl.
Catapora: (la) varicelle, f.
Checkup annuel: (un) **checkup** annuel, m.
Cérebro: (le) cerveau.
Cistite: (une) cystite, f.
Cólicas estomacais: (des) coliques d'estomac, pl.; avoir très mal à l'estomac.
Consultar um médico: consulter (un) médecin.
Consultório (médico): (le) cabinet (médical).
Contagioso: contagieux.
Contusão: (une) contusion, f.
Convulsão: (une) convulsion, f.
Corte: (une) coupure, f.
Derrame: (une) hémorragie cérébrale, f.
Desmaiar: (s')évanouir.
Diabete: (le) diabète, m.
Diarreia: (une) diarrhée, f.
Doença: (une) maladie, f.
Doença venérea: (une) maladie vénérienne, f.
Doer: faire mal (à)
Efeito colaterial: (un) effet secondaire
Enfarte: (un) infarctus, m.
Enjoo: (un) mal au coeur, m.
Enxaqueca: (une) migraine, f.
Erupção cutânea: (une) éruption, f.
Escarrar: cracher
Espirrar: éternuer
Espirro: (un) éternuement, m.
Faringite: (une) angine, f.
Febre: (une) fièvre; avoir de (la) fièvre.
Fratura: (une) fracture, f.
Fraturar: fracturer.
Galo: (une) bosse, f.
Gastrite: (une) gastrite, f.
Gripe: (une) grippe, f.
Hérnia: (une) hernie, f.
Hospitalizar-se: se faire hospitaliser
Inchaço: (une) enflure, f.
Indigestão: (une) indigestion, f.
Indisposição, mal estar: (un) malaise, m.
Infecção: (une) infection, f.
Infecção intestinal: (une) infection intestinale, f.
Inflamação: (une) inflammation, f.
Injeção: (une) piqûre, f.
Insolação: (une) insolation, f.
Insônia: (une) insomnie, f.
Intoxicação alimentar: (une) intoxication alimentaire, f.
Laringite: (une) laryngite, f.

Machucado: (une) blessure, f.
Manchas: (des) taches, pl.
Medicamento: (un) médicament, m.
Mordida: (une) morsure, f.
Náusea: (la) nausée, f.
Operar: opérer, se faire opérer.
Palpitação: (une) palpitation, f.
Picada de inseto: (une) piqûre d'insecte, f.
Pneumonia: (une) pneumonie, f.
Prisão de ventre: (une) constipation, f.
Pronto-socorro: (un) service d'urgence, m.; (le) SAMU, m.
Queimadura: (une) brûlure, f.
Recaída: (une) rechute.
Recair: rechuter.
Receita: (une) ordonnance, f.
Remédio: (un) remède, m.; (un) médicament, m.
Repouso: (le) repos, m.
Resfriado: (un) rhume, m.
Respirar: respirer.
Reumatismo: (un) rhumatisme, m.; avoir des rhumatismes: ter reumatismo.
Rinite: (une) rhinite, f.
Rouco(a): enroué(e), rauque.
Rubéola: (la) roséole, f.
Sangramento: des saignements, pl.
Sangrar: saigner
Sarampo: (la) rougéole, f.
Sinusite: (une) sinusite, f.
Soluço: (un) hoquet, m.
Sutura: (la) suture, f.
Suturar: suturer, faire (une) suture.
Tontura: (un) vertige, m.; avoir (la) tête qui tourne.
Torção: (une) tortion, f; (une) entorse, f.
Torcicolo: (un) torticolis, m.
Tosse: (la) toux, f.
Tossir: tousser
Tratamento: (un) traitement, m.
Tuberculose: (une) tuberculose, f.
Tumor: (une) tumeur, f.
Úlcera: (un) ulcère, m.
Vacina: (un) vaccin, m.
Varíola: (la) variole, f.
Vomir: vomitar

Tipos de médico - Types de médecin - Spécialités médicales

Cardiologista: (un) cardiologue
Cirurgião: (un) chirurgien
Clínico geral: (un) généraliste
Ginecologista: (un) gynécologue
Neurologista: (un) neurologue
Oftalmologista: (un) ophthalmologue; (un) ophthalmologiste
Ortopedista: (un) orthopédiste
Otorrinolaringologista: (un) oto-rhino-laryngologiste; (un) oto-rhino
Pediatra: (un) pédiatre

Vocabulário complementar - Expressões verbais importantes

Marcar uma consulta: prendre (un) rendez-vous[1]
Confirmar uma consulta: confirmer (un) rendez-vous
Cancelar uma consulta: annuler un rendez-vous
Trocar o dia da consulta: changer la date du rendez-vous
Mudar a consulta: déplacer le rendez-vous ou déplacer la consultation; reporter la date
Adiar a consulta médica: reporter la consultation médicale ou le rendez-vous
Examinar: examiner
Medir a temperatura e a pressão: prendre la température et la tension
Esperar: attendre
Aguardar: patienter
Tossir: tousser
Espirrar: éternuer
Prescrever ou receitar: prescrire; faire une ordonnance
Tomar friagem: prendre froid ou atrapper froid
Pegar um resfriado: attraper un rhume
Pegar uma gripe: attraper la grippe

1. Embora o termo **consulta** seja traduzido por **consultation**, o vocábulo **rendez-vous** (encontro) é comumente empregado no contexto médico.

VOCABULÁRIO 16: INDO AO DENTISTA
VOCABULAIRE 16: CHEZ LE DENTISTE

Anestesia: (une) anesthésie, f.
Antisséptico bucal: (un) liquide antiseptique bucal, m.
Arcada inferior: (l') arcade inférieure, f.
Arcada supérieur: (l')arcade supérieure, f.
Arrancar um dente: arracher une dent; se faire arracher une dent.
Bochechar: rincer, se rincer la bouche.
Broca de dentista: (une) broche.
Canal: (un) canal, m.
Cárie: (une) carie, f.
Coroa: (un) pivot, m.; (une) couronne, f.
Dentadura: (un) dentier, m.
Dente de leite: (une) dent de lait, f.
Dente do siso: (la) dent de la sagesse, f.
Enxaguar: rincer
Escova de dente: (une) brosse à dents, f.
Escovar: se brosser les dents.
Extração: (une) extraction, f.
Fio dental: (le) fil dentaire, m.
Gargarejar: se gargariser.
Gargarejo: (un) gargarisme, m.
Gengiva: (la) gencive, f.
Hora marcada com o dentista: un rendez-vous chez le dentiste.
Molar: (la) molaire, f.
Obturar um dente: obturer une dent; se faire obturer une dent.
Obturação: (une) obturation, f.
Passar fio dental: passer (le) fil dentaire.
Ponte: (une) prothèse.

VOCABULÁRIO 17: ARTIGOS DE FARMÁCIA
VOCABULAIRE 17: ARTICLES DE PHARMACIE

Absorventes: (des) serviettes hygiéniques, pl.
Acetona: (une) acétone, f.; du solvant, m.
Água oxigenada: (de l')eau oxygénée, f.
Algodão: (du) coton, m.
Analgésico: (un) analgésique, m.
Antibiótico: (un) antibiotique, m.
Aparelho de barbear: (un) rasoir, m.
Aspirina: (une) aspirine, f.
Atadura; curativo: (un) bandage, m.; (une) bande de pansement, f.
Barbeador elétrico: (un) rasoir électrique, m.
Base: (un) fond de teint, m.
Batom: (un) rouge à lèvres, m.
Bronzeador: (une) crème solaire, f.
Calmante: (un) calmant, m.; (un) tranquillisant, m.
Colírio: (un) collyre, m.
Condicionador de cabelos: (un) après-shampooing, m., (un) conditionnateur, m.; (une) crème-rince, f.
Cortador de unha: (un) coupe-ongles, m.
Cotonete: (des) cotonettes, pl.
Creme de barbear: (une) crème à raser, f.
Curativo adesivo: (un) pansement, m.
Desodorante: (un) déodorant, m.
Escova de cabelos: (une) brosse à cheveux, f.
Escova de dente: (une) brosse à dents, f.
Esmalte: (un) vernis, f.
Espuma de barbear: (une) mousse à raser, f.
Estojo de primeiros socorros: (une) trousse de secours, f.
Estojo de toalete (nécessaire): (une) trousse de toilette, f.
Fio dental: du fil dentaire, m.
Gaze: de (la) gaze, f.
Grampo de cabelo: (une) barrette, f.
Lâmina de barbear: (une) lame de rasoir, f.
Lenço de papel: (un) mouchoir en papier, m.; (un) **kleenex**.
Lixa de unha: (une) lime à ongles, f.
Loção pós-barba: ue lotion après-rasage, (un) **after-shave**.
Mercuriocromo: (du) mercurochrome, m.
Papel higiênico: (du) papier de toilettes, m.; (du) papier hygiénique, m.
Pasta de dente: (un) dentifrice, m.
Pente: (un) peigne, m.
Pincel de barba: (un) blaireau, m.
Pomada: (une) pommade
Preservativo: (un) préservatif, m.; (une) capote anglaise, (un) durex (marca).
Protetor solar: (un) protecteur solaire, m.
Receita: (une) ordonnance, f.
Remédio para dor de ouvido: (un) médicament contre le mal d'oreilles, m.
Rímel: (un) mascara, m.
Sabonete: (un) savon, m.
Secador de cabelos: (un) séchoir, m.;
(un) sèche-cheveux
Seringa: (une) seringue, m.
Supositório: (un) suppositoire, m.
Talco: (du) talc, m.
Tesoura: (des) ciseaux, m.pl.
Tesoura de unhas: (des) ciseaux à ongles, m. pl.
Xarope: (un) sirop, m.

VOCABULÁRIO 18: A CASA
VOCABULAIRE 18: LA MAISON

Antena: (une) antenne, f.
Antena parabólica: (une) antenne parabolique, f.
Banheiro: (la) salle de bains, f.
Cerca (cercado):, (une) clôture, f.
Chaminé: (une) cheminée, f.
Cozinha: (la) cuisine, f.
Dormitório: (la) chambre, f.
Entrada: (l') entrée, f.
Garagem: (le) garage, m.
Horta: (le) jardin potager, m.
Jardim: (le) jardin, m.
Lavanderia: (la) laverie, f.; (la) buanderie, f.
Piscina: (la) piscine, f.
Porão: (la) cave, f.
Portão: (le) portail, m.
Quintal: (la) cour (pátio), f.
Sala de estar: (la) salle de séjour, f.
Sala de jantar: (la) salle à manger, f.
Salão: (le) salon, m.
Sótão: (le) grenier, m.

VOCABULÁRIO 19: COISAS E OBJETOS DA SALA DE ESTAR
VOCABULAIRE 19: ARTICLES ET OBJETS DE LA SALLE DE SÉJOUR

Abajur: (une) lampe, f.
Almofada: (un) coussin, m.
Aparelho de DVD: (un) appareil DVD, m.
Armário: (un) placard, m.; (une) armoire, f.
Carpete: (une) moquette, f.
Cômoda: (une) commode, f.
Criado-mudo: (une) table de chevet; f.; (une) table de nuit, f.
Equipamento de som: (une) chaîne, f.
Enfeites: des bibelots, pl.
Estante, prateleira: (une) bibliothèque, f.; (une) étagère, f.;
Lareira: (une) chéminée, f.
Mesa de centro: (une) table basse, f.; (une) petite table, f.
Móvel: (un) meuble, m.
Pia (de banheiro): (un) lavabo, m.
Piso de madeira: (un) parquet, m.
Poltrona: (un) fauteuil, m.
Sofá: (un) canapé, m.
Tapete: (un) carpet, m.
Televisão: (une) télévision, f.; (une) télé (abreviação), f.; (un) téléviseur, m.; (une) chaîne de télévision (emissora), f.
Travesseiro: (un) oreiller, m.

VOCABULÁRIO 20: OBJETOS E UTENSÍLIOS DA COZINHA
VOCABULAIRE 20: OBJETS ET USTENSILES DE CUISINE

Armário: (le) placard, m.; l'armoire, f.
Caneca: (la) chope, f.
Colher: (la) cuillère, m.
Copo: (le) verre, m.
Faca: (le) couteau, m.; (des) couteaux, pl.
Fogão: (la) cuisinière à gaz, f.
Forno: (le) four, m.
Forno de micro-ondas: (le) four (à) micro-ondes, m., (un) micro-ondes
Freezer: (le) freezer (anglicismo), m.; (le) congélateur (congelador), m.
Garfo: (la) fourchette, f.
Geladeira: (le) refrigérateur, (le) frigo, m.
Máquina de lavar pratos: (le) lave-vaisselle, m.
Pia (de cozinha): (l')évier, m.
Pires: (la) soucoupe, f.
Prato: (l')assiette (objeto concreto), f.; (le) plat (a iguaria), m.
Torneira: (le) robinet, m.
Torradeira: (le) grille-pain, m.
Xícara: (la) tasse, f.

Vocabulário adicional – Vocabulaire supplémentaire

Comida congelada: (un) surgélé, m.; (un) aliment surgélé, m.; (des) surgéles, (pl.); des aliments surgélés, m. pl.
Descongelar: décongelér.
Esquentar: chauffer; réchauffer.
Talheres: (des) couverts, m. pl.
Lavar os pratos: laver (la) vaisselle; faire (la) vaisselle.

VOCABULÁRIO 21: COISAS E OBJETOS DO QUARTO
VOCABULAIRE 21: ARTICLES ET OBJETS DE LA CHAMBRE

Armário: l'rmoire, f.; (le) placard, m.
Cabide: (le) cintre, m.; (le) porte-manteaux, m.
Cadeira: (la) chaise, f.
Cama: (le) lit, m.
Cobertor: (la) couverture, f.
Colcha: (le) dessus-de-lit, m.; (le) couvre-lit, m.
Colchão: (le) matelas, m.
Cômoda: (la) commode, f.
Criado-mudo: (la) table de chevet, f.; (une) petite table, f.
Despertador: (le) réveil, (le) réveil-matin, m.
Espelho: (le) miroir; (la) glace, f.
Fronha: (la) taie d'oreiller, f.
Guarda-roupa: (la) penderie, f.
Interruptor: (l')interrupteur, m.
Lençol: (le) drap, m.
Mesa: (la) table, f.
Tomada: (la) prise électrique, f.
Travesseiro: (l')oreiller, m.
Travesseiro roliço (enrolado): (le) traversin, m.

Vocabulário adicional – Vocabulaire supplémentaire

Dobrar o cobertor/os lençóis: plier la couverture/les draps.
Fazer a cama: faire le lit.
Pendurar as roupas/colocar no cabide: pendre/accrocher les vêtements.
Programar o despertador: programmer le réveil.
Trocar os lençóis: changer les draps.

VOCABULÁRIO 22: COISAS E OBJETOS DO BANHEIRO
VOCABULAIRE 22: CHOSES ET OBJETS DE TOILETTE

Banheira: (la) baignoire, f.
Chuveiro: (la) douche, f.
Escova de dente: (la) brosse à dents, f.
Espelho: (le) miroir, m.; (la) glace, f.
Pasta de dente: (le) dentifrice, m.
Pia: (le) lavabo, m.
Secador de cabelos: (le) séchoir; (le) sèche-cheveux, m.
Vaso sanitário: (le) WC

Vocabulário adicional – Vocabulaire supplémentaire

Dar descarga: tirer la chasse (d'eau)
Escovar os dentes: se brosser les dents (em francês este verbo é pronominal)
Lavar o rosto: se laver le visage (idem)
Olhar-se no espelho: se regarder dans la glace
Pentear o cabelo: se peigner
Secar o cabelo: se sécher les cheveux
Tomar um banho de banheira: prendre un bain
Tomar um banho de chuveiro/uma ducha: se doucher, prendre une douche

VOCABULÁRIO 23: ANIMAIS E BICHOS DE ESTIMAÇÃO
VOCABULAIRE 23: ANIMAUX ET ANIMAUX DOMESTIQUES

Bode: (le) bouc, m.
Boi: (le) boeuf, m.
Cachorro: (le) chien, m.
Cavalo: (le) cheval, m.
Cisne: (le) cygne, m.
Coelho: (le) lapin, m.
Falcão: (le) faucon, m.
Galinha: (la) poule, f.
Galo: (le) coq, m.
Gato: (le) chat, m.
Hamster: (le) hamster, m.
Leão: (le) lion, m.
Macaco: (le) singe, m.
Papagaio: (le) perroquet, m.
Pássaro: (un) (l') oiseau, m.
Pato: (le) canard, m.
Pavão: (le) paon, m.
Peixinho dourado de aquário: (le) petit poisson, m.
Ovelha: (la) brebis, f.
Rinoceronte: (le) rhinocéros, m.
Tigre: (le) tigre, m.
Vaca: (la) vache, f.

Vocabulário adicional – Vocabulaire supplémentaire

Coleira: (un) collier, m.
Gaiola: (une) cage, f.
Gado: (le) bétail, m.
Latir: aboyer
Miar: miauler
Morder: mordre
Picar: piquer
Pulgas: (une) puce, f.; (des) puces, pl.
Veterinário: (un/une) vétérinaire, m.f.
Encoleirado: Enlacé, attaché, tenu à l'attache.

VOCABULÁRIO 24: O ESCRITÓRIO
VOCABULAIRE 24: LE BUREAU

Arquivo: (les) archives, f.pl.; (le) dossier, m.; (le) fichier, m. (informática).
Arquivo (o móvel): (le) classeur, m.; (le) fichier, m.
Calculadora: (la) calculatrice, f.; (la) machine à calculer, f.
Calculadora de bolso: (la) calculette, f.
Calendário: (le) calendrier, m.
Cestinho de lixo: (la) poubelle, f.
Clipe: (le) trombone, m.
Computador: (l') ordinateur, m.
Copiadora: (la) machine à photocopier, f.; (la) photocopieuse, f.
Escaneadora: (le) scanner, m.
Fax: (le) fax. m.; (la) télécopie, f.
Furador: (la) perforeuse, f.
Gaveta: (le) tiroir, m.
Grampeador: (l') agrafeuse, f.
Grampo: (une) (l') agrafe, f.
Impressora: (l') imprimante, f.
Mesa: (la) table, f.; (le) bureau, f.
Pasta arquivo: (le) fichier, m.
Secretária eletrônica: (le) répondeur électronique

Vocabulário adicional - Vocabulaire supplémentaire

Deixar um recado na secretária eletrônica: laisser un message sur (le) répondeur/ sur la boîte vocale.
Enviar um fax: envoyer un fax.
Escanear: scanner.
Imprimir: imprimer.
Jogar fora: jeter.
Mandar um e-mail: envoyer un mél, envoyer un e-mail.
Tirar uma cópia: faire une copie, faire une photocopie.

VOCABULÁRIO 25: DITADOS E PROVÉRBIOS
VOCABULAIRE 25: DICTONS ET PROVERBES

O uso de ditados e provérbios para descrever ou exemplificar situações é comum em todos os idiomas. Por isso, conhecer os ditados e provérbios mais comuns em francês contribui para uma melhor compreensão da língua, em diálogos e textos. Veja na lista abaixo os principais ditados e provérbios empregados na conversação cotidiana. Você poderá observar que nem sempre existe equivalência literal entre os provérbios em francês e em português.

Tel père tel fils. - Tal pai tal filho.
La nuit tous les chats sont gris. - À noite todos os gatos são pardos.
Heureux au jeu, malheureux en amour. - Sorte no jogo, azar no amor.
Les murs ont des oreilles. - As paredes têm ouvidos.
Tétu comme une mule. - Teimoso como uma mula.
L'habit ne fait pas (le) moine. - O hábito não faz o monge.
L'enfer est pavé de bonnes intentions. - De boas intenções o inferno está cheio.
Qui se fie au visage n'est pas le plus sage. - Quem vê cara, não vê coração.
L'union fait la force. - A união faz a força.
C'est la goutte qui fait déborder (le) vase. - Foi a última gota.
Mieux vaut tard que jamais. - Antes tarde do que nunca.
Mieux vaut prévenir que guérir. - É melhor prevenir do que remediar.
Nul n'est prophète dans son pays. - Ninguém é profeta em seu próprio país.
Le sort en est jeté. - A sorte foi lançada.
Dans les petits pots, les meilleurs onguents. - É nos pequenos frascos que se encontram os grandes perfumes.
Le remède est pire que (le) mal. - Pior a emenda do que o soneto.
Oeil pour oeil, dent pour dent. - Olho por olho, dente por dente.
Donnant donnat. - Toma lá, dá cá.
Qui ne tente rien n'a rien. - Quem não arrisca, não petisca.
Les chiens aboient, la caravane passe. - Os cães ladram, a caravana passa.

VOCABULÁRIO 26: EXPRESSÕES COMUNS DO DIA A DIA
VOCABULAIRE 26: EXPRESSIONS DE TOUS LES JOURS

A comunicação em qualquer idioma é repleta de frases e expressões coloquiais empregadas repetidamente no dia a dia. Muitas vezes são frases fixas tão utilizadas que passam a ser empregadas de forma automática pelos falantes de um determinado idioma nas situações que lhe competem. Daí a importância desta seção de vocabulário, já que ela permite que você conheça várias frases comuns que com certeza irá ouvir em diferentes contextos de conversação.

Acabou? (de fazer algo) - **C'est fini? Ça y est?**
Acelera! - **Vite! Fonce! Foncez! (vai fundo)**
A conclusão é... - **La conclusion c'est que...**
Aconteça o que acontecer! - **Coûte que coûte!**
Acredite se quiser! - **Croyez si vous pouvez!**
Adivinhe - **Devine! Devinez!**
Aguenta firme aí! - **Il faut tenir (le) coup!**
A propósito... - **À propos...**
Aqui está! (o que você pediu) - **Voilà!**
As coisas estão se encaixando. - **Les choses se casent.**
Azar o seu! - **Tant pis pour toi! Tant pis pour vous!**
Até aqui tudo bem! - **Jusqu'à présent ça va! Pas de problème!**
A vida é assim mesmo! - **La vie est comme ça!/C'est la vie!**
À vista ou no cartão? - **Vous payez comptant ou par carte de crédit?/Par carte bleue?**
Bem feito! (você mereceu o castigo) - **Bien fait!**
Cai fora! - **Tire-toi!; Tirez-vous!**
Cara ou coroa? - **Pile ou face?**
Com certeza! - **Sûrement, sans aucun doute!**
Como é que é mesmo? - **Comment?**
Como é que pode? - **Comment ça se fait que...? Comment c'est possible?**
Com o passar do tempo... - **Avec (le) temps...**
Contenha-se! - **Calmez-vous!**
Controle-se! - **Contrôlez-vous!**
Conseguiu? - **Tu as réussi? Vous avez réussi?**
Cuide da sua vida! - **Occupe-toi de tes affaires! Occupez-vous de vos affaires!**
Dá para perceber! - **Ça se voit!**
Daqui pra frente... - **À partir de maintenant; désormais**
Dá uma olhada! - **Jette un coup d'oeil! Jetez un coup d'oeil!**
Dá um tempo! - **Laisse-moi tranquille! Laissez-moi tranquille!**
De agora em diante... - **Désormais...**

Deixa pra lá! - Laisse! Laisse tomber! Laissez! Laissez tomber! Oublie! Oubliez!
De jeito nenhum! - Il n'en est pas question!
Desembucha! - Dis-le! Dites-le!
Deu pau! (no computador) - C'est cassé! Ça déconne! Ça ne marche pas!
Deu tudo certo no final. - Tout a bien fini! Ça a bien marché finalement!
Deu tudo errado - Ça a mal tourné!
E agora? - Et maintenant? Et alors?
É a sua vez! - C'est ton tour! C'est votre tour! C'est à toi de jouer! C'est à vous de jouer!
E daí? - Et alors? Et quel est problème?
É isso aí! - C'est ça!
É mesmo? (concordando com alguém) - C'est vrai?
Ele já era! - Celui là... c'est fini!
É por minha conta! (oferecendo-se para pagar a conta em um restaurante etc.) - À moi de payer; C'est mon tour....
É para o seu próprio bem! - C'est pour vous. C'est pour votre propre bien!
Era uma vez... - Il était une fois...
É só uma mentirinha! - C'est juste un petit mensonge!
Esta é só a ponta do iceberg! - Celle-là est à peine la pointe de l'iceberg!
Estou caindo fora! - Je me barre! Je me casse! Je m'en vais! Je me tire!
Estou me lixando. - Je m'en fiche! Je m'en fous!
É verdade! - C'est vrai!
É uma droga! - C'est une connerie!
Eu idem! - Moi c'est pareil!
Eu já vou embora! - Je m'en vais! Je me barre!
Eu também! - Moi aussi!
Fala logo! - Vas-y! Dis-le! Allez-y Dites-le!
Fala sério! - Sans blague!
Falar é fácil, difícil é fazer! - C'est plus facile de parler que de faire!
Fique à vontade! - Fais comme chez toi! Faites comme chez vous! Mets-toi à l'aise! Mettez-vous à l'aise!
Foi demais! - C'était génial! C'était hyper bien!
Foi por pouco! - Pour peu!
Foi por um triz! - De justesse!
Grande coisa! - Belle chose!
Há quanto tempo a gente não se vê! - Ça fait longtemps qu'on ne s'est pas vu!
Isso dá! - Ça va! Ça ira!
Isso é bobagem! - Ça c'est une grande bêtise! C'est une connerie!
Isso é mentira! - C'est un mensonge! Ce n'est pas vrai! Tu mens! Vous mentez!
Isso é uma mixaria! - C'est une petite chose ridicule!
Isso é um roubo! (muito caro) - C'est un vol! C'est de l'arnaque!
Isso que é vida! - C'est ça la vie!
Isso serve! - Ça va servir!

Isso te lembra alguma coisa? – Cela te rapelle quelque chose? Cela vous rappelle quelque chose? Ça te fait penser à quelque chose? – Cela vous fait penser à quelque chose?
Já volto! – J'arrive!
Juro por Deus. – Je (te/vous) jure au nom de Dieu! Je te (le) jure! Je vous (le) jure!
Lar doce lar! – Foyer, doux foyer!
Legal! – Cool! Chouette!
Mas e se...? – Mais et si...
Me deixa em paz! – Laisse-moi tranquille! Laissez-moi tranquille!
Missão cumprida! – Mission accomplie! Mission finie! Mission terminée!
Muito barulho por nada. – Trop de bruit pour rien!
Muito bem! – Très bien! Formidable!
Nada é de graça! – Rien n'est donné!
Nada feito! – Pas de chance!
Não é da sua conta! – Ça ne te regarde pas! Ça ne vous regarde pas!
Não estou falando sério! – Je ne parle pas au sérieux!
Não faz mal! – Ce n'est pas grave!; Ça ne fait rien.
Não importa! – Peu importe! Ça ne compte pas!
Não me entenda mal. – Ne me comprenez pas mal!
Não posso acreditar no que vejo! – Je ne peux pas croire à ce que je vois!
Não se preocupe! – Ne t'inquiète pas! Ne vous inquiétez pas! Ne te fais pas trop de soucis! Ne vous faites pas trop de soucis!
Não tem importância! – Ça n'a pas d'importance!
Não tenho a mínima ideia! – Je n'ai aucune idée!
Não tenha pressa! – Je ne suis pas pressé (e)!
Não estou nem aí. – Je m'en fiche. Je m'en fous (forma grosseira)
Não vejo a hora de... – Je ne vois pas (le) moment de...
Negócio fechado! – D'accord! C'est fait!
No que se refere a... – En ce qui concerne... Pour ce qui concerne...
Olha só quem tá falando! – Regarde qui parle...
O que adiantaria isso? – À quoi ça servirait?
O que deu em você? – Qu'est-ce qui t'arrive?
O que é demais é demais! – Quand c'et trop, c'est trop!
O que eu ganho com isso? – Qu'est-ce que je gagne avec ça?
O que foi que você disse? – Qu'est-ce que tu as dit? Qu'est-ce que vous avez dit?
O que há com você? – Qu'est-ce qui se passe avec toi? Qu'est-ce qui se passe avec vous?
O que você está aprontando? – Qu'est-ce que vous êtes en train de faire?
O que você está tramando? – Qu'est-ce que vous manigancez?
O que você quer dizer? – Qu'est-ce que vous voulez dire avec ça?
Parabéns! – Bravo! Félicitations! Mes compliments!
Pare com isso! – Arrête! Arrêtez!
Pare de brincar! – Sans blague!
Pega leve! – Du calme!

Pelo amor de Deus! - Au nom de Dieu!
Pé na tábua! - Allons-y!
Pode apostar! - Vous pouvez parier là-dessus!
Pode crer! - C'est vrai! Vous pouvez me faire confiance!
Por outro lado... - D'autre part/D'un autre côté
Primeiro as damas! - D'abord les femmes
Puxa vida! - Oh là là! Zut!
Qual é a piada? Qual é a graça? - Quelle est la blague?
Qual é o lance? - Quel est le coup?
Qual é o placar? - Quel est le score?
Qual é a pressa? - Pourquoi tu es pressé? Vous êtes pressé?
Qual é o problema? - Quel est le problème?
Quando o assunto é... - Quand le thème/le sujet c'est...
Que eu saiba... - Que je sache...
Que eu me lembre... - Que je me souvienne...
Que mundo pequeno! - Quel monde petit!
Que vergonha! (referindo-se a alguém) - Quelle honte!
Resumindo... - Bref. En résumé
Sabe de uma coisa? - Vous savez? Tu sais une chose?
Se eu estivesse na sua pele/no seu lugar... - Moi, à ta place... Moi, à votre place...
Segura as pontas! - Tiens le coup; tenez le coup.
Sei lá! - J'en sais rien, moi!
Sem brincadeira! - Sans blague!
Sem desculpas! - Pas d'excuses!
Sem dúvida! - Sans aucun doute!
Sem ressentimentos. - Sans ressentiments.
Sério? - C'est vrai?
Sinta-se em casa! - Sois à l'aise! Soyez à l'aise! Mets-toi à l'aise! Mettez-vous à l'aise!
Sirva-se! - Sers-toi! Servez-vous!
Some daqui! - Fous le camp! Tire-toi! Foutez le camp! Tirez-vous!
Só por cima do meu cadáver! - Sauf si tu passes sur mon cadavre!
Sorte sua! - Tant mieux pour vous!
Tanto faz! - Ça m'est égal!
Te vejo por aí! - On se voit!
Tô brincando! - Je rigole!
Todo cuidado é pouco! - Attention!
Vá com calma! - Doucement!
Vai dar tudo certo! - Tout va bien marcher!
Vai te fazer bem! - Ça va te faire du bien!
Vale a pena! - Ça vaut la peine! Ça vaut le coup!
Vamos entrando! - Entrons!
Você é quem manda! - À vous de!...

Você é quem sabe! - **C'est toi qui le sait**
Você está falando sério? - **Tu parles au sérieux? Vous parlez sérieusement?**
Você tem fogo? - **Vous avez du feu? Vous auriez du feu?**
Vivendo e aprendendo! - **On vit et on apprend!**
Tá brincando! - **Tu te fous de ma gueule!**

VOCABULÁRIO 27: VOCABULÁRIO COMERCIAL
VOCABULAIRE 27: VOCABULAIRE COMMERCIAL

O objetivo desta seção é apresentar o vocabulário específico da linguagem comercial utilizado em diversos setores do mundo dos negócios. Aqui você encontrará termos empregados em marketing, importação e exportação, propaganda, finanças e outros.

Não deixe de consultar também as seguintes seções de Vocabulário ativo:

» Uma reunião de negócios - Une réunion, un rendez-vous d'affaires.
» Trabalho e carreira - Travail et Carrière
» O dinheiro movimenta o mundo - L'argent fait tourner (le) monde
» Usando computadores - Comment utiliser les ordinateurs

Abono: **(le) bonus, m.**
Abordagem: **(une) approche, f.;**
Acionista: **(l') actionnaire, m. f.**
Ações de empresa: **(l') action, f.; (les) actions, pl. f.**
Ações de mercado: **(les) actions du marché, pl.f.**
Acordo: **(l') accord, m.**
Aduana: **(la) douane, f.**
Agência de publicidade: **(l') agence de publicité, f.**
Agenda: **(l') agenda, f.**
Agiota: **(l') agioteur, m.; (l') agioteuse, f.; (l') usurier, m.; (l') usurière, f.**
Agiotagem: **(l') agiotage, m.**
Alfândega, aduana: **(la) douane, f.**
Alta: **(la) hausse, f.**
Amostra: **(l') échantillon, m.**
Anunciar: **annoncer.**
Anúncio publicitário: **(l') annonce, f.; (l') affiche publicitaire, f.**
Aplicar dinheiro: **placer de l'argent sur (un fond d'investissement)**
Apólice de seguros: **(la) police d'assurance, f.**
Aposentar-se: **se retraiter, se retirer de la vie active, prendre sa retraite, entrer à la retraite.**
Aposentado: **retraité(e)**
O mais breve possível: **(le) plus vite possible**
Atas de uma reunião: **(le) rapport d'une réunion**
Atender a uma demanda: **répondre à une demande.**
Atingir o ponto de equilíbrio: **atteindre un point d'équilibre, arriver à un point d'équilibre**
Atividade principal de uma empresa: **(la) branche d'activité d'une entreprise, (l') activité principale d'une entreprise**
Ativos e passivos: **(les) actifs et (les) passifs.**

Auditor: (l') auditeur.
Auditoria: (l') audit.
Aumentar: augmenter
Aumentar o preço: augmenter le prix; élever le prix
Aumento de preços: (l') augmentation; (l') élevation de prix.; (la) hausse de prix.
Avaliação: (l') évaluation, f.
Avalista: (le) garant.
Balança comercial: (la) balance commerciale, f.
Balancete: (le) bilan, m.
Balanço: (le) bilan, m.
Benefícios: (les) bénéfices, pl.
Bolsa de valores: (la) bourse, f.
Bonificação: (le) bonus, m.; (la) prime, m.
Campanha de publicidade: (la) campagne de publicité.
Candidato: (le) candidat, m.; (la) candidate, m.
Candidatar-se a um emprego: poser sa candidature.
Capital de giro: (le) capital tournant, m.
Carro da empresa: (la) voiture de service, f.; (la) voiture de fonction
Cédula (dinheiro): (le) billet, m.
Comprador: (l') acheteur.
Compromisso: (le) compromis, m.; l'engagement, m.
Conciliação: (la) concertation, (la) conciliation.
Concorrente: (le) concurrent, m.
Concorrência: (la) concurrence, f.
Conta: (le) compte bancaire, m.
Contador: (l') agent comptable, m.; (le) comptable, m.
Contas a pagar: (les) factures à payer.
Contas a receber: (les) factures à recevoir.
Contratar: engager
Contrato: (le) contrat, m.
Corretor imobiliário: (l') agent immobilier, m.
Corretor de ações: (le) courtier,m.; (la) courtière, f.
Corretor de seguros: (l') agent d'assurances
Crescimento rápido: (la) croissance rapide, f; (une) croissance accélérée
Cumprir um prazo: tenir un délai, accomplir un délai, m.; exécuter un travail dans le délai fixé
Currículo: (le) CV; (le) curriculum vitae, m.
Custo de vida: (le) coût de la vie, m.
Dar aviso prévio: donner son préavis (m).
Data de vencimento: (l') échéance, f.; la date d'échéance, f.
Demitir: renvoyer, licencier.
Desenvolver-se rapidamente: se développer rapidement

Desvalorização: dévaluation
Dinheiro: (l') argent, m.; (la) monnaie, f. = (la) devise, f.
Dinheiro em espécie: (l') argent en espèces, m.; l'argent liquide, m.
Diretoria: (la) direction, f.
Discriminação de itens: (la) discrimination d'items, f.
Emprego em meio-período: (un) emploi à mi-temps, m.; (un) emploi à temps partiel
Emprego em tempo integral: (un) emploi à temps complet, m.
Empresa iniciante: (une) entreprise débutante, f., qui débute sur (le) marché
Empréstimo bancário: (un) prêt, m. (quando é fornecido pelo banco)
Emprestar (a, para): prêter à, accorder, donner, consentir un prêt à
Empréstimo bancário: (un) emprunt, m. (quando é tomado pelo cliente)
Emprestar (de): emprunter (de); avoir, obtenir un prêt
Entrada: (la) rentrée (budgétaire), f.; (la) recette, f. (les) revenus, m. pl.
Escritório central: (le) siège; (le) bureau central, m.; (la) maison-mère.
Especialidade: (la) spécialité, f.
Expansão econômica: (l') expansion économique, f.
Extrato bancário: (le) relevé bancaire, m.
Fabricante: (le) fabricant, m.
Fabricar: fabriquer
Fatura: (la) facture, f.; (la) note, f.
Fazer publicidade: faire de la publicité
Fechar um negócio: faire une affaire, conclure une affaire
Fiador: (le) garant, m.
Filial: (la) filiale, f.
Fornecedor: (le) fournisseur, m.
Franqueado: franchisé (adj. masc.)
Franqueador: (le) franchiseur, m.
Franquia: (la) franchise, f.
Frete: (le) fret, m.
Frete aéreo: (le) fret par avion, m.; (le) fret aérien, m.
Funcionário(a): l'employé(e)
Funcionário público: (le/la) fonctionnaire, m. f.
Fusão: (la) fusion, f.
Hipoteca: (l') hypothèque, f.
Hora marcada: (le) rendez-vous, m.
Horário comercial: (l') horaire commercial, m.
Importância: (le) montant
Imposto: (l') impôt, m.; (la) taxe, f.
Instalações comerciais: (les) installations commerciales, f. pl.
Instruções: (les) instructions, f.
Investir: investir
Investimento: (l') investissement, m.

Isento de impostos aduaneiros: **hors-taxes.**
Lavagem de dinheiro: **(le) blanchissement d'argent, m.**
Laudo de avaliação: **(l') expertise, f.**
Licença maternidade: **(le) congé maternité**
Licitação: **(la) concurrence, f.**
Linha de montagem: **la chaîne**
Lista de tópicos que serão discutidos: **(l') agenda**
Logotipo: **(le) logotype, (le) logo, m. (abreviação)**
Lucro: **(le) profit, m.; (le) bénéfice, m.**
Mão de obra: **(la) main d'oeuvre, f.**
Margem de lucro: **(la) marge bénéficiaire, f.**
Matéria-prima: **(la) matière-première**
Matriz: **(la) maison-mère**
Melhor indicador: **(le) meilleur indicateur, m.**
Mercado de ações: **(le) marché d'actions, m.**
Mercadoria: **(la) marchandise, f.**
Moeda corrente: **(la) monnaie courante, f.**
Nicho de mercado: **(un) créneau sur (le) marché, m.; un créneau du marché, m.**
Nota: **(la) note, f.; (l') addition, f.; (la) facture, f.**
Número de identificação pessoal: **(le) numéro de la carte d'identité; (le) numéro de la pièce d'identité**
Oportunidades de promoção: **(les) opportunités de promotion, f. pl.**
Orçamento: **(le) budget, m.**
Organização não governamental (ONG): **(l') organisation non-gouvernamentale**
Organização sem fins lucrativos: **organisation à but non-lucratif**
Pagamento inicial: **(le) payement initial**
Participação no mercado: **(la) part du marché**
Peso bruto: **(le) poids brut, m.**
Peso líquido: **(le) poids net, m.**
Pessoa com maior autoridade em uma grande empresa: **PDG (Président Directeur Général)**
Pessoa viciada em trabalho: **(le) fanatique du travail.**
Plano de carreira: **(le) plan de carrière, m.**
Plano de pensão: **(le) plan de pension, m.**
Ponto de equilíbrio: **(le) point d'équilibre, m.**
Ponto de referência: **(le) point de repère, m.**
Preço de custo: **(le) prix net, m.**
Prestações: **(les) mensualités, m. pl.**
Produto básico, primário: **(le) produit primaire**
Produto interno bruto (PIB): **(le) Produit Interne Brut; (le) PIB, m.**
Propaganda: **(la) propagande, f.**
Prosperar: **prospérer**
Prospectar: **prospecter**

Publicidade: (la) publicité, f.
Quantia de dinheiro: (le) montant, m.; (la) somme d'argent, f.
Quebra de contrato: (le) non-respect du contrat, m.
Redução da força de trabalho, do número de funcionários de uma empresa: (la) réduction du nombre d'employés d'une entreprise; du nombre d'effectifs.
Relação custo-benefício: (le) rapport coût-bénéfice, m.
Rescisão de contrato; rescindir um contrato: (l') annulation d'un contrat, m., résilier un contrat
Resumo: (le) résumé, m.
Salário família: (les) allocations familiales, f.pl.
Saldo bancário: (le) solde bancaire; (la) position bancaire, f.
Seguro médico: (l') assurance médicale, f.
Sinal: (l') avancement; les arrhes
Sindicato: (le) syndicat, m.
Tarifas de frete: (le) tarif de fret, m.
Taxa: (la) taxe (o imposto), f.; (le) taux, m. (o índice)
Taxa de juros: (le) taux d'intérêt, m.
Trabalhar: travailler (usual); bosser (gíria)
Trabalho: (un) travail, m.; (un) boulot (gíria), m.
Tendências do mercado: (les) tendances du marché, f.pl.
Valor agregado: (la) valeur rajoutée, f.
Zona de livre comércio: (la) zone de libre commerce, f.
Zona franca: (la) zone franche, f.

III. GUIA DE REFERÊNCIA GRAMATICAL
GUIDE DE RÉFÉRENCE GRAMMATICALE

III. GUIA DE REFERÊNCIA GRAMATICAL
GUIDE DE RÉFÉRENCE GRAMMATICALE

O objetivo desta seção é apresentar um panorama geral da estrutura da língua francesa que possa servir de apoio e referência a todas as frases e diálogos apresentados no livro. Evidentemente, não se pretende esgotar o assunto, mas abordar os principais pontos gramaticais fixados pelo uso na vida cotidiana.

O conteúdo desta seção também será útil para você compreender melhor (e relembrar) conceitos fundamentais do idioma - como a formação de frases e perguntas em francês nos vários tempos verbais (presente, passado, futuro, condicional), o uso dos verbos auxiliares -, e esclarecer dúvidas relativas aos principais aspectos gramaticais do idioma. Lembre-se de que a estrutura gramatical de qualquer língua é o esqueleto que sustenta todas as frases e diálogos no idioma, daí a importância dos quadros esquemáticos aqui apresentados.

Índice de assuntos do Guia de referência gramatical

1. Os artigos: definidos, indefinidos, contraídos e partitivos

ARTIGOS DEFINIDOS

Observe os exemplos da tabela:

Masculino	Feminino	Elidé (com apóstrofe)
le professeur	la faculté	l'université
le directeur	la bibliothèque	l'office du tourisme
le service	la pharmacie	l'institution
le théâtre	la chambre	l'association
Plural	Plural	Plural
les professeurs	les facultés	les universités
les directeurs	les bibliothèques	les offices du tourisme
les services	les pharmacies	les institutions
les théâtres	les chambres	les associations

Definição e uso:

Como o próprio nome sugere, empregamos o artigo definido toda vez que necessitamos determinar um objeto, conferindo ao substantivo um sentido definido.

Exemplos:

Je travaille dans une école (sentido indefinido, vago, impreciso).
Trabalho em uma escola.

Dans quelle école?
Em que escola?

Dans l'École du commerce d'Amsterdam. (sentido definido, estou informando em que escola estudo)
Na Escola do Comércio de Amsterdam.

Como você percebeu, são três os artigos definidos no singular: o masculino **le**, o feminino **la**, e o artigo chamado **élidé (l')**, que é usado diante de um substantivo iniciado por vogal. Isto significa que os artigos **le** e **la** se elidem (formam uma elisão l') diante de palavras começadas por vogal ou **h** mudo. No plural, temos apenas um artigo para os três casos: **les**.

Exemplos:

J'apprends le français parce que j'aime être en contact avec la culture française. En plus, j'adore l'histoire de France.
Aprendo o francês porque gosto de estar em contato com a cultura francesa. Além disso, adoro a história da França.

En français, je, tu, nous et vous sont les pronoms de la conversation (du dialogue).
Em francês, je, tu, nous e vous são os pronomes da conversação (do diálogo).

ARTIGOS INDEFINIDOS

Observe agora os mesmos exemplos nesta outra tabela:

Masculino	Feminino
un professeur	une faculté
un directeur	une bibliothèque
un service	une institution
un théâtre	une association
Plural	Plural
des professeurs	des facultés
des directeurs	des bibliothèques
des services	des institutions
des théâtres	des associations

Definição e uso:

Empregamos o artigo indefinido quando não temos a noção exata, a definição. O sentido é vago, menos determinado.

Je travaille dans une école de langues. Mon mari est propriétaire d'une petite entreprise.
(as informações são pouco precisas; o sentido é vago, indefinido, indeterminado)

Outros exemplos em frases contextualizadas

Pour aller au Gabon, elle va probablement choisir une compagnie aérienne africaine.
Para ir ao Gabão, ela provavelmente vai escolher uma companhia aérea africana.

Il veut acheter une moto et un blouson en cuir.
Ele quer comprar uma moto e um blusão de couro.

Tu as reçu des cartes postales du Canada?
Você recebeu cartões postais do Canadá?

Il y a des embouteillages partout et la ville est complètement bloquée.
Há engarrafamentos por todos os lados e a cidade está completamente bloqueada.

Atenção: em francês precisamos colocar o artigo indefinido plural des, que, em português, não existe, não sendo, portanto, traduzido.

ARTIGOS CONTRAÍDOS: A CONTRAÇÃO DAS PREPOSIÇÕES À E DE.

As preposições à e de se contraem com o artigos masculino le e les (tanto no singular quanto no plural). Observe as tabelas:

À + le = AU	**J'habite au Canada.** Moro no Canada.
À + LES = AUX	**J'habite aux États-Unis.** Moro nos Estados Unidos.
DE + le = DU	**Je viens du cinéma.** Estou vindo do cinema.
DE + LES = DES	**Il est arrivé des Antilles.** Ele chegou das Antilhas.

Para os demais artigos, não há contração, e sim, combinação (nada foi suprimido ou aglutinado), como nos exemplos abaixo:

À + LA = À LA	**Je vais à la pharmacie.** Vou à farmácia.
À + L` = À L'	**Nous allons à l'aéroport.** Vamos ao aeroporto.
DE + LA = DE LA	**Nous venons de la faculté.** Estamos vindo da faculdade.
DE + L' = DE L'	**Vous venez de l'université?** Você está vindo da universidade?

ARTIGOS PARTITIVOS

Os **artigos partitivos** servem para indicar uma quantidade contínua e/ou não contável. Em geral, é empregado quando estamos nos referindo à culinária, mas existem ainda outros inúmeros contextos em que podem ser usados. É formado pela preposição **de** + o artigo definido. Trata-se de uma particularidade da língua francesa e pode ser " traduzido" em português por: eu quero disso. Na maioria dos casos, porém, o artigo partitivo não encontra equivalente na língua portuguesa, não sendo, portanto, traduzido. Ex: Je voudrais **de la** salade = Eu queria salada.

Leia o quadro abaixo:

Masculino	Feminino	Vogal	Plural (para todos)
du (de + le)	de la (de + la)	de l' (de + la)	des (de + les)

Exemplos:

du **pain** (pão)	de la **viande** (carne)	de l'**huile** (óleo)	des **épinards** (espinafre)
du **chocolat** (chocolate)	de la **moutarde** (mostarda)	de l'**oignon** (cebola)	des **céréales** (cereais)

Exemplos:

Pour commencer, je voudrais des escargots et une salade avec de l'huile d'olive; ensuite une entrecôte grillé et, comme dessert, une mousse au chocolat avec de la crème fraîche. Pour terminer, du fromage, un plateau de fromage, s'il vous plaît.
Para começar, eu queria escargots e uma salada com azeite de oliva; em seguida, um contra-filé e, de sobremesa, uma musse de chocolat com creme de leite fresco. Para terminar, queijo, uma travessa de queijos, por favor.

À mon petit déjeuner, je prends d'abord du jus de fruits et, après, du café au lait, du pain avec du beurre et de la confiture, du fromage et du yaourt. Quelquefois, du lait au chocolat. Ce n'est pas mal, hein?[1]
No meu café da manhã, tomo primeiramente suco de frutas e depois, café com leite, pão com manteiga e geleia, queijo e iogurte. Às vezes, leite com chocolate. Nada mal, hein?

Nas frases negativas, os artigos partitivos se transformam em de apenas, como nos exemplos:

Je suis au régime. Alors, à mon petit dej, je ne bois pas de jus de fruits ni de café au lait. Je ne me sers ni de pain ni de fromage. Et je ne mange pas de tarte non plus.
Estou de regime. Então, no meu café da manhã, não bebo suco de frutas nem café com leite. Não me sirvo nem de pão nem de queijo. E também não como torta.

1. Repare que na tradução, não colocamos nenhum artigo em português.

2. O uso dos pronomes pessoais, com função de objeto, e reflexivos

Pronome Pessoal (átono)	Pronome Pessoal (tônico)	Pronome Objeto Direto (COD)	Pronome Objeto Indireto (COI)	Pronome Reflexivo
Je	Moi	Me, m'	Me, m'	Me
Tu	Toi	Te, t'	Te, t'	Te
Il, Elle, On	Lui, Elle, Soi	**Le, La, l'**	**Lui**	Se
Nous	Nous	Nous	Nous	Nous
Vous	Vous	Vous	Vous	Vous
Ils, elles	Eux, Elles	**Les**	**Leur**	Se

PRONOMES PESSOAIS ÁTONOS (JE, TU, IL, ELLE, ON, NOUS, VOUS, ILS, ELLES)

O pronome pessoal átono é fundamental para indicar a pessoa do verbo, sendo, portanto, sempre sujeito de um verbo flexionado.

Je me sens très bien ce matin.
Eu estou me sentindo muito bem esta manhã.

O pronome pessoal je deverá vir acompanhado de apóstrofe cada vez que houver um encontro vocálico com o verbo que o segue. Ex.: J'ai (Je + ai) besoin de vacances.

J'ai plusieurs réunions cet après-midi.
Tenho muitas reuniões esta tarde.

Tu ne fumes pas, non?
Você não fuma, fuma?

Il adore faire de la voile.
Ele adora velejar.

Où est-ce qu'elle habite?
Onde ela mora?

Qu`est-ce qu'on va faire?
O que a gente vai fazer?

En été, nous allons à la plage en Bretagne.
No verão nós vamos à praia na Bretanha.

Vous êtes de New York?
O senhor é de Nova Iorque?

Os pronomes de tratamento o senhor, a senhora, formais, traduzem-se por **vous**. Já o pronome você, informal, na maioria dos casos é traduzido por **tu**.

Normalement, ils sont très sympathiques.
Normalmente, eles são muito simpáticos

Elles ne vont pas tarder à arriver.
Elas não vão demorar para chegar.

PRONOMES PESSOAIS TÔNICOS (MOI, TOI, LUI, ELLE, SOI, NOUS, VOUS, EUX, ELLES)

O pronome pessoal tônico nunca precede um verbo flexionado, e é empregado sozinho, para dar ênfase, ou depois de uma preposição.

Je partirai demain matin. Et toi?
Vou partir amanhã de manhã. E você?

Moi, je pense que je ne vais pas voyager.
Quanto a mim, acho que não vou viajar (ênfase, o que em português seria praticamente um pleonasmo).

Mon client et moi sommes d'accord. (quando o sujeito é composto)
Meu cliente e eu estamos de acordo.

Je ne peux pas commencer la conférence sans lui. (preposição)
Não posso começar a conferência sem ele.

Lui, il ne sera pas capable de nous mettre dans cette situation. (ênfase)
(Ele), ele não não será capaz de nos colocar nesta situação.

Tu sors avec elle? (preposição)
Você está saindo com ela?

Ils sont plus âgés que nous. (orações elípticas)
Eles são mais velhos que nós.

Par conséquent, nous sommes plus jeunes qu'eux. (orações elípticas)
Consequentemente, somos mais jovens do que eles.

PRONOMES COM FUNÇÃO DE OBJETO DIRETO (ME, M', TE, T', LE, LA, L', NOUS, VOUS, LES)

Em francês, esse pronome é denominado pronom complément d'objet direct (COD), que, como o próprio nome indica, vem substituir um complemento verbal não preposicionado. Dentro da frase, ele é sempre átono.

Vous pouvez m'appeler plus tard?
O senhor pode me chamar mais tarde?

Il me regarde d'un air très sérieux.
Ele está me olhando com um ar muito sério.

Attention: il y a des gens qui t'observent.
Cuidado: há pessoas te observando.

Gerard et Nadine t'invitent à dîner.
O Gerard e a Nadine estão te convidando para jantar.

Vous lisez votre livre en classe? Oui, je le lis.
Você lê seu livro na aula? Sim, eu o leio.

Le directeur va prendre l'avion? Oui, je pense qu'il va le prendre.
O diretor vai pegar o avião? Sim, acho que ele vai pegá-lo.

Vous allez signer le contrat? Oui, je vais le signer.
O senhor vai assinar o contrato? Sim, vou assiná-lo.

En général, vous passez les informations par mél? Oui, je les passe par mél.
Em geral, o senhor passa as informações por e-mail? Sim, eu as passo.

Vous savez si le président nous a convoqués pour la conférence de presse?
Você (o senhor) sabe se o presidente nos convocou para a coletiva de imprensa?

Je crois qu'il vous a invités.
Acho que ele os convidou (convidou vocês).

Jacqueline écrit ses articles pour la presse avant d'aller à la télévision. Elle les écrit avant d'aller à la télévision.
Jacqueline escreve seus artigos antes de ir para a televisão. Ela os escreve antes de ir para a televisão.

PRONOMES COM FUNÇÃO DE OBJETO INDIRETO (ME, M', TE, T', LUI, NOUS, VOUS, LEUR)

Em francês, esse tipo de pronome é chamado de pronom complément d'objet indirect (COI), que, como o próprio nome indica, vem substituir um complemento verbal preposicionado (em geral, a preposição **à**). Dentro da frase, é sempre átono.

Il faut que tu me donne l'adresse de M. Garnier (donner à).
É preciso que você me dê o endereço do sr. Garnier.

Je crois que la secrétaire de l'agence du voyages va te téléphoner cet aprés-midi (téléphoner à).
Acho que a secretária da agência de viagens vai te ligar (telefonar) esta tarde.

Vous devez lui proposez l'opération finacière immédiatement (proposer à).
Você (o senhor) tem que lhe (= a ele, a ela) propor a operação financeira imediatamente.

Le responsable marketing va nous envoyer le dossier le plus vite possible (envoyer à).
O gerente de marketing vai nos enviar o dossiê o mais rapidamente possível.

Je ne vous conseille pas de venir maintenant, car la situation nous semble incontrolable (conseiller à).
Não lhe aconselho vir agora, pois a situação nos parece incontrolável.

Le conseil administratif va vous répondre dans un mois environ (répondre à).
O conselho administrativo vai lhes responder dentro de um mês aproximadamente.

C'est un droit qui leur appartient (appartenir à).
É um direito que lhes (= a eles, a elas) pertence.

Je vais leur dire de venir dîner, d'accord? (dire à)
Vou lhes (= a eles, a elas) dizer que venham para jantar, tá bom?

PRONOMES REFLEXIVOS (ME, M', TE, T', SE, S', NOUS, VOUS, SE, S')

Os pronomes reflexivos são em geral empregados com os verbos pronominais, denotando uma ação reflexiva ou recíproca.

Tous les jours je me lève à 7 heures, je me douche et je m'habille vite, car je suis toujours en retard.
(me - primeira pessoa do singular; verbo se lever)
Todos os dias, eu me levanto às 7 horas, tomo minha ducha e me visto rapidamente, pois estou sempre atrasada.

Et, toi? Tu te couches à quelle heure?
(te - segunda pessoa do singular; verbo se coucher)
E você? Você se deita a que horas?

Vous allez vous absenter toute la semaine à cause du Salon Automobile?
(vous - segunda pessoa do plural com valor de segunda do singular - formal; verbo s'absenter)
O senhor vai se ausentar durante toda a semana por causa do Salão do Automóvel?

Quand il arrive au bureau, il se rappelle les activités de la journée; ensuite, il se prépare pour la réunion de 9 heures avec le comité de direction et, vers 10 heures, il se met effectivement au travail.
(se - terceira pessoa do singular; verbos se rappeler; se préparer; se mettre)
Quando ele chega ao escritório, ele recapitula as atividade do dia; em seguida, ele se prepara para a reunião com comitê da direção, e, por volta das 10 horas, ele se põe a trabalhar.

Nous nous occupons attentivement de notre clientèle.
(nous - primeira pessoa do plural; verbo s'occuper)
Nós cuidamos atentamente de nossa clientela.

Je vois que votre famille et vous, vous vous promenez toujours au bord de la mer.
(vous - segunda pessoa do plural; verbo se promener)
Vejo que o senhor e sua família, vocês sempre passeiam à beira da praia.

Nos voisins s'entraînent beaucoup pour participer au Tour de France. Ils se lèvent très tôt pour faire du jogging.
(se - terceira pessoa do plural; verbos s'entraîner; se lever)
Nossos vizinhos estão treinando muito para participar do (torneio) Tour de France. Eles se levantam muito cedo para fazer cooper/correr.

Nous voyons que Claude et Nadine s'adorent.
(se - terceira pessoa do plural, pressupondo reciprocidade; verbo s'adorer)
Vemos que o Claude e a Nadine se adoram.

ADJETIVOS POSSESSIVOS

Os adjectifs possessifs exprimem uma ideia de posse e, por acompanhar um substantivo (un nom), tem função de adjetivo. Variam segundo a pessoa (1ª, 2ª, 3ª, o possuidor), o gênero e a quantidade do objeto possuído.

Masculino	Feminino	Plural (masc/fem)	a quem pertence
Mon **livre**	Ma **leçon**	Mes **amis**	à moi
Ton **travail**	Ta **chambre**	Tes **copains**	à toi
Son **CD**	Sa **situation**	Ses **camarades**	à lui, à elle
Notre **problème**	Notre **filiale**	Nos **clients**	à nous
Votre **plat**	Votre **école**	Vos **dossiers**	à vous
Leur **appartement**	Leur **piscine**	Leurs **appartements**	à eux, à elles

Mon **travail consiste à lire et rédiger un résumé des principales informations de la journée.**
Meu trabalho consiste em ler e redigir um resumo das principais informações do dia.

Ma **journée n'est pas facile.**
O meu dia não é fácil.

Observação: Em francês, não existe artigo diante dos adjetivos possessivos. Já na língua portuguesa, esse artigo é facultativo.

Mon **université se situe à 50 km de Paris. C'est à Fontainebleau.**
Minha universidade se situa a 50 km de Paris. Fica em Fontainebleau.

Diante de palavras femininas que começam por uma vogal, devemos obrigatoriamente trocar o feminino pelo masculino, no caso, **mon université**, a fim de evitarmos um encontro vocálico. Este fato é válido para todas as pessoas. Ex: **son université; ton opinion, etc.**

Mes **amis ont l'habitude de jouer au tennis le samedi.**
Meus amigos têm o hábito de jogar tênis aos sábados.

J'aime tes **yeux,** ton **parfum et** ta **douceur.**
Gosto dos seus olhos, do seu perfume e de sua doçura.

Sa **serviette,** son **dossier et** ses **clés sont sur la table.**
Sua pasta, seu dossiê e suas chaves estão sobre a mesa.
A pasta, o dossiê e as chaves dele estão sobre a mesa.

Em francês, não existe a mesma ambiguidade que encontramos no português a respeito dos pronomes de 2ª e 3ª pessoa. Em nossa língua, dizemos o seu caderno **(o caderno do senhor)** querendo nos referir a um pronome de segunda pessoa (o teu caderno; o vosso caderno). Em língua francesa, temos **ton cahier** ou **votre cahier**. **Son cahier** refere-se ao caderno dele.

Notre école est fermée le week-end.
Nossa escola fica fechada nos fins de semana.

Nos élèves doivent aller au club pour pouvoir faire du sport.
Nossos alunos têm que ir ao clube para poder praticar esportes.

Votre établissement passe à intégrer le même système de communication.
Seu estabelecimento passa a integrar o mesmo sistema de comunicação.

Où sont vos valises?
Onde estão suas malas?

Paul et Nadine sont prêts à voyager; leurs places d'avion sont déjà réservées.
Paul e Nadine estão prontos para viajar. Seus (= os deles) lugares no avião já estão reservados.

Leur bébé restera avec la mère de Nadine.
O seu (= deles) bebê ficará com mãe da Nadine.

PRONOMES POSSESSIVOS

O pronome possessivo substitui um substantivo anteriormente mencionado.

Mon appartement. le mien. Ton livre. le tien. Son travail. le sien.
Meu apartamento. O meu. Teu livro. O teu. Seu trabalho. O seu (o dele).

Ma femme. La mienne. Ta maison. La tienne. Sa valise. La sienne.
Minha mulher. A minha. Tua casa. A tua. Sua mala. A sua (a dele ou a dela)

Notre travail. le nôtre. Votre service. le vôtre. Leur cérimonie. La leur.
Nosso trabalho. O nosso. Seu serviço. O seu. A cerimônia deles. A deles.

Masculino Singular	Feminino Singular	Masculino Plural	Masculino Plural
le mien	la mienne	les miens	les miennes
le tien	la tienne	les tiens	les tiennes
le sien	la sienne	les siens	les siennes
le nôtre	la nôtre	les nôtres	les nôtres
le vôtre	la vôtre	les vôtres	les vôtres
le leur	la leur	les leurs	les leurs

Ton professeur est italien, le mien est grec.
O seu professor é italiano, o meu é grego (substituindo professor).

Tes soeurs sont grandes, les miennes sont petites.
Tuas irmãs são altas, as minhas são baixas.

Tout le monde a des défauts; j'ai les miens, tu as les tiens, il a les siens.
Todo mundo tem defeitos; eu tenho os meus, você tem os seus, ele tem os dele.

Votre père est médecin, le nôtre est dentiste.
Seu pai é médico, o nosso é dentista.

Notre appartement est au bord de la mer; le leur est à 300 mètres de la plage.
Nosso apartamento é à beira do mar. O deles é a 300 metros da praia.

ADJETIVOS DEMONSTRATIVOS

Os adjetivos demonstrativos indicam, situam algo no espaço e acompanham um substantivo.

Masculino	Feminino	Plural
Ce (este, esse) Cet (este, esse) diante de um substantivo que comece por vogal ou por h aspirado.	Cette (esta, essa)	Ces (esses, estes, essas, estas)

PRONOMES DEMONSTRATIVOS

São os demonstrativos que substituem o substantivo anteriormente mencionado.

Masculino	Feminino	Plural
Celui-ci; celui-là (este, esse, aquele)	Celle-ci; celle-là (esta, essa, aquela)	Ceux-ci; ceux-là (estes, esses, aqueles) Celles-ci; celles-là (estas, essas, aquelas)

Ce professeur est beaucoup plus sympatique et compétent que celui du cours du matin.
Este professor é muito mais simpático e competente que o do curso matutino.

Cet écrivain est venu à Paraty pour la FLIP, il y a trois ans.
Este escritor veio a Paraty para a FLIP, há três anos.

Cette chemise rose est plus belle que celle-là.
Esta camisa rosa é mais bonita do que aquela.

Ces modèles sont différents. Qu'est-ce que vous préférez: ceux-ci ou ceux-là?
Estes modelos são diferentes. O que o senhor prefere: estes ou aqueles?

Ces concurrences seront plus difficiles à dépasser que celles de l'année dernière.
Estas concorrências serão mais difíceis de serem ultrapassadas do que as do ano passado.

3. O presente dos verbos être e avoir

O VERBO ÊTRE (SER/ESTAR)

Je suis	Nous sommes
Tu es	Vous êtes
Il/elle est	Ils/elles sont
On est	

O verbo ser em francês - être - corresponde em português aos verbos ser e estar. O que nos faz distinguir um uso do outro é o complemento que se segue após o verbo, tal como no exemplo:

Vous êtes Français?
O senhor é francês?

Non, je suis Canadien. Je suis en France de passage. J'habite à Montreal.
Non, sou canadense. Estou na França de passagem. Moro em Montreal.

Observando bem, você verá que, no primeiro caso, mais especificamente na primeira sentença - Vous êtes Français? - o verbo être está tomado na acepção de ser em português, já que este precede um adjetivo denotando nacionalidade. O mesmo acontece na primeira sentença da resposta: Non, je suis canadien. No segundo caso - Je suis **en France** de passage - o verbo être antecede um complemento adverbial de lugar (en France), transformando-se para nós, falantes de língua portuguesa, em estar.

Mais alguns exemplos:

Tu es américain? (acompanhando um adjetivo)
Você é americano?

Tu es au Brésil depuis longtemps? (acompanhando um complemento adverbial de lugar)
Você está no Brasil há muito tempo?

M. Dubois est responsable marketing de la société Plesibex. (acompanhando um adjetivo)
O senhor Dubois é gerente de marketing da sociedade (empresa) Plesibex.
Il est aussi à Prague pour visiter une industrie dans le secteur automobile. (complemento adverbial de lugar)
Ele também está em Praga para visitar uma indústria no setor automobilístico.

Nous sommes végétariens. (acompanhando um adjetivo)
Somos vegetarianos.
Nous sommes ici pour une réunion avec le conseil administratif. (acompanhando um complemento adverbial de lugar)
Estamos aqui para uma reunião com o conselho administrativo.

Vous êtes Allemande? (acompanhando um adjetivo)
A senhora é alemã?

Oui, effectivement, je suis Allemande. (acompanhando um adjetivo)
Sim, de fato sou alemã.

Vous êtes à Prague pour des affaires? (acompanhando um complemento adverbial de lugar)
Está em Praga a negócios?

Les manequins et les modèles sont en général très maigres. (acompanhando um adjetivo)
As manequins e os modelos são em geral muito magros.
Les mannequins et les modèles sont au défilé de mode du Salon du Prêt-à-Porter. (acompanhando um complemento adverbial de lugar)
As manequins e os modelos estão no desfile de moda do Salão do Prêt-à-Porter.

O VERBO AVOIR (TER)

O verbo avoir, entre os vários empregos que tem, indica principalmente a posse de um objeto ou coisa (material ou imaterial).

Observe os exemplos:

Nous avons une grande maison à la campagne.
Temos uma grande casa no campo.

Vous avez le dernier catalogue de notre campagne publicitaire?
O senhor tem o último catálogo de nossa campanha publicitária?

J'ai le droit de me prononcer.
Tenho o direito de me pronunciar.

J'ai	**Nous avons**
Tu as	**Vous avez**
Il/elle a	**Ils ont**
On a	

Lembre-se: o pronome pessoal je transforma-se obrigatoriamente em j' quando o verbo se inicia por uma vogal. No entanto, no francês oral, ou seja, em diálogos totalmente coloquiais, pode-se notar as seguintes formas aglutinadas, não admitidas no registro formal (de norma culta):

T'as une cigarette? (coloquial) por Tu as une cigarette?
Você tem um cigarro?

T'es Brésilien? (também acontece com o verbo être) por Tu es Brésilien?
Você é brasileiro?

Outros exemplos com o verbo avoir:

J'ai un professeur de cuisine italienne qui est très compétent.
Tenho um professor de culinária italiana que é muito competente.

Tu as l'adresse électronique du directeur financier?
Você tem o endereço eletrônico do diretor financeiro?

Jean-Claude a deux frères et une soeur.
Jean-Claude tem dois irmãos e uma irmã.

On a cours de géo[1] ce soir.
A gente tem aula de geografia esta noite.

Vous avez raison de vous plaindre du service. Il n'est pas bon.
O senhor tem razão de se queixar do serviço. Ele não é bom.

Ils ont un appartement hyper confortable, mais en banlieue.
Eles têm um apartamento hiperconfortável, mas fora do limite urbano (na periferia).
O verbo avoir pode indicar também a idade (l'âge), assim como um determinado estado físico ou sensação, como avoir froid (estar com frio/sentir frio), avoir chaud (estar com calor/sentir calor), avoir sommeil (estar com sono/sentir sono), avoir faim (estar com fome/sentir fome),

1. Abreviação de **Géographie**.

avoir soif (estar com sede/sentir sede), ou ainda fazer parte de algumas expressões como avoir raison (ter razão), avoir tort (não ter razão, estar errado), avoir le temps (ter tempo), avoir l'habitude (ter o hábito), avoir le droit (ter o direito) e assim por diante.

Mais alguns exemplos com o verbo avoir

Maman, j'ai chaud et j'ai soif!
Mamãe, estou com calor e com sede (tenho sede).

Vous avez votre passeport, s'il vous plaît?
O senhor tem seu passaporte, por favor?

Tu as raison de ne pas donner des informations à ce type; il n'est pas du tout fiable!
Você tem razão em não fornecer (dar) informações a este cara, ele não é nem um pouco confiável!

Quand nous étions petits, nous avions l'habitude d'aller à la ville de Santos.
Quando éramos pequenos, costumávamos (tínhamos o hábito) de ir à cidade de Santos.

Il est 11 heures et le train part seulement à 11 heures et demie. Ils ont encore le temps de prendre un café.
São 11 horas e o trem sai somente às 11 e meia. Eles ainda têm tempo de tomar um café.

4. O presente: verbos regulares e irregulares no Presente do Indicativo

Em francês, assim como em português, o presente é expresso pelo Presente do Indicativo.[1] Serve para descrever ações no momento em que ocorrem (e encontram um paralelo no uso do gerúndio em português), ações habituais, frequentes, ou ainda, verdades gerais, incontestáveis. Veja os exemplos:

Je travaille en ce moment. Je ne veux pas être gêné. (ação ocorrendo naquele momento)
Estou trabalhando neste momento(agora). Não quero ser incomodado.

Actuellement, je travaille chez Dior. (ação habitual, frequente)
Atualmente, trabalho/estou trabalhando na Dior.

1. O Indicativo é o modo que exprime as ações que de fato ocorrem, que são tidas pelo locutor como reais, certas, não hipotéticas. As hipóteses, dúvidas e incertezas fazem parte do modo Subjuntivo.

Je commence à 9 heures. Alors ma routine est la suivante: je me réveille à 7 heures, je prends ma douche, ensuite mon petit déjeuner et je sors pour aller travailler vers 8 heures et demie.
Começo às 9 horas. Então, a minha rotina é a seguinte: acordo às 7 horas, tomo minha ducha, em seguida, o meu café da manhã e saio para ir trabalhar lá pelas 8 e meia. (ação habitual)

En principe, dans toutes les sociétés, tout individu doit respecter les lois de la Constitution de son pays. (verdade geral)
Em princípio, em todas as sociedades, todo e qualquer indivíduo deve respeitar a Constituição de seu país.

L'action de la gravité fait tomber les corps et les objets. (verdade geral)
A ação da gravidade faz cair os corpos e objetos.

Marcadores de tempos que costumam acompanhar o Presente do Indicativo:

normalement (normalmente), **en général** (em geral), **d'habitude** (de hábito), **maintenant** (agora), **en ce moment**, (neste momento), **actuellement** (atualmente), **aujourd`hui** (hoje), **de nos jours** (hoje em dia), **tous les jours** (todos os dias), **toutes les semaines** (todas as semanas), **souvent** (frequentemente), **toujours** (sempre) entre outros.

Os verbos em francês se dividem em três grupos de conjugação. Os chamados verbos do primeiro grupo terminam por **ER** e seguem o modelo do verbo **parler**. Acompanhe os exemplos e observe as terminações: e-es-e-ons-ez-ent

PARLER (Falar)	VISITER (Visitar)	TRAVAILLER (Trabalhar)	HABITER (Morar)	COMMENCER (Começar)
Je parle	**Je visite**	**Je travaille**	**J'habite**	**Je commence**
Tu parles	**Tu visites**	**Tu travailles**	**Tu habites**	**Tu commences**
Il/elle parle	**Il/elle visite**	**Il/elle travaille**	**Il/elle habite**	**Il/elle commence**
On parle	**On visite**	**On travaille**	**On habite**	**On commence**
Nous parlons	**Nous visitons**	**Nous travaillons**	**Nous habitons**	**Nous commençons**
Vous parlez	**Vous visitez**	**Vous travaillez**	**Vous habitez**	**Vous commencez**
Ils/elles parlent	**Ils/elles visitent**	**Ils/elles travaillent**	**Ils/elles habitent**	**Ils commencent**

Exceção importante: verbo aller (ir), irregular.

Je vais	Nous allons
Tu vas	Vous allez
Il/elle va	Ils/elles vont
On va	

Da mesma forma se conjugam os verbos pronominais que, na maioria dos casos, fazem parte dos verbos do primeiro grupo, terminados em ER.

SE RÉVEILLER
(acordar)
Je me réveille
Tu te réveilles
Il/elle se réveille
On se réveille
Nous nous réveillons
Vous vous réveillez
Ils/elles se réveillent

S'APPELER
(chamar-se)
Je m'appelle
Tu t'appelles
Il/elle s'appelle
On s'appelle
Nous nous appelons
Vous vous appelez
Ils/elles s'appellent

SE LAVER
(lavar-se)
Je me lave
Tu te laves
Il/elle se lave
On se lave
Nous nous lavons
Vous vous lavez
Ils/elles se lavent

S'OCCUPER
(cuidar, ocupar-se)
Je m'occupe
Tu t'occupes
Il/elle s'occupe
On s'occupe
Nous nous occupons
Vous vous occupez
Ils/elles s'occupent

SE PRÉOCCUPER
(preocupar-se)
Je me préoccupe
Tu te préoccupes
Il se préoccupe
On se préoccupe
Nous nous préoccupons
Vous vous préoccupez
Ils se préoccupent

Observação: assim se conjugam todos os verbos pronominais (acompanhados pelos pronomes reflexivos, já vistos anteriormente). Ex: **se lever** (levantar-se), **se raser** (barbear-se), **se peigner** (pentear-se), **se coiffer** (fazer um penteado), **se maquiller** (maquiar-se), **se doucher** (tomar uma ducha), **se baigner** (banhar-se), **s'habiller** (vestir-se), **se coucher** (deitar-se), **se dépêcher** (apressar-se), **s'habituer** (habituar-se), **se préparer** (preparar-se), **s'inquiéter** (preocupar-se), **se promener** (passear), **se balader** (passear), **s'intéresser** (interessar-se), **s'absenter** (ausentar-se), **se reposer** (repousar), **se marier** (casar-se), e assim por diante.

Alguns exemplos com verbos do primeiro grupo:

Vous pratiquez un sport?
O senhor pratica algum esporte?

Je déteste analyser les candicats, parce que cette activité exige beaucoup d'objectivité et de sérénité.
Detesto analisar os candidatos, porque esta atividade exige muita objetividade e serenidade.

D'habitude tu te couches à quelle heure?
Normalmente você se deita a que horas?

Nous recommençons le travail la semaine prochaine.
Recomeçamos o trabalho na semana que vem.

Nous nous intéressons à tout ce qui est lié aux Sciences politiques.
Nós nos interessamos por tudo o que está ligado às Ciências Políticas.

Vous vous organisez de manière à permettre aux autres membres du groupe de participer également au tournoi de tennis, d'accord?
Organizem-se de maneira a permitir que os outros membros do grupo também participem do torneio de tênis, ok?

J'ai l'impression que les étudiants d'aujourd'hui s'inquiètent moins des questions politiques.
Acho que os estudantes de hoje se preocupam menos com questões políticas.

Actuellement les femmes se maquillent plus qu'avant.
Atualmente as mulheres se maquiam mais do que antes.

Os verbos do segundo grupo terminados por IR são regulares e seguem o modelo de finir, cuja principal característica é possuir a partícula ISSE na três últimas pessoas (1ª, 2ª, 3ª.) do plural. Observe: is, is, it, issons, issez, issent

FINIR (acabar)	CHOISIR (escolher)	RÉUNIR (reunir)	MAIGRIR (emagrecer)	INVESTIR (investir)
Je finis	**Je choisis**	**Je reunis**	**Je maigris**	**J'investis**
Tu finis	**Tu choisis**	**Tu reunis**	**Tu maigris**	**Tu investis**
Il/elle finit	**Il/elle choisit**	**Il/ elle réunit**	**Il/elle maigrit**	**Il/elle investit**
On finit	**On choisit**	**On réunit**	**On maigrit**	**On investit**
Nous finissons	**Nous choisissons**	**Nous réunissons**	**Nous maigrissons**	**Nous investissons**
Vous finissez	**Vous choisissez**	**Vous réunissez**	**Vous maigrissez**	**Vous investissez**
Ils/elles finissent	**Ils/elles choisissent**	**Ils/elles réunissent**	**Ils/elles maigrissent**	**Ils/elles investissent**

Outros verbos possuem igualmente o infinitivo terminado em IR, mas não pertencem ao grupo dos regulares. Fazem parte dos verbos do terceiro grupo (os irregulares), como veremos adiante.

Observe alguns exemplos:

Tu remplis cette fiche, s'il te plaît.
Preencha esta ficha, por favor.

Normalment, quand on va au cinéma, on choisit une comédie au lieu d'un drame.
Normalmente, quando a gente vai ao cinema, a gente escolhe uma comédia ao invés de um drama.

Qu'est-ce que tu choisis en termes de branche d'activité?
O que você está escolhendo em termos de ramo de atividade?

Vous remplissez ce formulaire, s'il vous plaît.
Preencha este formulário, por favor.

Pour commencer, nous choisissons une entrée.
Para começar, estamos escolhendo uma entrada.

Le samedi, nous nous réunissons pour discuter les problèmes du quartier.
Aos sábados, nós nos reunimos para discutir os problemas do bairro.

Les entrepreneurs investissent beaucoup.
Os empresários investem muito.

Os verbos do terceiro grupo são irregulares e não seguem um único modelo, apresentando variações no radical. Entretanto possuem subgrupos que costumam apresentar as mesmas características, casos dos verbos terminados em IR, RE, DRE, TRE, OIR etc. Observe os quadros e os exemplos:

IR			
SORTIR (sair)	PARTIR (partir)	DORMIR (dormir)	SERVIR (servir)
Je sors	**Je pars**	**Je dors**	**Je sers**
Tu sors	**Tu pars**	**Tu dors**	**Tu sers**
Il/elle sort	**Il/elle part**	**Il/elle dort**	**Il/elle sert**
On sort	**On part**	**On dort**	**On sert**
Nous sortons	**Nous partons**	**Nous dormons**	**Nous servons**
Vous sortez	**Vous partez**	**Vous dormez**	**Vous servez**
Ils/elles sortent	**Ils/elles partent**	**Ils/elles dorment**	**Ils/elles servent**

Le train part dans cinq minutes.
O trem sai dentro de cinco minutos.

En France, on sert toujours un morceau de fromage à la fin de chaque repas.
Na França sempre se serve um pedaço de queijo ao final de cada refeição.

D'habitude nous dormons vers minuit.
Habitualmente dormimos por volta da meia-noite.

Tu sors ce soir?
Você vai sair esta noite?

RE			
PRENDRE (pegar, tomar)	COMPRENDRE (compreender)	ATTENDRE (esperar)	RÉPONDRE (responder)
Je prends	**Je comprends**	**Je attends**	**Je réponds**
Tu prends	**Tu comprends**	**Tu attends**	**Tu réponds**
Il/elle prend	**Il/elle comprend**	**Il/elle attend**	**Il répond**
On prend	**On comprend**	**On attend**	**On répond**
Nous prenons	**Nous comprenons**	**Nous attendons**	**Nous répondons**
Vous prenez	**Vous comprenez**	**Vous attendez**	**Vous répondez**
Ils/elles prennent	**Ils/elles comprennent**	**Ils/elles attendent**	**Ils/elles répondent**

Assim se conjugam ainda os verbos entendre (ouvir), vendre (vender), dépendre (depender), rendre (devolver, render), confondre (confundir), perdre (perder), descendre (descer). Exemplos:

Le matin, j'entends souvent le bruit des voitures.
De manhã, ouço frequentemente o barulho dos carros.

Tu attends d'abord l'avis de ton médecin avant de recommencer à travailler.
Espere primeiramente a opinião do seu médico antes de recomeçar a trabalhar.

Quand Jean est ennervé, il prend des attitudes ridicules et incontrôlables.
Quando Jean fica nervoso, ele toma atitudes ridículas e incontroláveis.

Nous vendons notre maison à la plage.
Estamos vendendo nossa casa na praia.

Vous comprenez ce que je veux dire?
Você compreende o que eu quero dizer?

Les chauffeurs de taxi se confondent de temps em temps, mais c'est très rare.
Os motoristas de táxi se confudem de vez em quando, mas é muito raro.

OS VERBOS MODAIS

Verbos modais são aqueles empregados com um outro verbo (no infinitivo) e que modalizam, relativisam o sentido. Esses verbos também são irregulares.

POUVOIR (poder)	VOULOIR (querer)	SAVOIR (saber)	DEVOIR (dever)
Je peux	**Je veux**	**Je sais**	**Je dois**
Tu peux	**Tu veux**	**Tu sais**	**Tu dois**
Il/elle peut	**Il/elle veut**	**Il/elle sait**	**Il/elle doit**
On peut	**On veut**	**On sait**	**On doit**
Nous pouvons	**Nous voulons**	**Nous savons**	**Nous devons**
Vous pouvez	**Vous voulez**	**Vous savez**	**Vous devez**
Ils peuvent	**Ils veulent**	**Ils/elles savent**	**Ils/elles doivent**

Tu peux me donner un conseil?
Você pode me dar um conselho?

Vous devez repasser au cabinet médical après-demain.
O senhor deve passar de novo no consultório médico depois de amanhã.

On sait utiliser un tableur sans difficultés.
A gente sabe usar uma planilha sem dificuldades.

Nous voulons faire une réservation d'une chambre avec salle de bains.
Queremos fazer uma reserva de um quarto com banheiro completo.

5. Afirmação, interrogação e negação no Presente do Indicativo

A INTERROGAÇÃO

No português, para transformar sentenças afirmativas em interrogativas, basta acrescentar o ponto de interrogação e mudar a entonação. Veja os exemplos:

Você gosta de viajar. (sentença afirmativa)
Você gosta de viajar? (sentença interrogativa)
entonação!

O mesmo acontece em francês. Observe:

AFIRMAÇÃO	INTERROGAÇÃO POR ENTONAÇÃO ASCENDENTE
Tu vas au cinéma. Você vai ao cinema.	**Tu vas au cinéma?** Você vai ao cinema?
Vous pouvez téléphoner à Marie maintenant. O senhor pode telefonar para Maria agora.	**Vous pouvez téléphoner à Marie maintenant?** O senhor pode telefonar para a Maria agora?
Nous partons immédiatement. Partimos imediatamente.	**Nous partons immédiatement?** Partimos imediatamente?

Esse modo de interrogação pertence a um registro mais informal de língua, porém é muito usado hoje em dia. Além dele, existem outras formas de interrogar, como por exemplo:

A. Interrogação com a expressão ou partícula expletiva est-ce que (é que)
Forma que serve tanto para os registros formais quanto informais.

Est-ce que **tu vas au cinéma?**
Você vai ao cinema? (mesma tradução da frase interrogativa feita com entonação ascendente)

Est-ce que **vous pouvez téléphoner à Marie maintenant?**
O senhor pode telefonar para a Maria agora? (idem)

Est-ce que **tu arrives à 10 heures?**
Você chega às 10 horas? (idem)

Est-ce que **nous partons immédiatement?**
Partimos imediatamente? (idem)

B.Interrogação por inversão do sujeito

Esta forma é comumente mais empregada em registros formais ou na escrita, sendo menos frequente na linguagem oral.

Vas-tu **au cinéma?**
Você vai ao cinema?

Pouvez-vous **téléphoner à Marie maintenant?**
O senhor pode telefonar para a Maria agora?

Arrives-tu à 10 heures?
Você chega às 10 horas?

Partons-nous maintenant?
Partimos imediatamente?

C. Interrogação com o emprego dos pronomes interrogativos **qui** (quem), **que** (o que), **quoi** (o que), **quand** (quando), **où** (onde), **pourquoi** (por que), **comment** (como) e **combien** (quanto). Esses pronomes podem iniciar a sentença e ser acompanhados pela partícula expletiva **est-ce que** (é que).

Qui est-ce? Je ne sais pas
Quem é? Não sei.

Qu'est-ce que c'est?
O que é isso?

Quand est-ce que tu viens nous voir?
Quando é que você vem nos ver?

S'il vous plaît, Madame, où est-ce que je peux trouver un formulare d'inscription?
Por favor, senhora, onde é que eu posso encontrar um formulário de inscrição (de matrícula)?

Pourquoi est-ce qu'il est obligé de partir en courant?
Por que é que ele deve partir (ir embora) correndo?

Comment est-ce que vous allez payer: par chèque ou carte de crédit?
Como é que o senhor vai pagar: com cheque ou cartão de crédito?

Combien est-ce que ça coûte?
Quanto é que isso custa?

D. interrogação com os pronomes interrogativos e inversão do sujeito.

Quand viens-tu nous voir?
Quando você vem nos ver?

S'il vous plaît, Madame, où puis-je trouver un formulare d'inscription?
Por favor, senhora, onde posso encontrar um formulário de inscrição (de matrícula)?

Neste caso, ao invés de se usar "où peux-je trouver", dá-se comumente preferência à forma antiga "puis-je", que possui o mesmo significado.

Pourquoi est-il obligé de partir?
Por que ele deve partir (ir embora)?

Comment allez-vous payer: par chèque ou carte de crédit?
Como o senhor vai pagar: com cheque ou cartão de crédito?

E. Interrogação com os pronomes interrogativos no final da frase.

Na na fala coloquial, prefere-se esta maneira de fazer uma pergunta, consagrada pelo uso e considerada correta. Observe os mesmos exemplos:

C'est qui? Je ne sais pas.
Quem é? Não sei.

C'est quoi ça?
Isso é o quê?

Tu viens nous voir quand?
Você vem nos ver quando?

S'il vous plaît, Madame, je peux trouver un formulare d'inscription où?
Por favor, senhora, eu posso encontrar um formulário de inscrição (de matrícula) onde?

Il est obligé de partir pourquoi?
Ele deve partir (ir embora) por quê?

Vous allez payer comment: par chèque ou carte de crédit?
O senhor vai pagar como: com cheque ou cartão de crédito?

Ça coûte combien?
Custa quanto?

A NEGAÇÃO

Agora, observe e compare os seguintes exemplos:

Je ne trouve pas le formulaire d'inscription.
Não estou encontrando o formulário de inscrição.

Je ne sais pas s'il va venir au rendez-vous fixé.
Não sei se ele vai vir ao encontro marcado.

Nas frases negativas usamos, pois, duas partículas:

NE **+ VERBO +** PAS

Como você percebeu, diante de um verbo começado por vogal, o **ne** passa a **n'**.

Il n'est pas président.
Ele não é presidente.

Elle n'est pas obligée de partir.
Ela não é obrigada a partir (ir embora).

Je n'aime pas cet auteur classique.
Não gosto deste autor clássico.

Nous n'avons pas encore les tickets pour le théâtre.
Ainda não temos os ingressos para o teatro.

No caso de locuções verbais, o verbo a ser colocado na negativa é o primeiro (o auxiliar).

Vous n'allez pas payer tout de suite.
O senhor não vai pagar imediatamente.

Tu ne viens pas nous voir?
Você não vem nos ver?

No infinitivo, as duas partículas negativas permanecem juntas:

Ne pas fumer!
Não fumar!

Além da negação com **ne... pas**, existem outras bastante frequentes na língua francesa:
Ne... point: não (negação forte)
Ne...guère: quase não
Ne... jamais: nunca
Ne... rien: nada
Ne... personne: ninguém
Ne... nulle part: em lugar nenhum
Ne... aucun(e): nenhum(a)

Exemplos:

Il ne fume jamais car il n'aime déranger personne.
Ele nunca fuma pois ele não gosta de incomodar ninguém.

Elle ne boit rien et ne mange guère.
Ela não bebe nada e quase não come.

Ils ne sont nulle part.
Eles não estão em lugar algum.

6. Os tempos no passado: Passé composé, Imparfait, Plus-que-parfait

Em francês, os principais tempos no passado - e também os mais usuais - são: o Passé composé (que equivale ao nosso Pretérito Perfeito Simples), o Imparfait (que equivale ao nosso Pretérito Imperfeito) e o Plus-que-Parfait (que equivale ao nosso Pretérito-mais- que-perfeito). No entanto, existem outros, menos usuais, tanto no Indicativo quanto no Subjuntivo, que não serão tratados neste manual.

DIFERENÇAS ENTRE OS TRÊS TEMPOS

Em relação ao aspecto verbal, o Passé Composé descreve um fato pontual, um momento preciso, ou uma sucessão de fatos localizados no passado, enquanto o Imparfait descreve algumas ações circunstanciais no passado ou ainda ações que persistem no tempo. Já o Plus-que-parfait pressupõe uma anterioridade em relação a um fato já descrito ou a um ponto localizado anteriormente na narrativa (narrado no Passé Composé). Observe:

P.C. Imp. P.C. Plus-que-Parfait
Quand je suis arrivé il pleuvait; je me suis mouillé parce que j'avais oublié mon parapluie.
Quando eu cheguei, estava chovendo (chovia); eu me molhei porque tinha esquecido (esquecera) o meu guarda-chuva.

FORMAÇÃO DOS TRÊS TEMPOS

Passé composé: auxiliar avoir ou être no Presente + Particípio Passado

Imparfait: radical retirado da 1a. pessoa do plural do presente + terminações: ais; ais; ait; ions; iez; aient (esse tempo verbal será estudado adiante).

Plus-que-parfait: auxiliar avoir ou être no Imperfeito + Particípio Passado

O PASSÉ COMPOSÉ

O **Passé Composé**, sendo um tempo composto, é formado por um verbo auxiliar (**être** ou **avoir**, dependendo do contexto) seguido do Particípio Passado do verbo em questão (o verbo principal). Portanto, para se formular uma frase no passado, é necessário se conhecer os particípios do verbos. Para os verbos regulares, temos as seguintes características:

Os verbos regulares do primeiro grupo - terminados em ER - formam o particípio passado em É; já os verbos regulares do segundo grupo - terminados em IR - formam o particípio passado em I.

Infinitivo	Particípio Passado	Infinitivo	Particípio Passado
parler (falar)	Parlé	finir (acabar)	fini
dîner (jantar)	dîné	réussir (conseguir)	réussi
déjeuner (almoçar)	déjeuné	réunir (reunir)	réuni
orienter (orientar)	orienté	choisir (escolher)	choisi
manger (comer)	mangé	établir (estabelecer)	établi
visiter (visitar)	visité	investir (investir)	investi
téléphoner (telefonar)	téléphoné	grossir (engordar)	grossi
entrer (entrar)	entré	grandir (crescer)	grandi
rédiger (redigir)	rédigé	maigrir (emagrecer)	maigri

Exemplos: (neste caso, o verbo auxiliar é o **avoir**):

Hier, j'ai déjeuné avec les chefs du département, afin de les mettre au courant de tous nos problèmes.
Ontem, eu almoçei com os chefes do departamento, a fim de colocá-los a par de todos os nossos problemas.

Nous avons terminé le travail avant le délai fixé.
Terminamos o trabalho antes do prazo estabelecido.

Como dissemos anteriormente, o **Passé composé** encontra o seu equivalente em português no Pretérito Perfeito. Portanto, não devemos traduzir em hipótese alguma **nous avons terminé** por nós temos terminado (Pretérito Perfeito Composto em língua portuguesa).

Elle a convaincu les membres du jury et (elle) a gagné le prix.
Ela persuadiu os membros do júri e ganhou o prêmio.

Vous avez pensé à ma proposition pour changer de ville?
O senhor pensou na minha proposta de mudar de cidade?

Tous les coureurs, sans exception, ont fini le marathon.
Todos os corredores, sem exceção, concluíram (finalizaram) a maratona.

Pendant la crise, muitas pessoas ont su investir leur argent.
Durande a crise, muitas pessoas souberam investir seu dinheiro.

Os verbos do terceiro grupo possuem particípios irregulares, não obedecendo a um único modelo, como nos casos anteriores (primeiro e segundo grupos). Porém, eles apresentam determinadas constantes, formando alguns subgrupos, o que ajuda em sua memorização:

Être - été
Avoir - eu

is	i	u	it	ert
apprendre appris	**dormir** dormi	**vouloir** voulu	**dire** dit	**offrir** offert
comprendre compris	**partir** parti	**pouvoir** pu	**faire** fait	**ouvrir** ouvert
mettre mis	**servir** servi	**savoir** su	**prédire** prédit	**couvrir** couvert
permettre permis	**sortir** sorti	**devoir** dû	**écrire** écrit	**recouvrir** recouvert
admettre admis	**suivre** suivi	**attendre** attendu	**traduire** traduit	**découvrir** découvert
commettre commis	**acquérir** acquéri	**recevoir** reçu	**conduire** conduit	**offrir** offert
asseoir assis		**courir** couru	**déduire** déduit	

A maioria dos verbos forma o Passé composé com o auxiliar avoir. Porém, verbos que exprimem mudança de estado ou pressupõem deslocamento do sujeito (de um lugar a outro) - os chamados verbos intransitivos (aqueles que pedem apenas um complemento adverbial de lugar) - e ainda os verbos pronominais exigem que o auxiliar seja o verbo être. Neste caso, o particípio passado deverá concordar com o sujeito (masculino ou feminino; singular ou plural). Eis a lista dos principais verbos conjugados com o auxiliar être:

Aller (ir)	Je suis allé (e)
Entrer (entrar)	Tu es entré (e)
Arriver (chegar)	Ils sont arrivés
Passer (passar)	Il est passé
Rester (ficar)	Vous êtes resté(e) s
Monter (subir)	Nous sommes monté(e) s
Naître (nascer)	Vous êtes né(e)
Partir (partir)	Elles sont parties
Sortir (sair)	Nous sommes sortis (e)s
Venir (vir)	Elle est venue
Devenir (tornar-se)	Elle est devenue
Descendre (descer)	Je suis descendu (e)
Mourir (morrer)	Elle est morte

Exemplos (com o verbo être):

Je suis allé à l'aéroport te chercher, mais tu es venu en taxi. Quel malentendu!
Fui ao aeroporto te buscar, mas você veio de táxi. Que mal-entendido!

Vous êtes resté longtemps à Rio?
Você ficou muito tempo no Rio?

Il est venu sans ne me rien dire.
Ele veio sem me dizer nada.

Nadine est arrivée en métro, car la circulation est insupportable aux heures de pointe.
Nadine chegou de metrô, pois o trânsito é insuportável nas horas de pico.

Aline s'est réveillée très tard ce matin. (concordância no feminino)
Aline acordou muito tarde esta manhã.

Nous nous sommes mariés il y a dix ans. (concordância no masculino plural)
Nós nos casamos há dez anos.

PASSÉ COMPOSÉ: FRASES NEGATIVAS

Ao colocarmos as sentenças na negativa devemos usar a partícula ne diante do verbo auxiliar.

Nous n'avons pas compris. Est-ce que vous pouvez être plus clair?
Não entendemos. Será que o senhor pode ser mais claro?

Je ne suis pas allé à l'aéroport te chercher.
Não fui ao aeroporto te buscar.

Vous n'êtes pas resté longtemps à Rio?
O senhor não ficou muito tempo no Rio?

Il n'est pas venu sans nous prévenir avant.
Ele não veio sem nos prevenir antes.

Nadine n'est pas venue en métro, car la circulation était bonne.
Nadine não veio de metrô, pois o trânsito estava bom.

Aline ne s'est pas réveillée très tard ce matin.
Aline não acordou muito tarde esta manhã.

Nous ne nous sommes pas mariés à l'église.
Nós não nos casamos na igreja.

O IMPARFAIT

De forma geral, o Imparfait - tanto em francês quanto em português - é um tempo verbal que serve para exprimir uma ação não terminada. De fato, trata-se de um tempo que situa a ação no passado, sem no entanto definir o seu início ou o seu fim, sendo empregado em ações habituais, ações não terminadas, descrições em narrativas etc.

Terminações:

ais ais ait ions iez aient

FORMAÇÃO DO IMPERFEITO

1ª pessoa do plural do Presente do Indicativo + terminações indicadas acima

AVOIR
nous avons ⟶ j' avais
tu avais
il/elle avait
on avait
nous avions
vous aviez
ils avaient

AIMER
nous aimons ⟶ j' aimais
tu aimais
il/elle aimait
nous aimions
vous aimiez
ils aimaient

FINIR		MANGER	
nous finissons →	je finissais tu finissais il/elle finissait nous finissions vous finissiez ils finissaient	nous mangeons →	je mangeais tu mangeais il/elle mangeait nous mangions vous mangiez ils mangeaient
BOIRE		**PRENDRE**	
nous buvons →	je buvais tu buvais il/elle buvait nous buvions vous buviez ils buvaient	nous prenons →	je prenais tu prenais il/elle prenait nous prenions vous preniez ils prenaient
VENDRE		**ÊTRE**	
nous vendons →	je vendais tu vendais il/elle vendait nous vendions vous vendiez ils vendaient	vous êtes → Exceção (2ª pessoa do plural)	j'étais tu étais il/elle était nous étions vous étiez ils étaient

Exemplos:

P.C. (est rentré) / Imp. (était)

Quand Pierre est rentré chez lui, sa femme était sous la douche. (ação não terminada)
Quando Pierre chegou em casa, sua mulher estava debaixo do chuveiro.

Imp. (avait) / Imp. (fréquentait)

Quand Jean-Marc avait dix ans, il fréquentait le club de la région. (ação habitual no passado)
Quando Jean-Marc tinha dez anos, ele frequentava o clube da região.

P.C. (a cambriolé) / Imp. (nous étions)

On a cambriolé la maison pendant que nous étions en vacances. (duração de tempo)
Arrombaram a casa enquanto estávamos de férias.

P.C. (m'a dit) / Imp. (avait l'intention)

Le directeur m'a dit qu'il avait l'intention de licencier des employés. (discurso relatado)
O diretor me disse que tinha a intenção de despedir alguns funcionários.

Imp. Imp. Imp.

Il était 9 heures du soir. Il pleuvait beaucoup. Les gens marchaient très vite. (descrição da cena ou circunstância de uma narrativa)
Eram 9 horas. Chovia muito. As pessoas andavam rapidamente.

Imp. Imp.

J'écoutais la radio pendant que ma femme regardait la télé. (ações simultâneas no passado)
Eu estava ouvindo (ouvia) rádio enquanto minha mulher assistia à TV.

O PLUS-QUE-PARFAIT

Este tempo serve para indicar uma ação anterior (que precede) a uma outra ação no passado, estando relacionado ao **Passé composé**. É formado pelo auxiliar **être** ou **avoir** no Imperfeito seguido do Particípio Passado do verbo principal.

P.C. Plus-que-parfait

Nous avons obtenu de très bons résultats parce que nous avions étudié.
Obtivemos bons resultados porque havíamos estudado.

Exemplos:

Quand je suis arrivée, ma mère était déjà partie. (uma ação anterior à outra)
Quando eu cheguei, minha mãe já tinha ido embora.

J'ai éclaté de rire parce que j'avais mal compris le message.
Eu morri de rir porque havia compreendido mal a mensagem.

Les cambrioleurs ont envahi la maison parce que quelqu'un avait facilité leur entrée.
Os ladrões invadiram a casa porque alguém havia facilitado sua entrada.

Le klaxon s'est déclenclé car le propriétaire du véhicule avait oublié de débrancher l'alarme de son moteur.
A buzina disparou pois o proprietário do veículo havia esquecido (esquecera) de desligar o alarme do seu motor.

Quand nous sommes arrivés à la conférence, le professeur avait déjà commencé.
Quando chegamos à conferência, o professor já havia começado.

Michiko n'a plus jamais retrouvé les bijoux qu'elle avait oubliés dans la voiture.
Michiko nunca mais encontrou as joias que ela tinha esquecido no carro.

Le capitaine du bateau nous a raconté qu'il avait vu beaucoup de baleines pendant la traversée de l'Océan Pacifique.
O capitão do barco nos contou que tinha visto muitas baleias durante a travessia do Oceano Pacífico.

7. Os tempos no futuro: Futur Simple (Futuro Simples) e Futur Proche (Futuro imediato)

Empregamos o Futur Simple quando imaginamos o futuro ou fazemos planos e projetos. Para formarmos o Futuro Simples, acrescentamos ao Infinitivo as terminações ai, as, a, ons, ez, ont.

R - AI	Je parlerai	Je finirai
R - AS	Tu parleras	Tu finiras
R - A	Il/Elle/On parlera	Il finira
R - ONS	Nous parlerons	Nous finirons
R - EZ	Vous parlerez	Vous finirez
R - ONT	Ils/Elles parleront	Ils finiront

Exemplos:

Anette Hoffman travaillera en Argentine la semaine prochaine et fera un stage en Allemagne (son pays d'origine) d'ici deux mois.
Anette Hoffman trabalhará na Argentina na semana que vem e fará um estágio na Alemanha (seu país de origem) daqui a dois meses.

Les filles ne voyageront que si leurs notes sont bonnes.
As meninas só viajarão se suas notas forem boas.

A formação do futur descrita acima é válida para quase todos os verbos, com exceção dos irregulares, como: être, aller, venir, faire, recevoir, voir. Observe:

ÊTRE (ser, estar)	ALLER (ir)	VENIR (vir)	FAIRE (fazer)	RECEVOIR (receber)
Je serai	J'irai	Je viendrai	Je ferai	Je recevrai
Tu seras	Tu iras	Tu viendras	Tu feras	Tu recevras
Il sera	Il ira	Il viendra	Il fera	Il recevra
Nous serons	Nous irons	Nous viendrons	Nous ferons	Nous recevrons
Vous serez	Vous irez	Vous viendrez	Vous ferez	Vous recevrez
Ils seront	Ils iront	Ils viendront	Ils feront	Ils recevront

VOIR (ver)	ENVOYER (enviar)	METTRE (colocar)	DIRE (dizer)	COURIR (correr)
Je verrai	J'enverrai	Je mettrai	Je dirai	Je courrai
Tu verras	Tu enverras	Tu mettras	Tu diras	Tu courras
Il verra	Il enverra	Il mettra	Il dira	Il courra
Nous verrons	Nous enverrons	Nous mettrons	Nous dirons	Nous courrons
Vous verrez	Vous enverrez	Vous mettrez	Vous direz	Vous courrez
Ils verront	Ils enverront	Ils mettront	Ils diront	Ils courront

Exemplos:

L'année prochaine, j'irai en France pendant mes vacances.
No ano que vem, irei à França durante as minhas férias.

Le programme spacial subira de fortes modifications tout au long de l'année prochaine.
O programa espacial sofrerá grandes modificações ao longo do ano que vem.

Dans dix ans, je prendrai ma retraite.
Dentro de dez anos, eu me aposentarei.

Em 2050, le monde sera complètement différent.
Em 2050, o mundo será completamente diferente.

La météo nous annonce du mauvais temps pendant le week-end: le ciel sera nuageux et il pleuvra.
A meteorologia nos anuncia tempo ruim durante o fim de semana: o céu estará nublado e choverá.

Observação: tanto a negação quanto a interrogação obedecem às regras válidas para o Presente do Indicativo.

Exemplos:

Je n'irai pas au cocktail offert par le président du conseil, car je serai à Rome la semaine prochaine.
Não irei ao cocktail oferecido pelo presidente do conselho, pois estarei em Roma na semana que vem.

Tu viendras demain à l'anniversaire de Jacques?
Você virá amanhã ao aniversário de Jacques?

Após as conjunções **quand, j'espère que, tant que** e **pendant**, devemos empregar o Futuro simples.

J'espère qu'il pourra venir au dîner.
Espero que ele possa vir ao jantar. (atenção: em português, neste caso, empregamos o Subjuntivo)

Quand le train arrivera, tu te mettras au premier wagon.
Quando o trem chegar, você vai entrar no primeiro vagão.
(atenção: em português, neste caso, empregamos o Futuro do Subjuntivo)

Je ne ferai pas mon devoir tant que tu ne me demanderas pas de le faire.
Não farei minha lição enquanto você não me pedir para fazê-la.
(atenção: em português, neste caso, empregamos o Futuro do Subjuntivo)

Utilizamos o **Futur Proche** para descrevermos uma ação que se situa imediatamente após o tempo presente, indicando, por assim dizer, um acontecimento imediato. É o presente que tem continuidade no futuro.

Tal como em português, o **Futur Proche** é formado por:

verbo **aller** no presente do indicativo + Infinitivo do verbo principal

Exemplos:

Je vais recevoir les inscriptions pour le cours de théâtre.
Eu vou receber as inscrições para o curso de teatro.

Tu vas déménager?
Você vai mudar de casa?

On va changer de prof.
A gente vai trocar de professor.

Nous allons organiser une grande fête pour la rentrée scolaire.
Nós vamos organizar uma grande festa para a volta às aulas.

Vous allez envoyer des cartes postales à vos amis qui habitent à l'étranger?
O senhor vai enviar cartões-postais para seus amigos que moram no exterior?

Ils vont revenir dans une demi-heure.
Eles vão retornar dentro de meia hora.

A negação neste caso deverá ser feita junto ao verbo auxiliar, obedecendo à ordem:

NE + ALLER + PAS + INFINITIVO

Para facilitarmos a compreensão, utilizaremos as mesmas frases.

Je ne vais pas recevoir les inscriptions pour le cours de théâtre.
Eu não vou receber as inscrições para o curso de teatro.

Tu ne vas pas déménager?
Você não vai mudar de casa?

On ne va pas changer de prof.
A gente não vai trocar de professor.

Nous n'allons pas organiser une grande fête pour la rentrée scolaire.
Nós não vamos organizar uma grande festa para a volta às aulas.

Vous n'allez pas envoyer des cartes postales à vos amis qui habitent à l'étranger?
O senhor não vai enviar cartões-postais para seus amigos que moram no exterior?

Ils ne vont pas revenir dans une demi-heure.
Eles não vão retornar dentro de meia hora.

8. O condicional

Empregamos o condicional - que, em língua portuguesa, corresponde ao Futuro do Pretérito - em diversos casos:

A. quando queremos ser educados e polidos, suavizando o discurso: **je voudrais réserver une chambre** (gostaria de reservar um quarto)
B. quando formulamos uma hipótese: **nous irions si...** (nós iríamos se...)
C. quando imaginamos uma realidade: **dans le théâtre je ferais...** (no teatro eu faria...)
D. quando anunciamos uma informação não confirmada: **le président arriverait à 10 heures et devrais se rendre au Palais de Justice vers midi.** (O presidente chegaria às 10 horas e deveria comparecer ao Palácio da Justiça por volta do meio-dia).

Para formarmos o condicional, acrescentamos ao Infinitivo as terminações ais, ais, ait, ions iez, aient (a mesma terminação do Imperfeito).

R - AIS	Je parlerais	Je finirais
R - AIS	Tu parlerais	Tu finirais
R - AIT	Il/Elle/On parlerait	Il finirait
R - IONS	Nous parlerions	Nous finirions
R - IEZ	Vous parleriez	Vous finiriez
R - AIENT	Ils/Elles parleraient	Ils finiraient

Exemplos:

Vous travailleriez en Belgique en tant que chargé de mission et vous rédigeriez les rapports hebdomadaires.
O senhor trabalharia na Bélgica como encarregado de missão e redigiria os relatórios semanais.

Le élèves passeraient par la Suisse si le temps étaient bon.
Os alunos passariam pela Suíça se o tempo estivesse bom.

Assim como no Futur Simple, a formação descrita acima é válida para quase todos os verbos, à exceção dos irregulares, como: être, aller, venir, faire, recevoir, voir etc. Na verdade, o radical usado no Condicional é o mesmo para o Futur Simple, com a mudança da terminação.

ÊTRE (ser, estar)	ALLER (ir)	VENIR (vir)	FAIRE (fazer)	RECEVOIR (receber)
Je serais	J'irais	Je viendrais	Je ferais	Je recevrais
Tu serais	Tu irais	Tu viendrais	Tu ferais	Tu recevrais
Il serait	Il irait	Il viendrait	Il ferait	Il recevrait
Nous serions	Nous irions	Nous viendrions	Nous ferions	Nous recevrions
Vous seriez	Vous iriez	Vous viendriez	Vous feriez	Vous recevriez
Ils seraient	Ils iraient	Ils viendraient	Ils feraient	Ils recevraient

VOIR (ver)	ENVOYER (enviar)	METTRE (colocar)	DIRE (dizer)	COURIR (correr)
Je verrais	J'enverrais	Je mettrais	Je dirais	Je courrais
Tu verrais	Tu enverrais	Tu mettrais	Tu dirais	Tu courrais
Il verrait	Il enverrait	Il mettrait	Il dirait	Il courrait
Nous verrions	Nous enverrions	Nous mettrions	Nous dirions	Nous courrions
Vous verriez	Vous enverriez	Vous mettriez	Vous diriez	Vous courriez
Ils verraient	Ils enverraient	Ils mettraient	Ils diraient	Ils courraient

Exemplos:

Est-ce que je pourrais parler à M. Pinot, s'il vous plaît?
Eu poderia falar com o sr. Pinot, por favor?

Il pleut beaucoup. À ta place, je ne prendrais pas la voiture.
Está chovendo muito. No seu lugar, eu não pegaria o carro.

J'aimerais beaucoup avoir une réunion avec vous.
Gostaria muito de ter uma reunião com o senhor.

Il viendrait si ce n'était pas la circulation.
Ele viria se não fosse o trânsito.

Vous auriez l'heure, s'il vous plaît?
Poderia me dizer as horas por favor? O senhor tem horas?

Nous pourrions embarquer par cette compagnie aérienne?
Nós poderíamos embarcar por esta companhia aérea?

Vous chantez très bien. Vous devriez participer à une chorale.
A senhora canta muito bem. Deveria participar de um coral.

Pourriez-vous me dire si M. Clément va revenir encore aujourd'hui?
O senhor poderia me dizer se o sr. Clément vai voltar ainda hoje?

9. A hipótese em francês. Principais formulações hipotéticas: si...

Observe e compare:

Présent Futur
Si je travaille pendant les vacances de juillet, je pourrai voyager à Noël.
Se eu trabalhar durante as férias de julho, poderei viajar no Natal.

Si + Présent = Futur (hipótese provável, real, que poderá ser concretizada no futuro)

Imparfait Conditionnel

Si je travaillais pendant les vacances de juillet, je pourrais voyager.

Se eu trabalhasse durante as férias de julho, poderia viajar no Natal.

Si + Imparfait = Conditionnel (hipótese menos provável, depende do que acontecer no presente)

Plus-que-Parfait Conditionnel Passé

Si j'avais travaillé pendant les vacances de juillet, j'aurais voyagé à Noël.

Se eu tivesse trabalhado durante as férias de julho, teria viajado no Natal.

Si + Plus-que-Parfait = Conditionnel Passé (hipótese totalmente irrealizável)

Como se pode perceber, há vários tipos de construções hipotéticas formadas com a conjunção si. No primeiro caso, o emprego do Futuro indica que a ação possivelmente irá se realizar. Já no segundo caso, as chances de realização são remotas: eu faria se pudesse, mas, nesse momento, não posso. No terceiro caso, não existe a menor chance de concretização, pois a condição já não foi realizada e a ação ficou em um momento passado: eu teria feito se tivesse podido, mas não pude. Repare ainda que os tempos utilizados no francês são diferentes daqueles usados no português, que utiliza, para a expressão da condição, o modo subjuntivo.

Outros exemplos:

PRIMEIRO CASO: HIPÓTESE REAL

S'il fait très froid, on allumera le feu dans la cheminée.

Se fizer muito frio, acenderemos o fogo da lareira.

Si nous avons de l'argent, nous irons à la plage.

Se tivermos dinheiro, iremos à praia.

Si vous partagez le travail, ce sera plus facile pour toute l'équipe.

Se o senhor dividir o trabalho, será mais fácil para toda a equipe.

SEGUNDO CASO: HIPÓTESE IRREAL

S'il y avait du beau temps, les bateux ne resteraient pas au port.

Se fizesse tempo bom, os barcos não permaneceriam no porto.

Si tu étais Français, tu voterais pour quel parti politique?
Se você fosse francês, votaria em que partido político?

Si vous n'aviez pas 39° de fièvre, vous iriez travailler.
Se o senhor não estivesse com 39° de febre, iria trabalhar.

TERCEIRO CASO: HIPÓTESE TOTALMENTE IRREALIZÁVEL

Si le Paul avait écouté sa mère, il n'aurait pas eu tant de problèmes.
Se Paul tivesse escutado sua mãe, ele não teria tido tantos problemas.

Si le mécanicien avait bien vérifié les freins de la voiture de Jean, il n'aurait pas dérapé sur l'autoroute.
Se o mecânico tivesse verificado bem os freios do carro do Jean, ele não teria derrapado na estrada.

Si vous aviez pris correctement les médicaments prescrits, vous n'auriez pas dû retourner à l'hôpital.
Se você tivesse tomado corretamente os medicamentos prescritos, você não deveria ter retornado (você não teria que ter retornado ao hospital).

10. O Imperativo

O Imperativo é um modo verbal que implica o interlocutor por meio de um conselho ou uma ordem. É formado a partir do Presente do Indicativo, com as pessoas que participam diretamente do diálogo: TU, NOUS, VOUS.

Exemplos:

MANGER

Présent →	Impératif
je mange	
tu manges	mange! (sem o "s")
il mange	
nous mangeons	mangeons!
vous mangez	mangez!
ils mangent	

FINIR

Présent ⟶ Impératif

je finis
tu finis — **finis ton travail!**
il finit

nous finissons — **finissons les exercices!**
vous finissez — **finissez le projet!**
ils finissent

OUVRIR

Présent ⟶ Impératif

j'ouvre
tu ouvres — **ouvre la porte!** (sem o "s")
il ouvre

nous ouvrons — **ouvrons la porte!**
vous ouvrez — **ouvrez la porte!**
ils ouvrent

Outros exemplos

ÉCOUTER (escutar)	FUMER (fumar)	ENTRER (entrar)	FERMER (fechar)	ALLER (ir)
écoute	**fume**	**entre**	**ferme**	**va**
écoutons	**fumons**	**entrons**	**fermons**	**allons**
écoutez	**fumez**	**entrez**	**fermez**	**allez**

Exemplos:

Écoute **les informations et décide ce que tu dois faire.** (tu)
Escute as informações e decida o que deve fazer.

Prenons **cette rue pour aller chez Marie.** (nous)
Tomemos essa rua para ir à casa da Maria.

Pour la consultation médicale, venez après 10 heures. (vous - singular)
Para a consulta médica, venha após as 10 horas.

Passez chez moi avant la conférence de M. Rocard. (vous - plural)
Passem em casa antes da conferência do sr. Rocard.

Dis-moi, tu es libre ce soir? (tu)
Diga-me, você está livre esta noite?

Entrons, sinon nous allons attraper froid. (nous)
Entremos, senão vamos pegar friagem.

Envoyez-moi le mél demain matin. C'est urgent. (vous - singular)
Envie-me o e-mail amanhã de manhã. É urgente.

Finissez ce projet avant l'arrivée du directeur, s'il vous plaît. (vous - plural)
Terminem este projeto antes da chegada do diretor, por favor.

Ferme la porte à cause du vent autrement elle fera beaucoup de bruit en frappant. (tu)
Feche a porta por causa do vento senão ela fará muito barulho ao bater.

11. O Presente Progressivo (le présent progressif) e o Passado recente (le passé récent): as expressões être en train de + Infinitivo e venir de + Infinitivo

Em primeiro lugar, é preciso dizer que o Presente do Indicativo em francês já tem o mesmo valor (ou aspecto) do que denominamos em português de gerúndio.

Assim a frase,
Laisse-moi tranquille, je travaille en ce moment.

Deve ser traduzida por:
Deixe-me sossegado(a), estou trabalhando neste momento.

Ou ainda:
Il neige dehors.
Está nevando lá fora.

Isto quer dizer que, muitas vezes, em português, quando empregamos o gerúndio, devemos usar, em francês, o Presente do Indicativo.

No entanto, existe uma expressão formada por être en train de + Infinitivo do verbo principal que insiste na continuidade da ação descrita, possuindo, portanto, o mesmo valor do gerúndio em português.

Exemplos:

Ne dérangez pas Stéphane, car il est en train de se préparer pour l'examen.
Não incomode o Stéphane, pois ele está se preparando para o exame.

J'étais en train de faire la cuisine quand toute la famille est arrivée.
Estava cozinhando quando toda a família chegou.

Elle était en train de prendre sa douche quand son fils est arrivé des États-Unis!
Ela estava tomando banho quando seu filho chegou dos Estados Unidos!

Já o Passado Recente (le passé récent) é expresso pela locução verbal **venir de** acompanhada de um Infinitivo, e que quer dizer acabar de fazer alguma coisa.

Compare:

Le responsable marketing a conclu le rapport sur les chiffres d'affaires de cette année. (passé composé)
O gerente de marketing concluiu o relatório sobre o faturamento deste ano.

Le responsable marketing vient de conclure le rapport sur les chiffres d'affaires de cette année. (passé récent)
O gerente de marketing acabou de concluir o relatório sobre o faturamento deste ano.

No primeiro, temos uma ação no pretérito: já no segundo caso, estamos mais próximos do momento presente. Daí a denominação de passado recente.

Exemplos:

Il vient de terminer ses études de Médecine à l'Université de São Paulo.
Ele acaba de terminar seus estudos de Medicina na Universidade de São Paulo.

Jean et Clotilde viennent d'arriver d'un safari en Afrique.
Jean e Clotilde acabam de chegar de um safári na África.

On vient de construire une nouvelle bibliothèque à la faculté de Gastronomie.
Acabaram de construir uma nova biblioteca na faculdade de Gastronomia.

12. Formação e emprego do gerúndio: en + participe présent

O gerúndio em francês só é usado quando se quer descrever ações simultâneas ou concomitantes. É formado pela preposição en + particípio presente do verbo principal.

Exemplos:

Tous les matins, je prends ma douche en écoutant **les informations à la radio.**
Todas as manhãs, tomo meu banho escutando as notícias no rádio.

Neste caso, há duas ações: tomar banho e escutar as notícias.

En arrivant **à l'aéroport, il s'est rendu compte qu'il avait oublié son passeport à la maison.**
Chegando ao aeroporto, ele percebeu que havia esquecido seu passaporte em casa.

Lista do particípio presente de alguns verbos:

Infinitif	Participe Présent	Gérondif
ÊTRE (ser, estar)	étant	en étant
AVOIR (ter)	ayant	en ayant
SAVOIR (saber)	sachant	en sachant
PARLER (falar)	parlant	en parlant
INDIQUER (indicar)	indiquant	en indiquant
FINIR (terminar)	finissant	en finissant
CHOISIR (escolher)	choisissant	en choisissant
RÉAGIR (reagir)	réagissant	en réagissant
LIRE (ler)	lisant	en lisant
VOULOIR (querer)	voulant	en voulant
POUVOIR (poder)	pouvant	en pouvant
DIRE (dizer)	disant	en disant
COMPRENDRE (compreender)	comprenant	en comprenant
PRENDRE (pegar, tomar)	prenant	en prenant
FAIRE (fazer)	faisant	en faisant
ÉCRIRE (escrever)	écrivant	en écrivant
PARTIR (partir)	partant	en partant

Outros exemplos:

J'ai appris français en suivant **des cours dans une école de langue,** en écoutant **des CDs et en accompagnant des cours par la télé.**
Aprendi francês tendo aulas numa escola de línguas, escutando CDs e acompanhando cursos pela televisão.

En allant au supermarché, j'ai vu Aline avec son nouveau copain.
Indo ao supermercado, vi Aline com seu novo namorado.

Le chien a déchiré le tapis en le mordant.
O cachorro rasgou o tapete mordendo-o.

Elle a taché la moquette en renversant du vin.
Ela manchou o carpete derramando vinho.

Vous avez fêté votre anniversaire en dansant dans une discothèque?
Você festejou seu aniversário dançando numa discoteca?

13. O verbo haver (y avoir) e outros verbos impessoais (faire e falloir)

Repare nestes enunciados:

Il y a des embouteillages partout; on devra faire un demi-tour et chercher un raccourci.
Há engarrafamentos por todos os lados; a gente terá que a dar meia-volta e procurar um atalho.

Il y a des situations extrêmes difficiles à résoudre.
Há situações extremas difíceis de serem resolvidas.

Il faut régler les comptes à l'hôtel avant de partir.
É preciso acertar as contas no hotel antes de ir embora.

Il fait beau aujourd'hui et il y a du soleil. Néanmoins, pendant le week-end, la météo annonce des forts changements; il fera froid et il neigera.
O tempo está bom e tem sol. Entretanto, durante o fim de semana, a meteorologia anuncia fortes mudanças: vai fazer frio e nevará.

Nos exemplos acima, estamos tratando de verbos que são conjugados apenas na 3ª pessoa do singular e precedidos do pronome pessoal il, sujeito aparente, neutro, e que não é traduzido em português. Esse tipo de construção (impessoal) é empregado para indicar fenômenos da natureza, tais como pleuvoir (chover), neiger (nevar), geler (gear), bruiner (chuviscar), aparece em algumas expressões verbais formadas pelo verbo faire também indicando fenômenos atmosféricos, como faire chaud, faire froid, faire beau, faire du brouillard, denota necessidade, caso do verbo falloir e, além disso, indica ocorrência ou tempo decorrido, caso do verbo y avoir ou se trouver.

Exemplos:

Je déteste l'hiver dans cette région parce qu'il neige presque tous les jours. (neiger - fenômeno da natureza)
Eu detesto o inverno nesta região porque neva todos os dias.

Il y a longtemps qu'il est parti du village. (y avoir - tempo decorrido)
Há muito tempo que ele foi embora do vilarejo.

Il faut que vous commenciez l'aménagement tout de suite. (falloir - necessidade)
É preciso que você comece a reforma imediatamente.

Pour donner suite au projet il faudrait beaucoup d'argent. (falloir - necessidade)
Para dar continuidade ao projeto, seria preciso muito dinheiro.

Il fait sombre et il y a du vent. Je pense que je ne vais pas sortir. (faire sombre - y avoir - fenômeno da natureza e ocorrência)
Está escuro e ventando. Acho que não vou sair.

Il a plu toute la nuit. (pleuvoir - fenômeno da natureza)
Choveu a noite toda.

Il se trouve que je n'ai pas le temps de me consacrer à mes études actuellement, car je dois travailler. (se trouver - ocorrência)
Acontece que eu não tenho tempo de me dedicar aos meus estudos atualmente, pois tenho que trabalhar.

Il n'y a rien à faire parce qu'il n'y a pas eu d'opinion contraire à ses arguments.
Não há nada a fazer porque não houve opinião contrária a seus argumentos.

14. O comparativo e o superlativo: plus que, moins que, aussi que, autant que...

O COMPARATIVO

Observe e analise:

Jerôme est plus efficient que Jean-Luc. - de superioridade
Jerôme é mais eficiente que Jean-Luc.

Jerôme est aussi efficace que Jean-Luc. - de igualdade: atenção à construção!
Jerôme é tão eficiente quanto Jean-Luc.

Jerôme est moins efficient que Jean-Luc. - de inferioridade
Jerôme é menos eficiente que Jean-Luc.

O comparativo em língua francesa se exprime por meio das conjunções **plus... que**, **aussi...que** e **moins...que**, podendo modificar um adjetivo ou um advérbio. Veja o quadro.

Plus
Aussi + **Adjectivo ou Advérbio** + que
Moins

Exemplos com adjetivos:

Sandrine est plus compétente qu'Amélie.
Sandrine é mais competente que a Amélie.

Paris est plus grand que[1] Lyon, Nice et Limoges.
Paris é maior que Lyon, Nice e Limoges.

La ville de Valenciennes est aussi grande que Tours.
A cidade de Valenciennes é tão grande quanto Tours.

La ville de Salvador est moins grande que São Paulo.
A cidade de Salvador é menor do que São Paulo.

Toulouse est beaucoup moins grand que Paris mais la qualité de la vie y est bien meilleure.
Toulouse é muito menor que Paris, mas a qualidade de vida lá é bem melhor.

Exemplos com advérbios:

Sylvie saisi plus facilement les explications du prof que moi.
Sylvie capta mais facilmente as explicações do professor do que eu.

Sylvie saisi aussi facilement les explications du prof que moi.
Sylvie capta tão facilmente as explicações do professor quanto eu.

1. Embora essa construção possa nos parecer estranha, ela é totalmente correta: **plus grand (e)** = maior; **plus petit(e)** = menor. Porém, os adjetivos **bon/bonne (bons/bonnes)** se transformam em **meilleur/meilleure**; assim como **mauvais/mauvaise (s)** (ruim, ruins) passam a **pire/pire(s)** (pior, piores).

Sylvie saisi moins facilement les explications du prof que moi.
Sylvie capta menos facilmente as explicações do professor do que eu.

Com os substantivos, temos algumas alterações. Observe:

Plus de
Autant de + **Substantivo** + que
Moins de

Exemplos com sustantivos:

Paris a plus de circulation que Lyon. (plus de... que)
Paris tem mais trânsito do que Lyon.

Il y a autant d'habitants à Tours qu'à Valenciennes. (autant de... que)
Há tantos habitantes em Tours quanto em Valenciennes.

Les statistiques nous démontrent qu'il y a moins d'habitants à Dijon qu'à Bordeaux. (moins de... que)
As estatísticas nos demonstram que há menos habitantes em Dijon do que em Bordeaux.

Já com os verbos, temos o seguinte:

Plus
Autant + **Verbo** + que
Moins

Dans une grande métropole comme São Paulo, normalement on travaille plus que dans une petite ville. (plus que)
Em uma grande metrópole como São Paulo, normalmente se trabalha mais do que numa cidade pequena.

Dans une petite ville, en général on sort moins que dans une grande ville comme São Paulo ou Rio. (moins que)
Numa cidade pequena, em geral se sai menos do que numa cidade grande como São Paulo ou Rio.

Il travaille moins que les autres.
Ele trabalha menos que os outros.

À Toulouse il paraît qu'on travaille autant qu`à Paris. (autant que)
Em Toulose, parece que se trabalha tanto quanto em Paris.

Il parle mieux italien que français. (mieux que = irregular)
Ele fala melhor italiano que francês.

O SUPERLATIVO

Superlativo de superioridade e de inferioridade

Masculino	Feminino	Plural
le plus (o mais)... de	**la plus (a mais)... de**	**les plus (os mais)... de**
le moins (o menos)... de	**la moins (a menos)... de**	**les moins (os menos)... de**

Exemplos:

C'est l'employé le plus ambitieux de la société, mais aussi le plus correct. En plus, c'est le moins paresseux et le plus discret. Bref, le candidat idéal pour le nouveau poste!
É o funcionário mais ambicioso da empresa, mas também o mais correto. Além do mais, é o menos preguiçoso e o mais discreto. Em resumo, o candidato ideal para o novo cargo!

Selon le critique de ce journal, Daniel Auteuil est l'acteur le plus compétent de sa génération.
Segundo o crítico deste jornal, Daniel Auteuil é o ator mais competente de sua geração.

C'est la situation la plus difficile à laquelle j'ai dû faire face dernièrement.
Foi a situação mais difícil que tive que enfrentar ultimamente.

15. O Presente do Subjuntivo

Observe e compare:

Je crois qu'il vient avant la fin de l'année. (possibilidade, maior certeza)
Creio que ele vem antes do fim do ano.

Je veux qu'il vienne avant la fin de l'année. (desejo, incerteza)
Quero que ele venha antes do fim do ano.

Emprega-se o modo subjuntivo para exprimir uma obrigação, um desejo, uma probabilidade, um sentimento, uma incerteza, ou ainda, uma expectativa. O Indicativo exprime a realidade objetivamente; já o Subjuntivo expressa essa mesma realidade de forma incerta, subjetivamente. Claro está que nem sempre o que é objetivo em uma língua é validada na outra. Há muitos casos em que ambas coincidem; em outros, não.

Observe:
Espero que ele venha.

Em português, o conteúdo da frase é incerto. Já em francês, a probabilidade é bem maior de o fato acontecer; por isso, com o verbo **espérer** emprega-se o Indicativo (Presente ou Futuro) no lugar do Subjuntivo:

J'espére qu'il vient.

ou ainda:
J'espère qu'il viendra.

Formação:
O Presente do Subjuntivo é formado pelo radical de 3ª pessoa do Presente do Indicativo seguido da terminação: **e, es, e, ions, iez, ent.**

	Je regard**e**	
	Tu regard**es**	
	Il/elle regard**e**	
Il faut que	Nous regard**ions**	le dossier
	Vous regard**iez**	
	Ils/elles regard**ent**	

Presente do Indicativo	Presente do Subjuntivo
Je dis	**Que je dise**
Tu dis	**Que tu dises**
Il dit	**Qu'il dise**
Nous disons	**Que nous disions**
Vous dites	**Que vous disiez**
Ils disent	**Qu'ils disent**

Presente do Subjuntivo dos principais verbos irregulares:

ÊTRE	AVOIR	ALLER	ÉCRIRE
Que je sois	Que j'aie	Que j'aille	Que j'écrive
Que tu sois	Que tu aies	Que tu ailles	Que tu écrives
Qu'il soit	Qu'il aie	Qu'il aille	Qu'il écrive
Que nous soyons	Que nous ayons	Que nous allions	Que nous écrivions
Que vous soyez	Que vous ayez	Que vous alliez	Que vous écriviez
Qu'ils soient	Qu'ils aient	Qu'ils aillent	Qu'ils écrivent

COMPRENDRE	VOULOIR	POUVOIR	DEVOIR
Que je comprenne	Que je veuille	Que je puisse	Que je doive
Que tu comprennes	Que tu veuilles	Que tu puisses	Que tu doives
Qu'il comprenne	Qu'il veuille	Qu'il puisse	Qu'il doive
Que nous comprenions	Que nous voulions	Que nous puissions	Que nous devions
Que vous compreniez	Que vous vouliez	Que vous puissiez	Que vous deviez
Qu'ils comprennent	Qu'ils veuillent	Qu'ils puissent	Qu'ils doivent

FAIRE	SAVOIR
Que je fasse	Que je sache
Que tu fasses	Que tu saches
Qu'il fasse	Qu'il sache
Que nous fassions	Que nous sachions
Que vous fassiez	Que vous sachiez
Qu'ils fassent	Qu'ils sachent

Algumas expressões que pedem o uso do Subjuntivo:

Il faut que (necessidade) + subjuntivo
Verbo **vouloir** (desejo) + subjuntivo
Il est nécessaire que (necessidade, obrigação) + subjuntivo
Il est important que (obrigação) + subjuntivo
Il est convenable que (conselho) + subjuntivo
Douter que (incerteza) + subjuntivo
Exiger que (ordem, vontade) + subjuntivo

Exemplos:

Avec la compétition plus serrée dans le monde du travail, il faut que les jeunes aient plus de diplôme et qu'ils sachent parler plusieurs langues étrangères.
Com a competição mais acirrada no mundo do trabalho, é preciso que os jovens tenham mais diplomas e saibam falar várias línguas estrangeiras.

Aujourd'hui on veut que les employés soient plus attentifs aux normes de sécurité.
Hoje se espera que os empregados estejam mais atentos às normas de segurança.

Ma voiture est tombée em panne. Il faut que j'aille chez le mécanicien.
Meu carro quebrou. É preciso que eu vá ao mecânico.

Pour comprendre la situation, il serait nécessaire que l'information soit plus claire et plus complète.
Para compreender a situação, seria necessário que a informação fosse mais clara e mais completa. (Em francês, usamos o Presente do Subjuntivo mesmo no passado.)

Je doute qu'il puisse arriver à l'heure avec le temps qu'il fait.
Duvido que ele possa chegar na hora com o tempo que está fazendo.

Il est important qu'ils sachent défendre leur client.
É importante que eles saibam defender o seu cliente.

Il faut que l'utilisation des bycicletttes soit augmentée dans les grandes villes.
É preciso que a utilização das bicicletas seja aumentada nas grandes cidades.

Nous exigeons que la situation se normalise et se rétablisse immédiatement.
Exigimos que a situação se normalize e se restabeleça imediatamente.

Il faut que les conducteurs obéissent aux recommandations de la sécurité routière.
É preciso que os motoristas obedeçam às recomendações de segurança nas estradas.

Il est anormal que les partis politiques veuillent tout décider avant de consulter leurs bases.
Não é normal que os partidos políticos queiram decidir tudo antes de consultar as suas bases.

SUBJUNTIVO OU INDICATIVO?

Compare:

Subjuntivo	Indicativo
Je veux que (quero que)	**J'espère que** (espero que)
Je désire que (desejo que)	**Je confirme que** (confirmo que)
Je souhaite que (desejo que)	**Je sais que** (sei que)
J'ai peur que (tenho medo que)	**Je constate que** (constato que)
Je crains que (temo que)	**Je vérifie que** (verifico que)
J'ai envie (tenho vontade que)	**Je remarque que** (noto que)
J'ai besoin (preciso)	**J'observe que** (observo que)
Je refuse (recuso que)	**Je vois que** (vejo que)
J'empêche que (impeço que)	**Je dis que** (digo que)
Je regrette que (lamento que)	**J'affirme que** (afirmo que)
Je doute que (duvido que)	**Je suis convaincu** (estou convencido que)
Je ne pense pas que (não penso que)	**Je pense que** (penso que)
Je ne crois pas que (não creio que)	**Je crois que** (creio que)

Je ne suis pas sûr (e) que (não estou certo de que)	**Je suis sûr (e)** (estou certo de que)
Il est nécessaire que (é necessário que)	**Il est certain** (é certo que)
Il faut que (é necessário que)	**Il est sûr** (é claro que)
Il est possible que (é possível que)	**Il est évident** (é evidente que)
Il est impossible que (é impossível que)	**Il est vrai** (é verdade que)
Il est obligatoire que (é obrigatório que)	**Il est clair** (está claro que)

16. Regência verbal: principais construções (algumas locuções verbais importantes)

Accepter quelque chose (aceitar algo)
Nous acceptons notre responsabilité sans réclamer.
Aceitamos nossa responsabilidade sem reclamar.

Accepter de + Infinitivo (aceitar fazer algo)
On accepte d'aller chercher les livres à la bibliothèque.
A gente aceita ir buscar os livros na biblioteca.

Accepter que + Subjuntivo (aceitar que)
Il a accepté que je lui rende sa moto demain matin.
Ele aceitou que eu entregue sua moto amanhã de manhã.

Annoncer quelque chose (anunciar algo)
Jeannine et Henri ont annoncé leur mariage pour le mois de décembre.
Jeaninne e Henri anunciaram o casamento deles para o mês de dezembro.

Annoncer que + Indicativo (anunciar que)
Jeannine et Henri ont annoncé qu'ils vont se marier au mois de décembre.
Jennine e Henri anunciaram que vão se casar no mês de dezembro.

S'approcher de quelqu'un ou de quelque chose (aproximar-se de alguém ou de algo)
Il ne faut pas s'approcher de la cheminée, car on peut se faire brûler.
Não devemos nos aproximar da lareira, pois podemos nos queimar.

Appuyer sur (apoiar em; neste caso, apertar)
J'ai appuyé sur le bouton pour appeler l'ascenseur.
Apertei o botão para chamar o elevador.

S'appuyer sur (apoiar-se em)
Ce nouveau courant philosophique s'appuie sur d'anciennes idées.
Esta nova corrente filosófica se apoia em ideias antigas.

Apprendre quelque chose (aprender algo)
J'ai appris trois langues étrangères bien différentes sans trop de difficultés.
Aprendi três línguas bem diferentes sem muitas dificuldades.

Apprendre à + Infinitivo (aprender a)
Cet été je vais apprendre à jouer au tennis.
Neste verão vou aprender a jogar tênis.

Apprendre à quelqu'un à faire quelque chose (ensinar alguém a fazer algo)
Je lui ai appris à utiliser ce nouveau logiciel.
Eu lhe ensinei a utilizar este novo sofware.

Apprendre que + Indicativo (ficar sabendo que)
J'ai appris que notre professeur a démissioné le mois dernier.
Fiquei sabendo que o nosso professor pediu demissão no mês passado.

Autoriser quelqu'un à faire quelque chose (autorizar alguém a fazer algo)
Je ne vous autorise à garer la voiture ici que le week-end.
Eu o autorizo a estacionar o carro aqui somente nos fins de semana.

Avoir quelque chose ou avoir quelque chose à faire (ter algo ou algo a fazer)
Ils ont une maison de campagne près de Limoges.
Eles têm uma casa de campo perto de Limoges.

J'ai beaucoup de choses à faire cet après-midi.
Tenho muita coisa a fazer nesta tarde.

Certifier que + Indicativo (certificar que)
L'université certifie que cet étudiant est en mésure de fréquenter une faculté.
A universidade certifica que este aluno está em condições de frequentar uma escola de excelência.

Choisir quelque chose ou choisir de + Infinitivo (escolher algo ou escolher fazer algo)
Après quelques hésitations, j'ai choisi le cours de Gastronomie.
Após algumas hesitações, escolhi o curso de Gastronomia.
Maryline a choisi de vivre au bord de la mer.
Maryline escolheu viver à beira-mar.

Commencer quelque chose (começar algo)
Nous avons commencé notre cours de photographie.
Começamos nosso curso de fotografia.

Commencer à + Infinitivo = commencer de + Infinitivo (começar a fazer algo)
Le bébé a commencé à marcher/de marcher il y a trois jours!
O bebê começou a andar há três dias!

Commencer par + verbo ou substantivo (começar por)
Je voudrais commencer mon exposé par quelques exemples significatifs.
Gostaria de começar minha exposição por alguns exemplos significativos.
Le matin, on commence toujours par prendre un café noir.
De manhã, a gente começa sempre tomando um café preto.

Compter ou compter sur quelqu'un (contar ou contar com alguém)
Nous avons compté tous les athlètes avant qu'ils rentrent dans le car.
Nós contamos todos os atletas antes que entrassem no ônibus.
Je sais que je peux compter sur toi.
Sei que posso contar com você.

Conseiller quelque chose à quelqu'un (aconselhar algo a alguém)
Madame, je ne vous conseille pas le service buffet à cette heure-ci.
Senhora, não lhe aconselho o serviço de buffet a esta hora.

Conseiller à quelqu'un de faire quelque chose + Infinitivo (aconselhar alguém a fazer algo)
On a conseillé à Jean-Luc de faire un stage, bien que non-rémuneré, à l'étranger, ce qui lui permettra d'améliorer toutes ses connaissances.
Aconselharam a Jean-Luc que fizesse um estágio, ainda que não remunerado, no exterior, o que lhe permitirá melhorar todos os seus conhecimentos.

Croire quelqu'un ou croire que + Indicativo (crer, acreditar em alguém)
On ne me crois pas quand je dis que j'ai 45 ans.
As pessoas não acreditam em mim quando digo que tenho 45 anos.

Je crois qu'ils ne vont pas venir avant la Coupe du Monde. (crer que, acreditar que)
Creio (acho) que eles não virão antes da Copa do Mundo.

Ne pas croire que + Subjuntivo (não acreditar que)
Je ne crois pas qu'elle puisse faire une atrocité pareille.
Não creio que ela possa fazer uma atrocidade dessas.

Décider de faire quelque chose (decidir fazer algo)
Pierre a décidé de rester à Montréal encore trois mois.
Pierre decidiu ficar em Montreal por mais três meses.

Décider que + Indicativo (decidir que)
Il a decidé qu'il irait rester à Montréal encore trois mois.
Ele decidiu que iria permanecer em Montreal por mais três meses.

Défendre à quelqu'un + Infinitivo (proibir alguém de fazer algo)
Ses parents ont défendu à Isabelle de faire de l'auto-stop.
Os pais de Isabelle a proibiram de pegar carona.

Défendre que + Subjuntivo (Proibir que)
Ma mère défend qu'on dise de gros mots chez elle.
Minha mãe proíbe que a gente fale palavrões na casa dela.
Il y a encore autre chose: ses parents lui ont aussi défendu de fumer.
Ainda tem outra coisa: seus pais também o proibiram de fumar.

Demander à quelqu'un quelque chose.(pedir algo a alguém)
Je demande l'addition au garçon.
Peço a conta ao garçom.

Demander à quelqu'un de faire quelque chose (pedir a alguém para fazer algo)
Je vais demander au garçon de nous apporter l'addition.
Vou pedir ao garçon para nos trazer a conta.

Se demander si + Indicativo (se perguntar se)
Je me demande vraiment si on aura le temps de finir ce travail dans le délai.
Eu me pergunto realmente se a gente terá tempo de acabar este trabalho no prazo.

Dépendre de quelque chose ou de quelqu'un (depender de algo ou de alguém)
Tout va dépendre de son avis.
Tudo vai depender de sua opinião.

Devoir quelque chose à quelqu'un (dever algo a alguém)
Tu me dois une explication!
Você me deve uma explicação.

Devoir faire quelque chose (ter que fazer algo)
Vous devez rentrer avant la haute saison, autrement les billets d'avion seront hors de prix.
Vocês têm que voltar antes da alta estação, senão as passagens estarão custando uma fortuna.

Devoir + Infinitivo (com valor de futuro)
Ma mère doit arriver samedi matin par la compagnie Air Inter.
Minha mãe deve chegar sábado de manhã pela companhia aérea Air Inter.

Dire quelque chose à quelqu'un (dizer algo a alguém)
Catherine nous a dit "bonjour" et est sortie.
A Catherine nos disse "bom dia" e saiu.

Dire à quelqu'un de faire quelque chose (dizer a alguém para fazer algo)
Je vais lui dire de passer à la maison et dîner avec nous.
Vou lhe dizer para passar em casa e jantar conosco.

Dire que + Indicativo (dizer que)
Paul m'a dit qu`il ne pouvait pas encore se marier à Anne Marie.
Paul me disse que ele ainda não podia se casar com Anne Marie.

Enseigner[1] quelque chose à quelqu'un (ensinar algo a alguém)
Dans cette école, outre les langues occidentales, on enseigne aussi le mandarin aux étudiants brésiliens.
Nesta escola, além das línguas ocidentais, ensina-se também o mandarim aos estudantes brasileiros.

Espérer + Indicativo (esperar)
On espère avoir facilement le visa long-séjour.
A gente espera obter facilmente o visto de longa permanência.

Espérer que + Indicativo (esperar que)
Tout le monde de la classe espère qu'il y aura du vent pendant le week-end pour pouvoir faire de la voile.
Todo mundo da classe espera que tenha vento neste fim de semana para poder velejar.

Falloir + Substantivo (ser preciso, ser necessário)
Pour passer un an en France, il faut un visa long-séjour.
Para passar um ano na França, é preciso um visto de longa duração.

Falloir + Infinitivo (ser preciso, ser necessário fazer algo)
Pour étudier en France, d'abord il faut obtenir une lettre d'acceptation d'une faculté française et, ensuite, procéder à une démarche de demande d'un visa long-séjour.
Para estudar na França, primeiro é preciso obter uma carta de aceitação de uma faculdade francesa e, em seguida, proceder ao trâmite de um pedido de visto de longa duração.

1. Como **"apprendre quelque chose à quelqu'un"** já visto anteriormente.

Falloir que + Subjuntivo (ser preciso, ser necessário que)
Il faut que vous soyez à Tokyo lundi matin sans faute.
É preciso que o senhor esteja em Tóquio segunda de manhã sem falta.

Finir quelque chose (terminar, finalizar algo)
Normalmente je finis mon travail à 17h30, mais je quitte l'usine vers 18h00.
Normalmente termino meu trabalho às 17h30, mas deixo a fábrica por volta das 18h00.

Finir de faire quelque chose (terminar de fazer algo)
Je ne vais finir de rédiger ce rapport que la semaine prochaine.
Só vou terminar de redigir este relatório na semana que vem.

Finir par (terminar por algo/terminar fazendo algo)
On va finir le banquet par des profiteroles.
Vamos terminar o banquete com profiteroles.[2]

Hésiter à + Infinitivo (hesitar em fazer algo)
Pour un bon moment j'ai hésité à prendre ma décision définitive.
Por um bom momento hesitei em tomar a minha decisão definitiva.

Indiquer quelqu'un ou quelque chose (indicar alguém ou algo)
Je voudrais indiquer M. Audubert pour ce travail sur place.
Gostaria de indicar o senhor Audubert para este trabalho.

Indiquer à quelqu'un quelque chose (indicar a alguém algo)
Je ne peux pas vous indiquer le chemin car je ne le connais pas.
Não posso lhe indicar o caminho pois não o conheço.

Intéresser quelqu'un (interessar alguém)
Cette dissertation ne l'intéresse pas.
Esta dissertação não lhe interessa.

S'intéresser à quelque chose (se interessar por algo)
Inutile d'insister car Adrien ne s'intéresse pas à la Médecine.
É inútil insistir pois Adrien não se interessa pela Medicina.

Manquer quelque chose (faltar)
Dix élèves ont manqué ce matin à cause de la grippe.
Dez alunos faltaram esta manhã por causa da gripe.

2. Sobremesa francesa feita com carolinas recheadas de sorvete de creme e cobertas com calda de chocolate quente.

Manquer à quelqu'un (fazer falta a alguém)
Tu me manques beaucoup!
Você me faz muita falta!
Le petit manque à ses parents.
O pequeno faz falta a seus pais.

Manquer de quelque chose (faltar algo, carecer de algo)
Cette recette manque de sucre.
Nesta receita falta açúcar (esta receita precisa de açúcar).

Montrer quelque chose à quelqu'un (mostrar algo a alguém)
Avant de passer, je lui ai montré mon passeport et ma carte de séjour.
Antes de passar, mostrei-lhe meu passaporte e minha carteira de permanência.

Se moquer de quelqu'un (gozar, rir de alguém)
Quand mon collègue a dit une bêtise, toute la classe s'est moquée de lui.
Quando meu colega disse uma besteira, toda a classe riu dele.

Obliger quelqu'un à faire quelque chose (obrigar alguém a fazer algo)
Mon directeur de recherche m'a obligé à refaire une partie de ma thèse de Doutorat.
Meu orientador me obrigou a refazer uma parte da minha tese de doutorado

(être) Obligé de faire quelque chose (ser obrigado a fazer algo)
J'ai été obligé de refaire ma rédaction.
Fui obrigado a refazer minha redação.

S'occuper de quelque chose ou de quelqu'un (cuidar de algo ou alguém)
La fille qui s'occupera des enfants fait du baby-sitting depuis lontemps.
A garota que cuidará das crianças é baby-sitter há muito tempo.

Paraître + Adjetivo (parecer)
Jacques paraît très fatigué à cause de la chaleur.
Jacques parece muito cansado por causa do calor.
Vous paraissez épuisé. Vous devriez vous reposer un peu.
O senhor parece esgotado. Deveria repousar um pouco.

Paraître que + Indicativo (parecer que)
Il paraît qu'il va pleuvoir. (neste caso, impessoal|)
Parece que vai chover.

Parler une langue étrangère (falar uma língua estrangeira)

Outre l'anglais, mon cousin parle l'espagnol, l'italien, et maintenant, le mandarin.

Além do inglês, meu primo fala espanhol, italiano, e agora, o mandarim.

Parler à quelqu'un ou **avec** quelqu'un (falar, conversar com alguém)

Est-ce que je pourrais parler à M. Garnier? Est-ce que je pourrais parler avec M. Garnier?

(a 2ª frase, mais coloquial)

Posso falar com o senhor Garnier?

Parler de quelqu'un ou de quelque chose (falar de algo ou de alguém)

Nous avons parlé de sa situation actuelle dans l'entreprise.

Falamos de sua situação atual na empresa.

Participer à quelque chose (participar de algo)

Le premier jour du congrès, les professeurs ont participé à une table ronde.

No primeiro dia do congresso, os professores participaram de uma mesa redonda.

Penser à quelque chose (pensar em algo)

En ce moment, je pense aux plats que je dois préparer pour la fête gastronomique.

Neste momento, penso nos pratos que tenho que preparar para a festa gastronômica.

Penser à quelqu'un (pensar em alguém)

Mon compagnon est au Canada et je pense beaucoup à lui.

Meu companheiro está no Canadá e eu penso muito nele.

Penser faire quelque chose (pensar em fazer algo)

Cet hiver, je pense réserver une chambre pour deux semaines à Chamonix.

Neste inverno, penso em reservar um quarto por duas semanas em Chamonix.

Penser de quelque chose (pensar sobre algo, a respeito de algo)

Qu'est-ce que tu penses de mon idée?

O que você acha da minha ideia?

Penser que + Infinitivo (pensar que)

Je pense que cette idée est un peu débile.

Acho que esta ideia é meio boba.

Permettre à quelqu'un **de** faire quelque chose (permitir a alguém fazer algo)

Cette étude de marché va nous permettre de mieux analyser les réelles possibilités d'une nouvelle campagne publicitaire.

Este estudo de mercado vai nos permitir analisar melhor as reais possibilidades de uma nova campanha publicitária.

Plaire à quelqu'un (agradar a alguém)
Ce roman n'a plu à personne.
Este romance não agradou a ninguém.

Préférer quelque chose à une autre (preferir uma coisa a outra)
Je préfère le basket au tennis.
Prefiro o basquete ao tênis.

Préfére + Infinitivo (preferir fazer algo)
Je préfère rester à la maison et regarder une émission à la télé car il fait trop froid.
Prefiro ficar em casa e assistir a um programa na TV pois está fazendo muito frio.

Préférer que + Subjuntivo (preferir que)
Nous préférons que vous veniez demain plutôt que dimanche. Il y trop d'embouteillages sur les autoroutes.
Preferimos que vocês venham amanhã ao invés de domingo. Há muitos engarrafamentos nas estradas.

Prêter quelque chose à quelqu'un (emprestar algo a alguém)
Vous pouvez me prêter votre stylo un instant? Je vais juste signer ce chèque.
O senhor pode me emprestar a sua caneta um instante? Vou só assinar este cheque.

Proposer quelque chose à quelqu'un (propor algo a alguém)
Je vous propose un voyage d'aventure au Tibet ou un safari en Afrique.
Proponho-lhes uma viagem de aventura no Tibete ou um safári na África.

Proposer à quelqu'un de faire quelque chose (propor a alguém fazer algo)
L'agent de voyages m'a proposé de passer quelques jours en Australie.
O agente de viagens me propôs passar alguns dias na Austrália.

Raconter quelque chose à quelqu'un (contar alguma coisa a alguém)
Quand j'étais petite, ma mère me racontait toujours des histoires drôles.
Quando eu era pequena, minha mãe me contava sempre histórias engraçadas.

Raconter à quelqu'un que + Indicativo (contar a alguém que)
Tu sais? Norma m'a racontée hier que le mari de Nadine a disparu.
Sabe? A Norma me contou ontem que o marido da Nadine desapareceu.

Rappeler quelqu'un (ligar novamente, retornar a ligação)
Dites à M. Morin que je le rappelle plus tard.
Diga ao sr. Morin que eu torno a chamá-lo (retorno) mais tarde.

Rappeler à quelqu'un que (lembrar a alguém que)
Je te rappelle qu'il faut finir ce dossier encore ce soir.
Gostaria de lembrar-lhe que é preciso terminar este caso/dossiê ainda esta noite.

(se) Rappeler quelque chose[3] (lembrar-se de algo)
Je me rappelle la soirée où nous sommes tous allés au restaurant La Coupole.
Eu me lembro da noite em que fomos todos ao restaurante La Coupole.

Refuser quelque chose (recusar algo)
Ce matin le pacient a refusé le yaourt.
Esta manhã o paciente recusou o iogurte.

Refuser de faire quelque chose (recusar fazer algo)
Le médecin a refusé de faire la chirurgie en affirmant que le pacient ne serait pas capacle de résister.
O médico recusou fazer a cirurgia afirmando que o paciente não seria capaz de resistir.

Refuser que + subjuntivo (recusar que)
Mon thérapeute refuse que je revienne au même sujet.
Meu terapeuta se recusa a que eu volte ao mesmo assunto.

Répondre à quelqu'un ou à quelque chose (responder a alguém)
Je ne vais pas lui répondre avant de connaître l'autre côté de l'histoire.
Não vou lhe responder antes de conhecer o outro lado da história.
Le moniteur répond calmement aux questions des étudiants.
O monitor responde calmamente às questões dos estudantes.

Répondre que + indicativo (responder que)
Le professeur m'a répondu qu'il n'était pas en mesure d'évaluer mes résultats parce que j'avais manqué à plusieurs cours.
O professor me respondeu que não estava em condições de avaliar meus resultados porque eu havia faltado a muitas aulas.

Rêver de (sonhar com)
Je rêve de retourner en Italie.
Sonho em voltar à Itália.

Rêver que + indicativo (sonhar que)
Cette nuit j'ai rêvé qu'il y avait un immense incendie dans ma ville.
Esta noite eu sonhei que havia um imenso incêndio em minha cidade.

3. Em francês, não há a preposição (lembra-se algo).

Savoir faire quelque chose (saber fazer algo)
Je ne sais pas nager.
Não sei nadar.

Savez-vous faire des quiches?
A senhora sabe fazer quiches?

Savoir que + Indicativo
Nous ne savions pas qu'il était orphelin.
Não sabíamos que ele era órfão.

(faire) Savoir que + Indicativo = informer que (informar que)
Je voudrais vous faire savoir que vous avez été sélectionné parmis les candidats.
Gostaria de informar-lhe que o senhor foi selecionado entre os candidatos.

Servir quelque chose à quelqu'un (servir alguma coisa a alguém)
Je vous sers un whisky?
Posso lhe servir um whisky?

Se servir de quelque chose (valer-se de, servir de, usar, utilizar)
Avant de brancher l'appareil, vous devez vous servir du manuel d'instructions.
Antes de ligar o aparelho, você deve utilizar o manual de instruções.

Souhaiter quelque chose à quelqu'un (desejar algo a alguém)
Ma chère amie, je vous souhaite tout ce qu'il y a de meilleur dans ce monde.
Minha cara amiga, desejo-lhe tudo o que há de melhor neste mundo.

Souhaiter que + Subjuntivo (desejar que)
Tout le monde souhaite que je puisse terminer le marathon.
Todo mundo deseja que eu possa terminar a maratona.

Se souvenir de quelqu'un (lembrar-se de alguém)
Nous avons passé des vacances extraordinaires au Portugal. Je vais me souvenir toujours de Maria João.
Passamos férias extraordinárias em Portugal. Vou me lembrar sempre da Maria João.

Se souvenir de quelque chose (lembrar-se de algo)
Quand l'écrivain a commencé à parler, je me suis souvenue de mon enfance.
Quando o escritor começou a falar, eu me lembrei de minha infância.

Se souvenir que + Indicativo (lembra-se de que)
Souviens-toi que la porte d'entrée a un code, d'accord?
Lembre-se de que a porta de entrada tem um código, está bem?

Téléphoner à quelqu'un (telefonar a ou para alguém)
Demain matin je lui téléphone pour dire que je ne veux plus continuer dans le bureau.
Amanhã de manhã eu lhe telefono para dizer que não vou mais continuar no escritório.

Se tromper de quelque chose (enganar-se de)
Excusez-moi, je crois que je me suis trompé de numéro de téléphone.
Desculpe-me, acho que me enganei de número de telefone.

Valoir (valer/custar)
Ce pantalon en jeans vaut une fortune. C'est une marque très connue.
Esta calça jeans vale uma fortuna. É uma marca muito conhecida.

Valoir mieux + Infinitivo (valer mais, ser melhor, ser preferível) - verbo impessoal
Il vaut mieux tester le produit avant de le lancer sur le marché.
É preferível/é melhor testar o produto antes de lançá-lo no mercado.

Valoir mieux que (ser preferível que) - verbo impessoal
Il vaut mieux que tu réconsidères.
É preferível, é melhor que você reconsidere.

IV. GUIA DE NOTAS CULTURAIS
GUIDE DES NOTES CULTURELLES

V. GUIA DO VOCABULÁRIO ATIVO
GUIDE DU VOCABULAIRE ACTIF

VI. DIÁLOGOS TRADUZIDOS DIALOGUES TRADUITS

DIÁLOGO 1: QUEBRANDO O GELO

Alain: Como está frio hoje!

Emilie: É mesmo! E eu não estou acostumada com este tipo de clima!

Alain: Você não é daqui, imagino!

Emilie: Não, de jeito nenhum. Eu sou da Guadalupe. Lá faz muito mais calor do que em Paris, posso lhe garantir.

Alain: Desculpe, não me apresentei. Eu me chamo Alain Lamournier.

Emilie: Muito prazer. Eu sou a Emilie Dumont. Então, você é de Paris?

Alain: Não. Na verdade, eu moro em Paris, mas nasci em Clermont-Ferrand. Minha família veio morar em Paris quando eu era adolescente.

Emilie: Que sorte! Paris é realmente uma cidade esplêndida!

Alain: É verdade... Não tenho do que me queixar.

Emilie: E o que é que você faz?

Alain: Sou agente de viagens. Ao seu dispor!! (risos)

» Veja a versão em francês desse diálogo na p. 13

DIÁLOGO 2: ACHO QUE VOCÊ NÃO CONHECE MINHA AMIGA

Antoine: Oi, Paul, há quanto tempo, hein?

Paul: Antoine! Como vai você, meu velho? Eu estou bem contente em te rever. E aí, quais as novidades?

Antoine: Nada de especial. Olha, acho que você ainda não conhece a Liz, uma super amiga minha.

Paul: Não, de fato. Bom dia, Liz, muito prazer.

Liz: O prazer é meu.

Paul: A senhora está estudando aqui na Sorbonne?

Liz: Eu? Bem, não. Na verdade, estou apenas visitando a universidade. Eu sou de Marselha. Mas pode me tratar por você!

Paul: Ah é? Está bem. Tenho uma tia que mora em Marselha. Para ser sincero, estive lá só uma vez.

Liz: Verdade? Espero que você pelo menos tenha gostado!

Paul: Muito. Marselha é uma cidade linda.

Antoine: Escutem, não quero interromper vocês, mas precisamos ir, Liz. O metrô fecha daqui a meia hora.

Paul: Claro, Antoine, eu também preciso ir. Tenho ainda um monte de coisas para fazer hoje à noite. A gente se fala.

Liz: Prazer em conhecê-lo, Paul.

Paul: O prazer foi meu. Até qualquer dia. Juízo vocês dois, hein?

» Veja a versão em francês desse diálogo na p. 16

DIÁLOGO 3: FALANDO SOBRE O CLIMA

Rachel: Você escutou a previsão para este fim de semana?

Patrícia: Ouvi, o apresentador nos prometeu um sábado ensolarado; então, eu acho que teremos um dia lindo! Mas, em compensação, ele já anunciou que vai chover e nevar no domingo de manhã. Não é muito legal...

Rachel: Ah não, eu detesto chuva. Eu me sinto sempre um pouco deprimida.

Patrícia: Sei bem o que você quer dizer. Você realmente prefere o verão, não é?

Rachel: Ah claro, para mim, é a estação perfeita. Sabe, eu gosto da vida ao ar livre.

Patrícia: Falando de vida ao ar livre, me diga uma coisa, o que você vai fazer neste fim de semana? Você pretende passear?

Rachel: Bem, eu pensei em ir à praia, mas com esse tempo, já não sei mais.

» Veja a versão em francês desse diálogo na p. 26

DIÁLOGO 4: A RESERVA DO HOTEL

Na recepção:

Recepcionista: Hotel Concorde Champs-Élysées, bom dia! Em que posso servi-lo?

Benoît: Bom dia, senhora. Eu gostaria de saber se vocês têm quartos disponíveis para a semana que vem, pois minha mulher e eu gostaríamos de fazer uma reserva.

Recepcionista: Pois não, senhor, a partir de que data mais precisamente?

Benoît: A partir do dia 15 de março.

Recepcionista: Um instantinho, por favor. Deixe-me verificar as reservas... Vejamos... Sim, senhor, temos alguns quartos livres para a data que o senhor deseja. Para quantos dias?

Benoît: Para sete pernoites, uma semana. E quais são as tarifas?

Recepcionista: Depende. Com chuveiro ou banheiro completo?

Benoît: Com banheiro completo. Queremos também um quarto duplo com cama de casal.

Recepcionista: Pois não, senhor. O senhor está vindo para o congresso de pediatria? Temos uma tarifa promocional.

Benoît: Não, na verdade, não.

Recepcionista: Muito bem, senhor. Deixe-me preencher o formulário. Então recapitulando: um quarto duplo com cama de casal e banheiro completo, a partir do dia 15 de março, e vocês ficam uma semana. Confere?

Benoît: Isso mesmo. O café está incluído no preço da tarifa?

Recepcionista: Sim, o café da manhã está incluído na diária.

Benoît: E quais os serviços que vocês têm (propõem)?

Recepcionista: Todos os nossos quartos estão equipados com frigobar, telefone, TV, e, se o senhor solicitar com antecedência, poderá dispor também de uma conexão internet no quarto. Isso lhe convém?

Benoît: Sim, muito.

Recepcionista: Em nome de quem eu faço a reserva?

Benoît: Em nome de Marcet, Benoît Marcet. Pode me dizer se as taxas estão incluídas?

Recepcionista: Não, senhor, lamento informar, mas as taxas, normalmente de 10% do preço da tarifa, são cobradas à parte.

Benoît: Ok.

Recepcionista: Qual o seu endereço? E o seu número de telefone? O senhor tem e-mail (endereço eletrônico)?

Benoît: Moro na rua Marc-Antoine Legrand, nº 15, em Lyon. Meu número de telefone é o 04.82.51.93.28 e meu email é bmarcet@wanadoo.fr.

Recepcionista: Muito bem. Está tudo anotado. Sua reserva já foi feita, senhor.

Benoît: Tenho que confirmá-la?

Recepcionista: Não será necessário, senhor. Obrigada e até logo.

Benoît: Eu que agradeço. Até logo.

» Veja a versão em francês desse diálogo na p. 31

DIÁLOGO 5: FAZENDO O CHECK-IN NO AEROPORTO

Atendente: Posso ajudá-lo, senhor?/Posso ajudá-la, senhora?

Passageiro: Sim, por favor (o passageiro dá a sua passagem e seu passaporte ao funcionário da companhia).

Atendente: O senhor quer um assento na janela ou no corredor?

Passager: Corredor, por favor. Preciso sempre de mobilidade para esticar as pernas e ficar um pouco em pé no avião. Além do mais, este voo é bem longo, não é mesmo?

Atendente: É verdade. Então, um assento no corredor.

Passager: O senhor tem um lugar para não fumante?

Atendente: Faz muito tempo que é proibido fumar durante os voos. Fique sossegado, pois não existe mais lugar reservado aos fumantes. É uma norma internacional.

Passager: Fico bem contente de ouvir esta informação.

Atendente: O senhor pode colocar a sua bagagem na balança?

Passager: Claro. Devo colocar também a minha pasta ou posso levá-la como bagagem de mão?

Atendente: Pode sim, com certeza. O senhor poderá colocá-la no compartimento de cima. Aqui estão os cartões de embarque. Embarque imediato portão 12.

Passager: Ok. Muito obrigado. Até logo.

» Veja a versão em francês desse diálogo na p. 33

DIÁLOGO 6: NO AVIÃO

No início da viagem

"Senhoras e senhores, boa noite. O comandante Rochet tem o prazer de recebê-los a bordo. Iremos decolar dentro de alguns instantes. Pedimos-lhes a gentileza de endireitar os assentos e de apertar os cintos de segurança, mantendo-os sempre atados. Lembramos que é absolutamente proibido fumar. Esta nave dispõe de quatro portas laterais; em caso de emergência, os senhores deverão seguir o manual de instruções que se encontra na bolsinha do assento logo à sua frente. O comandante e sua tripulação lhes desejam uma boa viagem. Dentro de meia hora daremos início ao serviço do jantar. O pessoal de bordo permanecerá à sua inteira disposição. Obrigado."

Nancy: Tudo o que eu quero é aterrissar.
Victor: Você tem medo de voar?
Nancy: Bom, digamos que viajar de avião não é minha atividade favorita.
Victor: Você é de onde?
Nancy: De Strasbourg, uma cidade no nordeste da França. E você?
Victor: Do Brasil.
Nancy: Ah é? Sempre quis ir ao Brasil - principalmente para o Rio - por causa do carnaval. E as praias? Elas são realmente bonitas, não?
Victor: É verdade. As praias, a natureza de forma geral, a gentileza das pessoas, é ótimo para os turistas, mas é preciso estar sempre atento. Você está vindo a Paris a negócios?
Nancy: Oh, não. Meu irmão mora aqui e eu vim visitá-lo.

No fim da viagem

"Senhoras e senhores, bom dia. Aqui é o comandante Rochet: iremos aterrizar dentro de alguns instantes no aeroporto Roissy-Charles de Gaule. São dez horas, hora local. O tempo está bonito e a temperatura externa é de 20 graus. Mantenham os cintos apertados até que o sinal luminoso se apague. Pedimos que endireitem seus assentos e guardem a mesinha de serviço. Esperamos que este vôo lhes tenha sido agradável e que, em breve, possamos ter o prazer de recebê-los novamente a bordo das linhas de nossa companhia. Muito obrigado e uma boa estada em Paris."

INSTRUÇÕES DISPONÍVEIS NO MANUAL DE UMA COMPANHIA AÉREA

1. Durande o voo, seu bebê poderá ser colocado em um berço ou em uma caminha. Mas no momento da decolagem e da aterrissagem, o(a) senhor(a) deverá segurá-lo em seu colo. Caso deseje, nossa aeromoça poderá esquentar uma mamadeira, oferecer alimentos especiais para bebês ou crianças e colocar à disposição dos mais velhos jogos, histórias em quadrinhos, baralhos, balas etc.
2. A fim de tornar esta viagem agradável a todos os passageiros, pedimos a gentileza de respeitar atentamente os sinais luminosos. Os senhores encontrarão na bolsinha do assento de frente as instruções de segurança e um saquinho de papel (para eventuais enjoos). Em voos com escalas, solicitamos a gentileza de permanecerem em seus assentos até o final do trajeto, pois os lugares vazios poderão ser ocupados por outros passageiros durante o voo.

» Veja a versão em francês desse diálogo na p. 35

DIÁLOGO 7: DE TÁXI DO AEROPORTO PARA O HOTEL

Bertrand: Táxi!
Chofer de táxi: Bom dia! Deixe-me colocar a sua bagagem no porta-malas. Para onde o senhor vai?
Bertrand: Para o Hotel Concorde Champs-Élysées.
Chofer de táxi: Ok.
Bertrand: Qual é a distância daqui?

Chofer de táxi: Se o tráfego estiver normal, levaremos mais ou menos 50 minutos para chegar. Na hora do rush, o trânsito é realmente ruim.
Bertrand: Está bem.
Chofer de táxi: O senhor está em Paris a negócios?
Bertrand: Na verdade, vim para uma convenção, mas pretendo pegar alguns dias de férias, pelo menos.
Chofer de táxi: O senhor tem razão. Há muitas coisas para se fazer aqui.
Bertrand: Quanto lhe devo?
Chofer de táxi: 80 euros.
Bertrand: Ok. Aí está. Fique com o troco.
Chofer de táxi: Vou pegar suas malas atrás. Aqui estão. Bem, desejo uma boa estada em Paris e tenha um bom dia. Até logo!
Bertrand: Até logo, e obrigado!
» Veja a versão em francês desse diálogo na p. 41

DIÁLOGO 8: O CHECK-IN NO HOTEL

Recepcionista: Pois não, senhor?
Sr. Garcia: Tenho uma reserva em nome de Garcia, Fábio Garcia.
Recepcionista: Um momento, senhor. Aqui está, Sr. Garcia, o senhor vai permanecer por seis dias, é isso?
Sr. Garcia: Exatamente.
Recepcionista: O senhor pode preencher esta ficha, por favor?
Sr. Garcia: Claro.
Recepcionista: Quarto 201, senhor. O carregador levará suas malas até o quarto agora mesmo.
Sr. Garcia: Obrigado. A propósito, vocês têm um serviço de despertador?
Recepcionista: Naturalmente. A que horas o senhor deseja ser acordado?
Sr. Garcia: Às 7h30 da manhã.
Recepcionista: É automático: digite o número 22 e, em seguida, a hora em que deseja despertar.
Sr. Garcia: Mais uma pergunta. A que horas expira o meu prazo?
Recepcionista: Ao meio-dia, senhor.
Sr. Garcia: Está bem, muito obrigado, senhor.
Recepcionista: Às ordens.
» Veja a versão em francês desse diálogo na p. 44

DIÁLOGO 9: VIAGEM PARA EXTERIOR

Béa: Você já viajou bastante, não é? Quantos países você já visitou?
Michel: Acho que em torno de 17. Mas eu ainda não conheço a Escandinávia, por exemplo.
Béa: O que você gosta de fazer quando chega a um novo país?
Michel: Gosto de ver os pontos turísticos e experimentar a culinária local.
Béa: Interessante!
» Veja a versão em francês desse diálogo na p. 51

DIÁLOGO 10: HÁ UMA AGÊNCIA DOS CORREIOS AQUI PERTO?

Turista: Com licença. O senhor sabe se tem uma agência do correio aqui perto?
Pedestre 1: Desculpe-me, mas não sou do bairro. Porque o senhor não pergunta para aquele jovem ali?
Turista: Ok. Obrigado.
Turista: Por favor, senhor, há alguma agência dos correios por aqui?
Pedestre 2: Claro. Há uma praticamente ao lado, a duzentos metros daqui. Siga em frente e, em seguida, vire à direita.
Turista: Muito obrigado, senhor. Também preciso ir ao banco. Tem alguma agência perto daqui?
Pedestre 2: A agência mais próxima fica naquela avenida principal. Entre na segunda rua à esquerda e depois pegue a primeira à direita.
Turista: Obrigado, o senhor é muito amável.
Pedestre 2: Não tem de quê. Até logo.
» Veja a versão em francês desse diálogo na p. 55

DIÁLOGO 11: ALUGANDO UM CARRO

Funcionário: Bom dia, em que posso ajudá-lo?
Turista: Gostaria de alugar um carro por uma semana.
Funcionário: Claro. O senhor é de que país?
Turista: Do Brasil.
Funcionário: Ok. Posso ver a sua carteira de motorista?
Turista: Naturalmente. Aqui está.
Funcionário: Muito bem. E que tipo de carro o senhor tem em mente?
Turista: Bom, um carro econômico. É apenas para mim e minha mulher; não precisamos de um porta-malas muito grande.
Funcionário: O senhor tem alguma preferência de marca?
Turista: Não, na verdade para mim tanto faz. A propósito, o carro tem seguro?
Funcionário: Claro que sim. Está assegurado contra vários tipos de danos.
Turista: Quais?
Funcionário: Quase todos os tipos de acidentes, batidas, roubos, arrombamentos. O senhor não tem com o que se preocupar. É um seguro completo.
Turista: Perfeito. Mas é melhor eu ser bem prudente e não correr riscos.
» Veja a versão em francês desse diálogo na p. 58

DIÁLOGO 12: PROBLEMAS COM O CARRO

Antoine: Então, qual é o problema?
Jean: Bem, para lhe dizer francamente, não tenho a menor ideia.
Antoine: Você quer que eu dê uma olhadinha?
Jean: Claro.
Antoine: Parece que tem alguma coisa com a injeção eletrônica. Você teve problema com isso ultimamente?
Jean: Não que eu saiba. Na verdade, tudo parecia funcionar bem até agora.

Antoine: Então, é melhor chamar o guincho.
» Veja a versão em francês desse diálogo na p. 59

DIÁLOGO 13: TRÂNSITO DIFÍCIL!

Nicolas: Eu detesto dirigir com um trânsito assim.
Jean: Eu imagino. E é sempre igual nas horas de pico.
Nicolas: E se a gente pegasse a rua de trás? Tenho a impressão de que o tráfego pode estar menos congestionado.
Jean: Tente. Você não conhece um atalho, por acaso? Por aqui, está tudo bloqueado.
Nicolas: Acho que conheço um, sim. Vejamos... Vou virar à direita no próximo sinal em vez de seguir em frente. Vamos ver no que dá.
» Veja a versão em francês desse diálogo na p. 61

DIÁLOGO 14: COMPRANDO ROUPAS

Vendedora: O que o senhor deseja?
Thomas: Estou procurando camisetas.
Vendedora: Por aqui, senhor. Pode me acompanhar? (Mostrando-lhe algumas) Então, estas lhe agradam?
Thomas: Talvez. Na verdade, não tenho muita certeza. A senhora tem camisetas pólo ou regatas?
Vendedora: Sim, claro. Vou lhe mostrar alguns modelos. Que cor o senhor prefere?
Thomas: Estou um pouco na dúvida. Verde ou azul... não sei.
Vendedora: O que acha desta aqui, azul claro?
Yves: Gosto bastante. Posso experimentar?
Vendedora: Claro. Qual é o seu tamanho?
Yves: Em geral, médio. Meu tamanho é 42.
Vendedora: Ok. Aqui está. Tem um provador no fundo do corredor à direita.
Thomas: Obrigado.
(Alguns minutos depois)
Vendedora: Serviu?
Thomas: Acho que esta está um pouco apertada. Por acaso a senhora não teria um tamanho maior?
Vendedora: Vou ver (...) O senhor tem sorte. Ainda me resta uma.
Thomas: Ótimo!
(O cliente vai mais uma vez ao provador)
Thomas: Esta está me caindo melhor. Quanto custa?
Vendedora: 47 euros, mas como está em liquidação vai lhe custar 35 euros e 50 centavos. Está bom assim?
Thomas: Perfeito! Vou levá-la.
Vendedora: Ok. O senhor deseja mais alguma coisa?
Thomas: Não, obrigado. Vocês aceitam cartão de crédito?
Vendedora: Naturalmente!
» Veja a versão em francês desse diálogo na p. 63

DIÁLOGO 15: EM LIQUIDAÇÃO

Cathie: Você sabia que as Galerias Lafayettes estão em liquidação atualmente? Tem descontos de 20% sobre o preço de todas as roupas.
Danielle: Verdade? Então, precisamos ir lá! Não posso perder essa!
Cathie: Estou pensando em ir na terça que vem. O que você acha? Não vai durar muito.
Danielle: Tudo bem, por mim. A princípio, estou livre durante o dia todo. Posso te pegar às 4h. Fica bom para você?
Cathie: Ótimo! Mas a gente precisa tomar cuidado para não comprar coisas de que não precisamos.
Danielle: Certo...
» Veja a versão em francês desse diálogo na p. 66

DIÁLOGO 16: SAINDO PARA SE DIVERTIR

Théodore: Então, Laura, o que você quer fazer hoje à noite?
Laura: Não tenho nenhuma ideia. E se a gente fosse ao teatro?
Théodore: É uma boa sugestão. Deixe-me dar uma olhada no jornal e ver o que é que tem de bom. Vejamos. Tem uma peça de Molière, O doente imaginário, que está passando no Teatro Odéon. O que você acha?
Laura: Ouvi dizer que o Stomp, sabe, o grupo americano de dança contemporânea, está na Cartoucherie. Acho que hoje eu prefiro um balé a uma comédia clássica. O que é que você acha?
Théodore: Acho ótimo. Além do mais, as companhias estrangeiras ficam pouco tempo, enquanto que, Molière, teremos o privilégio de ver quando quisermos.
Laura: E começa a que horas?
Théodore: Às nove horas....Mas a gente não pode chegar atrasado. Eles são muito rigorosos.
Laura: A gente poderia, quem sabe, convidar a Brigitte e o Arthur.
Théodore: Perfeito. Por que você não lhes telefona agora para ver se estão livres hoje à noite?
Laura: Está bem.
» Veja a versão em francês desse diálogo na p. 71

DIÁLOGO 17: UM FIM DE SEMANA GENIAL

Yves: Como foi seu fim de semana, Jérôme?
Jérôme: Magnífico. Tive um fim de semana realmente genial.
Yves: Então, me conte. O que você fez?
Jérôme: Bom, para começar, sexta à noite fui ver um filme franco-americano, uma reprise que está passando agora no Quartier Latin. É realmente de morrer de rir.
Yves: E qual era o filme?
Jérôme: Em inglês o título é Two days in Paris (Dois dias em Paris). É a história de um casal franco-americano, ela francesa e ele americano, que mora nos Estados Unidos e que, de férias na Europa, decide passar dois dias em Paris para visitar a família da mulher. Nem te conto os mal-entendidos que acontecem. E é isso que é mais engraçado.
Yves: Deve ser divertido. E o que mais você fez?
Jérôme: Bom, no domingo de manhã, minha mulher e eu fomos ao clube jogar tênis e, à

tarde, fomos velejar. À noite, nós vimos Claude e Bernadette; eles nos convidaram para jantar e prepararam um jantar realmente maravilhoso. A gente se divertiu muito.

» Veja a versão em francês desse diálogo na p. 75

DIÁLOGO 18: INDO AO CINEMA

Victor: Você viu o último filme do Depardieu que acaba de sair?

Patrícia: Não, ainda não. E você?

Victor: Também não. Estou cheio de coisa para fazer no momento. O trabalho me ocupa praticamente o tempo todo, entende? Mas e se a gente fosse amanhã à noite? Acho que eu estaria mais livre. Então, o que você acha? Está passando no cine Montparnasse, se não me engano.

Patrícia: Legal. Eu adoro o Depardieu. Gosto de tudo o que ele faz. Vamos comprar os ingressos pela internet. É bem mais simples.

Victor: Boa idéia!

» Veja a versão em francês desse diálogo na p. 77

DIÁLOGO 19: O QUE TEM PARA O JANTAR?

Patrick: O que tem para o jantar esta noite?

Lise: Pizza, acho...

Patrick: Ah não! De novo a mesma coisa! Eu já estou realmente cheio e cansado de pizza. Sem brincadeira, eu "tô por aqui de pizza". Será que a gente não pode ter um jantar de verdade, só para variar?

Lise: E o que você acha de comer fora, por exemplo? Seria uma ótima ideia, não? A gente podia experimentar o restaurante grego que acaba de ser inaugurado no bairro, como ele se chama mesmo? Le Zorba, acho.

Patrick:.Ok. Vou fazer o que você quer dessa vez. Vamos lá, então. Mas, se amanhã a gente jantar em casa, a gente vai comer uma boa lasanha, ok?

Lise: Ok. Para mim, está perfeito.

» Veja a versão em francês desse diálogo na p. 78

DIÁLOGO 20: NO RESTAURANTE

Garçom: Boa noite. Os senhores escolheram?

Samuel: Sim, acho que podemos pedir. Então, querida, o que você quer para começar?

Anne: Acho que, de entrada, eu queria uma salada de tomate. Não estou com muita fome...

Samuel: Bom, para minha mulher, uma salada de tomate e, para mim, uma sopa de cebola. O senhor pode me dizer se o filet mignon grelhado vem acompanhado de alguma guarnição?

Garçom: Naturalmente, senhor. Ele vem acompanhado com arroz e legumes ao vapor.

Samuel: Muito bem. Então, como prato principal, eu vou querer un filet mignon grelhado com arroz e legumes ao vapor.

Garçom: Pois não, senhor. E o que a senhora deseja como prato quente?

Anne: Truta com amêndoas. É um prato mais leve.

Garçom: Está bem, senhora. E o que os senhores desejam para beber?

Anne: Um suco de laranja para mim. Sem gelo, por favor.
Samuel: Eu queria uma cerveja.
Garçom: Pois não, um suco de laranja e uma cerveja.
Samuel: O senhor poderia nos trazer pão, por favor?
Garçom: Claro. Já volto com as bebidas.
Samuel: Obrigado.
» Veja a versão em francês desse diálogo na p. 80

DIÁLOGO 21: UMA FESTA DE ANIVERSÁRIO

Marie: Eu estou bem contente de te ver aqui! Felizmente você pode vir.
Jacques: Não iria perder esta festa por nada neste mundo. Te juro!
Marie: Entre. Tire o casaco. Todo mundo já está aí.
Jacques: Onde está Arnaud, afinal?
Marie: Na cozinha, fatiando o pão.
Jacques: E desde quando ele te ajuda na cozinha?
Marie: Na verdade, ele não me ajuda muito, mas tudo bem...
Jacques: E então, cadê o jovem aniversariante?
Marie: Olha lá, no fundo do corredor, atrás da Annick.
Jacques: Isto é um presente para ele. Espero que ele ainda não tenha o último DVD da Carla Bruni.
Marie: Puxa, o último DVD da sua cantora preferida! Por que você não lhe entrega pessoalmente?
Jacques: Claro, deixa ele chegar mais perto...
» Veja a versão em francês desse diálogo na p. 85

DIÁLOGO 22: UM LUGAR IDEAL PARA AS FÉRIAS

Frédéric: Então, logo você vai estar em férias, não?
Stéphane: É. Mal posso esperar a semana que vem. Realmente preciso descansar, relaxar, respirar, estar em contato com a natureza.
Frédéric: O que você está pretendendo fazer? Está pensando em viajar?
Stéphane: Sim. Minha mulher tem familiares na Normandia; com certeza iremos passar uma semana lá.
Frédéric: É legal, a Normandia. Nesta época, vale a pena. Há Saint Malo, o Monte Saint Michel... E todo mundo adora velejar nesta época do ano.
Stéphane: Justamente. E a família dela mora pertinho do Monte Saint Michel. Além do mais, as crianças estão super felizes em poder rever os primos. Está aí uma outra boa razão para ir até lá.
Frédéric: É uma boa escolha. Espero que você se divirta, descanse e volte em plena forma!
Stéphane: Eu também.
» Veja a versão em francês desse diálogo na p. 87

DIÁLOGO 23: UMA CONSULTA MÉDICA

Doutor: Bom dia. Então, como vai, meu amigo?

Frank: Mal, doutor. Não me sinto bem.

Doutor: Qual é o problema? O que não vai bem? O que o senhor está sentindo?

Frank: Tenho enxaquecas constantes ultimamente, e agora estou com enjoo. Tenho vontade de vomitar.

Doutor: O senhor mudou o tipo de alimentação?

Frank: Não.

Doutor: E o trabalho? Como vai? O senhor tem trabalhado muito nestes últimos tempos? Teve aborrecimentos?

Frank: Não, não creio; em compensação, estou me sentindo bem estressado atualmente.

Doutor: Deixe-me examiná-lo. O senhor poderia tirar a camisa e deitar nesta cama, por favor?

(Após alguns minutos...)

Doutor: Aparentemente, não estou vendo nada grave. Mas, mesmo assim, vou lhe pedir para fazer alguns exames clínicos. Um exame de sangue, entre outros. Enquanto isso, se tiver dor de cabeça, tome uma aspirina. A princípio, não há com o que se preocupar.

» Veja a versão em francês desse diálogo na p. 91

DIÁLOGO 24: SENTINDO-SE DOENTE

Benoît: E aí, Philippe! Você está com uma cara um pouco desanimada hoje... O que está acontecendo?

Phillipe: Bem, para te dizer francamente, não me estou muito em forma esta manhã.

Benoît: E qual o problema?

Phillipe: Não sei, estou com dor de cabeça desde ontem, e estou com vontade de vomitar.

Benoît: Nossa! Isso não é nada bom. Me diz, o que eu posso fazer por você?

Phillipe: Legal da sua parte, mas acho que nada. Já tomei duas aspirinas, praticamente sem efeito. Vai passar, espero. De qualquer maneira, obrigado.

Benoît: Você acha que pode ser alguma coisa que você comeu (rangou)?

Phillipe: Acho que não. Eu comi a mesma comida de sempre, enfim, a alimentação de todos os dias, mas pode ser... De qualquer forma, se não adiantar, vou ver um médico.

Benoît: É o que você tem que fazer.

» Veja a versão em francês desse diálogo na p. 93

DIÁLOGO 25: É MELHOR FAZER UM REGIME

Grégoire: Não é possível, não posso acreditar, engordei dois quilos!

Samuel: É o preço que se paga por ter comido só porcarias!

Grégoire: Eu sei, você tem razão, preciso fazer um regime!

Sean: Você tem que fazer muitos exercícios também, meu velho. É uma exigência do mundo contemporâneo. De qualquer forma, é preciso consultar um médico antes de começar uma dieta, está bem?

» Veja a versão em francês desse diálogo na p. 96

DIÁLOGO 26: INDO AO DENTISTA

Dentista: Então, o que aconteceu? O senhor parece bem abatido.
Paciente: Com certeza, estou com dor no molar inferior.
Dentista: Vamos ver. Sente-se. Abra a boca... Realmente, é uma cárie bem grande. Há quanto tempo o senhor não consulta um dentista?
Paciente: Há três anos, acho. O problema é que o barulho do motor me deixa em pânico!
Dentista: Não se preocupe, vou lhe aplicar uma anestesia e o senhor não vai sentir nada. Feche os olhos e descanse. Vai dar tudo certo.
Paciente: Vou tentar, doutor.
» Veja a versão em francês desse diálogo na p. 97

DIÁLOGO 27: MANTENDO-SE EM FORMA

Jacques: Oi! Puxa, mas você está mesmo em forma! O que é que você faz para manter a linha?
Gabriel: Já faz muito tempo que pratico esportes regularmente.
Jacques: É mesmo? E quantas vezes por semana você vai à academia de ginástica?
Gabriel: Pelo menos três vezes por semana, mas eu corro todas as manhãs.
Jacques: Verdade? Parabéns! Eu gostaria de ter mais tempo para fazer esporte, treinar mais e perder um pouco de peso.
Gabriel: Sabe, eu era assim, costumava pensar da mesma maneira, dar as mesmas desculpas. Se você quiser realmente ficar em forma, é preciso que você crie seu próprio tempo e que seja muito disciplinado! Pense em como é importante ter um modo de vida mais saudável.
Jacques: Acho que você tem razão!
» Veja a versão em francês desse diálogo na p. 98

DIÁLOGO 28: DICAS DE UM *PERSONNAL TRAINER*

Antoine: Não me sinto bem fisicamente. Preciso começar um programa de treinamento mais sério. O que você me recomenda?
Personal trainer: Bem, se faz muito tempo que você não pratica esportes, a primeira coisa a fazer é consultar um médico.
Antoine: Eu estava justamente pensando nisso.
Personal trainer: Perfeito. Aí, se tudo estiver bem e se os resultados forem bons, você pode começar uma série programada de exercícios. Você gosta de correr?
Antoine: Sim, gosto bastante de jogging. A única coisa é que me sinto cansado após alguns minutos.
Personal trainer: Claro. Você não está em forma. Precisa começar lentamente e ir progredindo aos poucos.
» Veja a versão em francês desse diálogo na p. 100

DIÁLOGO 29: MUDANÇA: UM NOVO LUGAR PARA MORAR

Hélène: Então, ouvi dizer que você vai se mudar?
Corinne: É verdade. A gente encontrou um ótimo apartamento a cem metros daqui. Ele está simplesmente impecável! É um apartamento de quatro cômodos: tem uma sala de visitas enorme e três quartos.

Hélène: Vocês estão precisando de mais espaço, não é?

Sophie: Realmente. Com o bebê, os dois quartos não eram mais suficientes. Além disso, a cozinha já está inteiramente equipada e o condomínio está incluído no preço do aluguel. Viu só? Melhor que isso só mesmo um sobrado com um grande jardim!

Hélène: O legal é que vocês não vão mudar de bairro.

Sophie: Ah, isso com certeza. Estamos tão acostumados com este bairro que seria praticamente impossível nos imaginarmos longe dele.

Hélène: Se você quiser uma mãozinha para a mudança, não hesite, ok? Vocês podem contar conosco. O Jean tem um caminhão grande que pode transportar um monte de coisas.

» Veja a versão em francês desse diálogo na p. 103

DIÁLOGO 30: MEU AFAZER DOMÉSTICO PREFERIDO

Benoît: Então, você ajuda sua mulher nas tarefas domésticas?

David: Claro. Tento fazer tudo o que eu posso. Atualmente, minha especialidade é lavar a louça.

Benoît: Vocês têm empregada?

David: Não. Temos uma faxineira que vem duas vezes por semana para limpar a casa, colocar a roupa na máquina e passar.

Benoît: Já ajuda!

David: É verdade. Sabe, minha mulher tem um emprego de meio período e temos três filhos. No resto da semana, temos que cuidar de tudo. Às vezes, não é fácil!

Benoît: Sei bem o que você quer dizer.

» Veja a versão em francês desse diálogo na p. 106

DIÁLOGO 31: VOCÊ SEMPRE MOROU EM APARTAMENTO?

Linda: Você sempre morou em apartamento?

Denis: Ah, não. Antes de me casar, eu morava numa super casa nos arredores de Paris.

Linda: Foi uma verdadeira mudança, então!

Denis: No começo, foi duro. Estava acostumado a ter muito espaço, mas tive que me adaptar!

Linda: Você acha que existem vantagens em se viver num apartamento?

Denis: Bem, como tudo na vida, há vantagens e desvantagens. Acho que uma das grandes vantagens é a segurança. Quando a gente viaja, a gente fecha a porta e ok... tudo certo! Nada de preocupações!

» Veja a versão em francês desse diálogo na p. 108

DIÁLOGO 32: PROBLEMAS NO APARTAMENTO

Samuel: Estou começando a ficar cansado e chateado de morar neste apê.

Nicolas: Mas por quê? Qual o problema?

Samuel: Bem... pra começar, a pia da cozinha está sempre entupida.

Nicolas: Você já chamou o encanador?

Samuel: Claro, duas vezes, aliás! Mas dois dias depois do conserto, o problema voltou!

Nicolas: É verdade que é um apartamento velho.

Samuel: Eu sei. E tem também o problema do ralo do banheiro que não escorre.
Nicolas: Eu, no seu lugar, começaria a procurar outro apartamento.
» Veja a versão em francês desse diálogo na p. 109

DIÁLOGO 33: VIDA FAMILIAR

Cathie: Então, Éric, você tem uma família grande?
Éric: Sim, tenho dois irmãos e uma irmã gêmea.
Cathie: Puxa! Você tem uma irmã gêmea, que legal!
Éric: Tenho, mas a gente não se parece muito.
Cathie: Você os vê regularmente?
Éric: Não, na verdade, não muito. Um dos meus irmãos mora longe daqui, então eu o vejo somente uma vez por ano. O outro irmão e minha irmã eu vejo com mais frequência, pelo menos. De qualquer forma, a família inteira se reúne uma vez por ano, normalmente no Natal.
» Veja a versão em francês desse diálogo na p. 110

DIÁLOGO 34: DOIS AMIGOS CONVERSAM SOBRE TRABALHO

Paul: O que é que está acontecendo? Você parece desanimado...
Lionel: Realmente, não me sinto muito entusiasmado esta manhã. Estou bem aborrecido de ter que fazer o mesmo serviço chato e idiota todos os dias. Sabe, preencher formulários, carimbar documentos... não é muito motivante.
Paul: Você já pensou em procurar um outro trampo?
Lionel: Claro, ultimamente eu tenho olhado os anúncios nos jornais.
Paul: Que tipo de trabalho você tem em mente?
Lionel: Não sei. Talvez algo mais dinâmico ou mais desafiador. Estou cansado da mesma rotina todos os dias.
Paul: Sei bem o que você quer dizer.
» Veja a versão em francês desse diálogo na p. 113

DIÁLOGO 35: VOCÊ PRECISA DIMINUIR O RITMO

Raphael: Você está pálido! Está se sentindo bem?
Marc: Não muito.
Raphael: Por que você não tira o resto do dia para relaxar um pouco?
Marc: Acho que eu devia fazer isso. Estou sob um estresse incrível nestas últimas semanas.
Raphael: Às vezes, basta diminuir o ritmo... Entende o que eu quero dizer?
Marc: Creio que você tem razão, mas nesse momento é impossível. De qualquer forma, obrigado.
» Veja a versão em francês desse diálogo na p. 114

DIÁLOGO 36: UMA ENTREVISTA DE EMPREGO

Gerente de pessoal: Pois então, lendo o seu currículo pude constatar que o senhor está na publicidade há mais de dez anos.
Candidato: Sim, exatamente. Comecei trabalhando em publicidade desde que me formei; realmente, já faz mais de dez anos.

Gerente de pessoal: O que o senhor mais aprecia na publicidade?
Candidato: Bem, gosto principalmente da criatividade dos spots publicitários e dos anúncios. O que mais chama minha atenção desde a infância são os slogans e os logotipos.
Gerente de pessoal: E por que o senhor gostaria de trabalhar conosco?
Candidato: Tenho a impressão de que, com a experiência que tenho na área, eu poderia eventualmente contribuir para o desenvolvimento de novos produtos e novas campanhas.
Gerente de pessoal: O senhor sabe, fabricamos macacos para carros, um segmento bem específico... O senhor tem familiaridade com esta linha de produtos?
Candidato: Na verdade, nunca trabalhei com macacos para automóveis, mas tenho certeza de que posso aprender tudo sobre isso em pouco tempo. Além do mais, trabalhar com um novo produto representaria um grande desafio para a minha carreira!
Gerente de pessoal: Ok, muito obrigado.
» Veja a versão em francês desse diálogo na p. 116

DIÁLOGO 37: O QUE VOCÊ ACHA DESTE NOVO PRODUTO?

Mathieu: Então, o que você acha deste novo produto?
Richard: Acho que ele é genial. Sua fragrância é única e bem pessoal. Há um grande nicho de mercado a ser explorado para este tipo de perfume. Estou certo de que vai chamar a atenção de todas as mulheres.
Mathieu: Eu também estou bem satisfeito com tudo isso. Em termos de divulgação, como você acha que deveríamos lançá-lo?
Richard: Bom, creio que...para começar, a gente deveria usar anúncios em revistas e alguns spots publicitários em rádio e TV.
Mathieu: Concordo. Mal posso esperar a reunião de amanhã com a equipe de marketing!
» Veja a versão em francês desse diálogo na p. 124

DIÁLOGO 38: VOCÊ PODE LHE PEDIR PARA RETORNAR A LIGAÇÃO?

Telefonista: Viacom Internationale, bom dia!
Paul Durand: Bom dia. Eu poderia falar com o sr. Thomas, por favor?
Telefonista: Quem gostaria?
Paul Durand: Sr. Paul Durand, adido de imprensa da Maison de la France.
Telefonista: Um instantinho, por favor, vou passar para a secretária dele.
Paul Durand: Obrigado.
Secrétaire: Alô!
Paul Durand: Bom dia, senhora, gostaria de falar com o sr. Thomas, por favor.
Secrétaire: Ele está em uma outra ligação. O senhor pode aguardar um momento?
Paul Durand: Pois não.
(após alguns instantes...)
Secrétaire: A linha continua ocupada, senhor. Quer deixar um recado?
Paul: Sim, claro. Aqui quem fala é o Paul Durand, adido de imprensa da Maison de la France. A senhora poderia lhe pedir para me retornar assim que possível? É bem urgente...
Secrétaire: Claro. Ele tem o seu número de telefone?

Paul: Acho que sim. De qualquer forma, vou deixá-lo com a senhora. É o 01.44.87.22.98
Secrétaire: Em Paris, não? 01.44.87.22.98.
Paul: Exato. Muito obrigado.
Secrétaire: De nada. Até logo.
» Veja a versão em francês desse diálogo na p. 129

DIÁLOGO 39: O DINHEIRO FAZ GIRAR O MUNDO

Denis: Às vezes fico me perguntando sobre o futuro do dinheiro.
Sylvie: O que é que você quer dizer com isso?
Denis: Por exemplo, me pergunto se um dia as notas e as moedas vão desaparecer e outra coisa virá no lugar delas.
Sylvie: Bom, o que já se sabe é que uma infinidade de pessoas adotaram o cartão de crédito.
Denis: É sem dúvida uma mudança excepcional, mas penso que no futuro uma outra coisa ainda vai acontecer. Quero dizer, com toda essa tecnologia de ponta em informática desenvolvida no mundo de hoje, provavelmente iremos encontrar uma moeda eletrônica dentro de alguns anos.
Sylvie: É verdade, mas, em todo caso, na minha opinião, o dinheiro continuará ocupando um lugar importante em nossa sociedade como meio de troca. Por enquanto, o dinheiro é o que movimenta o mundo!
» Veja a versão em francês desse diálogo na p. 133

DIÁLOGO 40: SEM TEMPO PARA PASSAR EM UM CAIXA ELETRÔNICO

Jean: Ei, Marc, você tem dinheiro para me emprestar?
Marc: Claro, mas o que houve? O que você vai fazer?
Jean: Depois te digo. Estou hiper apressado e não tenho tempo de passar num caixa eletrônico para tirar algum. Mas te devolvo logo mais, ok?
Marc: Ok. Sem problema!
» Veja a versão em francês desse diálogo na p. 134

DIÁLOGO 41: UM NOVO NAMORADO

Patricia: Você está com a cara ótima! Parece bem diferente ultimamente! Em forma, elegante... Conta aí...Quais são as novidades?
Caroline: Não está vendo?
Patricia: Não, eu não tenho a menor ideia! Diga logo!
Caroline: Bem, eu conheci um cara legal.
Patricia: Que ótimo! Agora eu estou vendo o porquê da transformação. Um novo namorado! Quem é? Eu conheço? Como ele é? Conte tudo!
Caroline: Não, você não o conhece. Ele é moreno, de olhos castanhos, nem alto nem baixo... estatura média. Muito simpático, sorridente, falante, sempre de bom humor. Olhe. Estou com a foto dele aqui no meu celular. Bonito, não é?
Patricia: Sim, ele não é de se jogar fora! Você teve sorte!
Caroline: Eu sei.

Patricia: Ele tem que idade?
Caroline: Dezenove. Mas vai fazer vinte logo mais.
Patricia: Que legal, Patricia!
» Veja a versão em francês desse diálogo na p. 137

DIÁLOGO 42: AS SEPARAÇÕES SÃO SEMPRE DIFÍCEIS

Sandrine: Meu Deus! Você está muito abatida! O que houve de errado?
Susanne: Jacques e eu terminamos.
Sandrine: Por quê? O que aconteceu?
Susanne: Bem, para começar, ele mentiu muitas vezes para mim. E na semana passada, descobri que ele estava sainda com a Jeannine, a bonitinha que joga vôlei na escola. Estou farta! Para mim, chega!
Sandrine: Sei o que você quer dizer e o que está sentindo. Eu mesma já vivi situações parecidas. Mas, não se preocupe. Vai passar.
Susanne: Assim espero. Estou bem deprimida neste momento.
» Veja a versão em francês desse diálogo na p. 141

DIÁLOGO 43: CONVIDANDO UMA COLEGA DE TRABALHO PARA JANTAR

Luc: Você vai fazer alguma coisa esta noite?
Julia: Não, que eu saiba não. Por quê?
Luc: Bem, pensei que a gente poderia jantar em algum lugar...
Julia: Um jantar! Que ótimo... E qual a razão? Você está comemorando alguma coisa?
Luc: Não necessariamente. É que já faz tempo que a gente não se fala... sei lá... A gente já é colega há tanto tempo, mas eu te vejo pouco, a gente quase não se conhece. Gostaria, talvez, de ter mais tempo para conversarmos... te conhecer melhor... É isso.
Julia: É uma boa ideia. Vou adorar. A única coisa é que, depois do trabalho, eu gostaria de voltar para casa para tomar um banho e trocar de roupa.
Luc: Não tem problema. Posso te pegar em casa mais tarde. Tá bom assim?
Julia: Legal.
Luc: Então, a partir de que horas posso passar para te pegar?
Julia: Às 8 horas?
Luc: OK! Até mais tarde, então.
Julia: Até mais.
» Veja a versão em francês desse diálogo na p. 143

DIÁLOGO 44: FICA PARA A PRÓXIMA

Philippe: Ufa! Chega por hoje!
Thierry: Tem razão! O que você acha de tomar um aperitivo no barzinho da esquina? Tem um bom kir.
Philippe: Uma outra vez. Hoje estou acabado. Tudo o que eu quero é voltar para casa e relaxar.
Thierry: Oh, vamos, ainda não nem são 6 horas. A gente fica só meia hora. Vai te fazer bem.
Philippe: Falando francamente, não estou me sentindo nada bem. Estou com uma enxaqueca

insuportável. Prefiro ir descansar. Amanhã a gente vai, ta bom? Prometido!
Thierry: Ok, dessa vez, você ganhou!
» Veja a versão em francês desse diálogo na p. 145

DIÁLOGO 45: VOCÊ DEVERIA SAIR COM MAIS FREQUÊNCIA

Daniel: Michel, o que está acontecendo? Você não está bem!
Michel: É verdade...
Daniel: E aí, o que é que há com você?
Michel: Acho que já faz um bom tempo que eu não me divirto. Na verdade, eu só trabalho, não faço outra coisa senão trabalhar...
Daniel: Mas você deveria sair com mais frequência e encontrar mais pessoas!
Michel: Eu sei. Mas é que eu tenho trabalhado tanto nesses últimos tempos que não tenho tido tempo de fazer outra coisa.
Daniel: Escuta, a gente pode ir a uma boate, ou talvez a um clube! O que você acha?
Michel: Um clube? Acho que não... Sabe, estou realmente morto.
Daniel: Vamos lá, cara, o não não está no meu vocabulário. Eu me recuso a aceitar uma resposta negativa. Passo para te pegar às 9 horas para uma pizza e depois uma noitada na discoteca, tá legal?
» Veja a versão em francês desse diálogo na p. 146

DIÁLOGO 46: ACHO QUE LHE DEVO DESCULPAS

Pierre: Posso falar com você um instante?
Solange: Claro.
Pierre: Acho que lhe devo desculpas pelo que te disse ontem.
Solange: Bom, falando sinceramente, eu fiquei realmente chateada com você. Eu não merecia ter ouvido tudo aquilo.
Pierre: Eu sei, e além do mais, eu não deveria ter dito besteiras nem mencionado coisas do passado. Estou realmente com vergonha por tudo o que lhe disse. Você acha que pode me perdoar?
Solange: Todo mundo comete erros.
Pierre: Sem ressentimentos, então?
Solange: Está bem! Vamos esquecer o que aconteceu.
» Veja a versão em francês desse diálogo na p. 147

DIÁLOGO 47: É POR ISSO QUE EU ADORO ESSE LUGAR

Grégoire: Olha só a garota que acaba de chegar!
Paul: Ela é bem bonita. Eu diria uma gata!
Grégoire: As garotas aqui são lindas, hein? Essa discoteca está mesmo cheio de gatinhas.
Paul: Eu sei. É por isso que eu adoro esse lugar.
Grégoire: Bem, espero que a gente se divirta muito essa noite!
» Veja a versão em francês desse diálogo na p. 149

DIÁLOGO 48: A ROTINA DIÁRIA

Jean: Michel, você tem uma rotina diária?

Michel: Claro. Eu acordo às 7 horas da manhã, tomo uma ducha, tomo meu café da manhã e às 8 horas saio para trabalhar.

Jean: E normalmente você chega ao trabalho a que horas?

Michel: Por volta das 8h30, se o trânsito estiver bom.

Jean: Você lê jornal todos os dias?

Michel: Na verdade, não. Infelizmente não tenho tempo de ler jornal todos os dias. Mas faço isso durante o fim de semana para me colocar a par das principais notícias da semana. Além disso, consulto a internet e costumo assistir ao telejornal das 23 horas.

Jean: Então você não se deita cedo, não é mesmo?

Michel: Em geral, lá pela meia-noite.

Jean: Você não fica cansado no dia seguinte?

Michel: Na verdade, não. Sete horas de sono são suficientes para mim. Em geral, eu me levando super bem, me sentindo em plena forma!

» Veja a versão em francês desse diálogo na p. 153

DIÁLOGO 49: A VIDA NO BRASIL E NA FRANÇA

William: Você já pensou nos diferentes modos de vida no Brasil e na França?

Marc: Às vezes eu penso, sim. Sobretudo quando vejo filmes franceses e brasileiros. É uma maneira excelente de conhecer as duas formas de viver e compará-las. É muito enriquecedor.

William: Por exemplo, dirigir. Na França, principalmente em Paris, a maioria das pessoas prefere pegar o metrô a andar de carro. Como não há muitas garagens nos prédios, os carros têm que ficar estacionados em garagens públicas, estacionamentos ou mesmo na rua. Se os proprietários saírem com o carro de manhã, quando chegarem à noite, estão arriscados a não ter mais lugar. Você vê que complicação?

Marc: Realmente. No Brasil, ao contrário, nas grandes capitais, as pessoas são capazes de passar horas e horas nos engarrafamentos. Que coragem!

William: A maneira de comer também é bem diferente. Os franceses têm por hábito comer por etapas; a ordem do serviço é bem respeitada - entrada, prato principal, queijo, sobremesa - mesmo numa refeição bem simples, enquanto no Brasil, costumamos comer tudo junto. E em qualquer mesa se come o tradicional arroz e feijão.

Marc: É justamente isso que é fascinante, não é?

William: É verdade. Viva as diferenças!

» Veja a versão em francês desse diálogo na p. 154

DIÁLOGO 50: ESTÁ QUENTE AQUI!

David: Como está quente aqui dentro! Está realmente insuportável! Não dá para ligar o ar condicionado?

Bertrand: Eu gostaria muito de ligá-lo, mas está quebrado.

David: Ah não, não é possível!

Bertrand: Precisamos consertá-lo. Eu telefonei para o eletricista e ele me disse que só poderia fazer o serviço daqui a dois dias.
David: Ai, meu Deus! Acho que vou para a piscina!
Bertrand: Acho que eu também vou pra lá mais tarde.
» Veja a versão em francês desse diálogo na p. 155

DIÁLOGO 51: SENTINDO-SE CANSADO

François: Estou realmente morto! A gente não pode voltar para casa? Você sabe que eu não suporto olhar vitrines.
Ruth: Desculpe, querido, mas eu ainda tenho algumas compras a fazer.
François: Ah não, ainda? O que você precisa comprar dessa vez?
Ruth: Os sapatos. Você não se lembra? Eles estão em liquidação neste momento e eu gostaria de ver o que há na promoção. Só vou dar uma olhadinha nesta loja nova para ver se vale a pena.
François: Você se incomoda se eu esperar num café? A gente pode se encontrar daqui a uma meia hora.
Ruth: Ah, mas você sabe que eu gosto de saber a sua opinião. Além do mais, eu me sinto melhor quando você me diz que algo me cai bem!
François: Está bem. Vamos então acabar logo com essa chatice.
Ruth: Não se chateie. Eu vou ser rápida e a gente sairá imediatamente, ok?
François: Ufa! Espero que sim!
» Veja a versão em francês desse diálogo na p. 157

DIÁLOGO 52: UM DIA MUITO DIFÍCIL

Mathieu: O que há com você? Você não parece estar bem...
Claude: Tive um dia terrivelmente difícil.
Mathieu: E aí, o que aconteceu?
Claude: Bom, para começar, nesta manhã, o pneu do meu carro furou quando eu estava indo para o escritório. Mas não é só isso!
Mathieu: O que mais, então?
Claude: Quando eu finalmente voltei ao trabalho, simplesmente me dei conta de que eu tinha esquecido em casa minha pasta cheia de relatórios importantes! Viu o pepino?
Mathieu: Não! Você teve que voltar para casa para pegá-la?
Claude: Isso mesmo. E adivinha o que aconteceu quando eu estava retornando?
Mathieu: Não tenho a mínima ideia.
Claude: Trânsito, meu amigo. Por causa de uma batida, havia engarrafamentos para todo lado e não dava para andar. Eu levei mais de uma hora para chegar. Consequentemente, perdi todas as reuniões, a com os nossos representantes e a outra com os nossos fornecedores. Legal, né?
Matt: Acho que você teve realmente um dia bem difícil!
» Veja a versão em francês desse diálogo na p. 158

DIÁLOGO 53: VOCÊ PODE ME DAR UMA MÃO?

Nadine: Édouard, você pode me dar uma mãozinha? Estou arrumando o escritório.

Édouard: Claro. O que é que você quer que eu faça?

Nadine: Você pode tirar essas caixas daqui e colocá-las na outra sala? Elas são muito pesadas para mim.

Édouard: Naturalmente. E onde é que você quer exatamente que eu as coloque?

Nadine: Na prateleira, ao lado da janela.

Édouard: Muito bem...Vamos lá, ao trabalho! Nossa, como elas pesam, hein? Meu Deus, o que é que você colocou aqui dentro?

Nadine: Só papel. Ufa! Obrigada!

» Veja a versão em francês desse diálogo na p. 160

DIÁLOGO 54: OBRIGADO PELA CARONA

Robert: Oi, Stéphane, para onde é que você está indo?

Stéphane: Oi, Robert! Bom, eu vou para os lados do Teatro da Opéra. Te interessa? Você pode vir comigo!

Robert: Então eu ia justamente pegar o metrô para ir até as Galerias Lafayette! Que sorte!

Stéphane: Deu certo, então. Entre!

Robert: Puxa, é muito legal da sua parte. Obrigado!

» Veja a versão em francês desse diálogo na p. 161

DIÁLOGO 55: COMO ERA A VIDA ANTES DOS COMPUTADORES

Frédéric: Você pode imaginar como era a vida quando não havia computador?

Marc: Muito difícil, acho. Imagine você, meu avô tinha uma máquina de escrever, sem nenhuma memória, ou seja, ele datilografava num único documento, sem cópia nem gravação. Você se dá conta? É difícil de acreditar que isso pudesse funcionar. Não se pode comparar com todos os recursos atuais para tratamento de texto, por exemplo. Sem contar o resto! Está vendo, os computadores transformaram completamente a vida das pessoas.

Frédéric: É verdade. Pense na vida sem e-mails: inimaginável! O correio eletrônico representou uma verdadeira revolução nas comunicações.

Marc: Eu envio e recebo e-mails todos os dias. Francamente, não posso conceber a minha vida sem esse negócio. Acho que somos realmente uma geração de sorte. Nesse sentido, a qualidade de vida está mesmo melhor.

Frédéric: Sinceramente, eu duvido. Não estou tão certo assim. Precisamos considerar sempre o outro lado. Por causa da tecnologia, as pessoas trabalham muito mais, não há o mesmo romantismo dos cartões postais e das cartas enviadas pelo correio, e, além disso, temos a impressão de estar mais expostos e vigiados.

Marc: Você tem razão. Com o lap-top e a facilidade de acesso dos celulares, os e-mails e os telefonemas nunca param, quando e onde quer que você esteja. Nossa! A vida está mudando!

» Veja a versão em francês desse diálogo na p. 163

DIÁLOGO 56: E SE VOCÊ NÃO FOSSE WEBDESIGNER?

Lara: Se você não fosse webdesginer, o que você gostaria de fazer?
Gérard: Francamente, não sei. Não posso me imaginar fazendo outra coisa. Talvez tivesse me dedicado aos estudos de veterinária, pois adoro animais.
Lara: Verdade? Você possui animais domésticos em casa?
Gérard: Claro, tenho dois cachorros e um gato.
Lara: E você cuida deles?
Gérard: Sim, naturalmente. Minha mulher não gosta muito de bichos, então, sou eu que acabo dando de beber e de comer a eles.
» Veja a versão em francês desse diálogo na p. 168

DIÁLOGO 57: ELE ME PARECE UM CARA MUITO PROFISSIONAL

François: Quais são as suas impressões sobre o novo cara que acaba de ser contratado? É um bom profissional?
Ferdinand: Acho que ele está indo muito bem. Ele me parece um cara muito profissional.
François: Faz quanto tempo que ele está na empresa?
Ferdinand: Mais ou menos três semanas.
François: É mesmo? Passa rápido.
» Veja a versão em francês desse diálogo na p. 169

DIÁLOGO 58: PRECISO DE UM CONSELHO

Fernand: Você tem um segundo?
Simon: Claro, o que é que há?
Fernand: Nada de especial. Gostaria apenas de conversar um pouco com você sobre um probleminha que eu tenho. Na verdade, estou precisando de um conselho.
Simon: Sou todo ouvidos. Vamos lá. Pode falar.
Fernand: Em breve vou terminar o segundo grau e tenho que prestar o meu bac. Eu sempre quis estudar Direito como o meu pai.
Simon: Isto me parece bastante normal. Você sempre quis ser advogado.
Fernand: Esse é o problema. Agora eu não tenho mais certeza.
» Veja a versão em francês desse diálogo na p. 170

DIÁLOGO 59: POSSO FALAR COM O GERENTE, POR FAVOR?

Vendedor: Bom dia, senhora. Em que posso lhe ser útil?
Hèlène: Gostaria de falar com o gerente.
Vendedor: Pois não, mas talvez eu possa ajudá-la se a senhora me disser qual o problema.
Hélène: Bem, eu comprei um aspirador de pó ontem à noite e esta manhã fiquei surpresa em constatar que ele não estava funcionando.
Vendedor: Deram-lhe um recibo, uma nota?
Hélène: Claro, aqui está.
Vendedor: Sem nenhum problema. A senhora gostaria de trocar de aparelho, de modelo, de marca ou ser reembolsada?

Hélène: Prefiro trocar de aparelho já que preciso muito de um aspirador. Foi por isso, aliás, que vim comprar um.
Vendedor: Muito bem, senhora. Não se preocupe, estamos aqui para isso. Vai levar só um minuto. Trarei um inteiramente novo.
Hélène: Muito obrigada. Gostei muito de sua gentileza.
» Veja a versão em francês desse diálogo na p. 172

DIÁLOGO 60: POR MIM, TUDO BEM!

Richard: O que você acha de dar uma passada na casa do Daniel esta noite? Faz tempo que a gente não o vê.
William: Acho uma boa ideia. Gostaria de saber como ele está e o que anda fazendo.
Richard: Às 7 horas da noite, é uma boa para você?
William: Um pouco mais tarde seria melhor para mim. Digamos às 8 horas. Está bem?
Richard: Perfeito. Você quer que eu passe para te pegar?
William: Ah, isto seria ótimo. E a gente poderia ir jantar ou beber algo, um bom vinho talvez, no Bistrot Romain. O que você acha?
Richard: Legal. Além do mais, eu adoro esse bistrô. Até a noite, então!
William: Até a noite!
» Veja a versão em francês desse diálogo na p. 174

DIÁLOGO 61: NOVOS TEMPOS, NOVOS TRABALHOS

Céline: Na sua opinião, como será o mundo daqui a vinte anos?
Nicolas: É realmente muito difícil imaginar. As coisas se transformam tão rapidamente que é praticamente impossível se fazer uma previsão.
Céline: Você acha que as pessoas irão se deslocar para ir trabalhar?
Nicolas: Bom, eu penso que muitas pessoas trabalharão em casa. Aliás, tenho muitos amigos que já fazem isso, sabe?
Céline: E o emprego tal como concebemos hoje, você acha que ele existirá ou irá desaparecer?
Nicolas: Não tenho muita certeza disso. Há diversas profissões que já estão desaparecendo, mas, em compensação, existem outras que estão nascendo. É difícil prever.
Céline: É verdade. A tecnologia nos trouxe outros serviços, inclusive a profissão de webdesigner!
» Veja a versão em francês desse diálogo na p. 175

VII. GUIA DO CD: FAIXA E PÁGINA
GUIDE DU CD: PISTES ET PAGES

Faixa 38: Vous pouvez lui demander de me rappeler? p. 129
Faixa 39: L'argent fait tourner le monde p. 133
Faixa 40: Pas le temps de passer à un distributeur automatique p. 134
Faixa 41: Un nouveau petit copain p. 137
Faixa 42: Les séparations sont toujours difficiles p. 141
Faixa 43: Inviter une collègue à dîner p. 143
Faixa 44: Une autre occasion p. 145
Faixa 45: Tu devrais sortir plus souvent p. 146
Faixa 46: Je crois que je te dois des excuses p. 147
Faixa 47: C'est pour ça que j'adore cet endroit! p. 149
Faixa 48: La routine de tous les jours p. 153
Faixa 49: La vie au Brésil et en France p. 154
Faixa 50: Il fait chaud ici! p. 155
Faixa 51: Se sentir fatigué p. 157
Faixa 52: Une journée très dure p. 158
Faixa 53: Vous pouvez me donner un coup de main? p. 160
Faixa 54: Merci pour l' auto-stop! p. 161
Faixa 55: Comment était la vie avant les ordinateurs p. 163
Faixa 56: Et si vous n'étiez pas webdesigner? p. 168
Faixa 57: Il me semble un mec très pro p. 169
Faixa 58: J'ai besoin d'un conseil p. 170
Faixa 59: Est-ce que je peux parler au responsable, s'il vous plaît? p. 172
Faixa 60: Pour moi, ça va, pas de problème! p. 174
Faixa 61: Nouveaux temps, nouveaux boulots p. 175

BIBLIOGRAFIA

BUARQUE DE HOLANDA FERREIRA, Aurélio. **Novo Aurélio, Dicionário da Língua Portuguesa Século XXI**. Rio de Janeiro: Editora Nova Fronteira, 1999.

Aküz, Bazelle-Shahmaei, Bonenfant, Flament, Lacroix, Moriot, Renaudineau. **Exercices de Grammaire en Contexte, volumes 1, 2, 3.** Paris: Hachette Livre, 2000.

Anhesini, C.M.J., Queiroz, F. (org). **Terminologia do Vestuário.** Escola Senai "Eng. Adriano José Marchini", São Paulo: Centro Nacional de Tecnologia em Vestuário, Senai, 1996.

Barbot, M.J., Pugibet, V. **Apprentissages des langues et technologies: usages en émergence.** Revue le français dans le Monde. Paris: Clé International/ FIPF, 2002.

Barbot, Descayrac, Guimbretière, Normand, Villard. **A1, A2, A3, A4, Nouvelle Formule.** Paris: Ed. Hachette Livre, 2001.

Barthes, R. **Le plaisir du texte.** Collection Tel Quel, Paris: Aux Editions du Seuil, 1973.

Baylon, C., Campà, Á., Mestreit, C., Murillo, J., Tost, M. **Forum, méthode de français, volumes 1, 2, 3.** Paris: Hachette, Livre, 2000.

Berger, D., Spicacci, N. **Accord méthode de français. Volumes 1, 2.** Paris: Didier, 2000.

Berthet, A., Hugot, C., Kizirian, V., Sampsonis, B., Wandendries. **Alter Ego, méthode de français, volumes 1 e 2.** Paris: Hachette Livre, 2006.

Bourdieu, P. **Ce que parler veut dire: l'économie des échanges linguistiques.** Paris: Fayard, 1982.

Boularès, M. Frérot, J.L. **Grammaire Progressive du Français.** Nível Avançado. Paris: Clé International, 1997.

Capelle, G., Gidon, N. **Reflets, méthode de français, volumes 1, 2 e 3.** Paris: Hachette Livre, 2000.

Corbeau, Dubois, Penfornis. **Tourisme.com** Paris: Clé International/SEJER, 2004.

Corbeau, Dubois, Penfornis, Semichon. **Hôtellerie-restauration.com** Paris: Clé International/ SEJER, 2006.

Delatour, Jennepin, Dufour, Teyssier. **Grammaire Pratique du Français en 80 fiches.** Paris: Hachette Livre, 2000.

Delcos, J., Leclerq, B., Suvanto, M. **Carte de Visite: français des relations professionnelles.** Paris: Editora Didier, 2000.

Descotes, G., Szilagyl, E. **Pratique du Français de l'hotêllerie et de la restauration.** Grenoble: Presses Universitaires de Grenoble (PUG), 1995.

Dubois, A.L., Tauzin, B. **Objectif Express: le monde professionnel en français.** Paris: Hachette livre, 2006.

Girardet, J., Pécheur, J. **Campus, volumes 1, 2, 3.** Paris: Clé International, 2002.

Grégoire, M., Thiévenaz, O. **Grammaire Progressive du Français: avec 500 exercices.** Nível Intermediário. Paris: Clé International, 1995.

Grégoire, M., Merlo, G. **Exercices communicatifs de la Grammaire Progressive du Français.** Nível Intermediário. Paris: Clé International, 1998.

Heu, E., Mabilat, J-J. **Edito: méthode de français.** Nível Avançado. Paris: Didier, 2006.

Igreja, J. R. **Fale tudo em inglês!** São Paulo: Disal Editora, 2007.

Labascouse, J., Lause. C., Royer, C. **Rond Point: méthode de français basée sur l'apprentissage par tâches.** Grenoble: Presses Universitaires de Grenoble (PUG), 2004.

Le Ninan, C. **Le Français des affaires.** Paris: Didier-Hatier, 1993.

Léroy-Miquel, C., Goliot-Lété, A. **Vocabulaire Progressive du Français: avec 250 exercices.** Nível Intermediário. Paris: Clé International, 1997.

Lescure. G, Parizet, R. **DELF, A1, A2, A3, A4. 450 activités.** Paris: Clé International, 1997.

Penfornis, J.-L. **Français.com**. Paris: Ed. Clé International, 2002.

Penfornis, J.-L. **Affaires.com**. Paris: Ed. Clé International, 2003.

Helene, H. **Dicionário de termos de gastronomia.** Prefácio de Laurent Suaudeau. São Paulo: Gaia/Boccato, 2006.

Miquel, C. **Grammaire en dialogues.** Paris: Ed. Clé International, 2005.

Moirand, S. **Une grammaire des textes et des dialogues.** Paris: Hachette, 1990.

Renaud, D., Siréjols, E. **450 exercices de Grammaire, niveau intermédiaire.** Paris: Clé International, 1996.

Sabatelli, Montémont, Poisson-Quinton. **DALF B1, B2, B3, B4. 450 activités.** Paris: Clé International, 2001.

Sirejols, E., Tempesta, G. **450 nouveaux exercices de Grammaire.** Paris: Clé International, 1996.

Tauzin, B. **Comment vont les affaires?** Paris: Hachette Livre, 2000.

Este livro foi composto na fonte Interstate e impresso em maio de 2011
pela gráfica Yangraf, sobre papel offset $90g/m^2$.